用户中心时代的
配售电重构

王　鹏　王冬容　吴俊宏　廖　宇　贾　豫
彭立斌　李　阳　张　骥　沈贤义　杨世兴　著
刘洪涛　李可舒　张　浩

U0369046

机 械 工 业 出 版 社

本书是我国配售电领域的前线实践者对国内电力能源行业，特别是配售电环节近几年和未来几十年所面临深刻变化的深度探索和思考的成果。进入2021年，电力能源行业突然面临比以往单一行业改革更强大的外部力量，推动行业走向重构重置：碳达峰碳中和迅速成为电力能源行业乃至整个经济社会重新定义的格式起点，以新能源为主体的新型电力系统，以各类园区为主体的城市能源系统，以及双碳和乡村振兴战略的同频共振，使得配电从末梢走向中枢，加快了中国电力能源行业进入"用户中心时代"。本书既对碳达峰碳中和、新型电力系统、园区能源系统和乡村振兴战略下配售电重构的底层逻辑进行了深度探讨，又对配电定价、售电实务、转供电治理、配电资产盘活以及虚拟电厂等配售电重构的实务操作进行了全面总结。

　　本书可以帮助电力能源领域从业人员、专家学者、在校师生、政府机构、资本市场分析员等深刻理解行业发展现状和方向。

图书在版编目（CIP）数据

用户中心时代的配售电重构/王鹏等著. —北京：机械工业出版社，2022.4（2025.1重印）
ISBN 978-7-111-70490-4

Ⅰ.①用… Ⅱ.①王… Ⅲ.①电力市场-用电管理-研究-中国　Ⅳ.①F426.61

中国版本图书馆 CIP 数据核字（2022）第 055881 号

机械工业出版社（北京市百万庄大街22号　邮政编码100037）
策划编辑：付承桂　　　　　责任编辑：付承桂　杨　琼
责任校对：李　婷　张　薇　封面设计：鞠　杨
责任印制：郜　敏
北京富资园科技发展有限公司印刷
2025 年 1 月第 1 版第 3 次印刷
170mm×230mm・15 印张・266 千字
标准书号：ISBN 978-7-111-70490-4
定价：79.00 元

电话服务　　　　　　　　　网络服务
客服电话：010-88361066　　机 工 官 网：www.cmpbook.com
　　　　　010-88379833　　机 工 官 博：weibo.com/cmp1952
　　　　　010-68326294　　金 书 网：www.golden-book.com
封底无防伪标均为盗版　机工教育服务网：www.cmpedu.com

推荐序一

北京窗外，天空飘落着雪花，一片银装素裹，给正在召开的北京冬奥会增添了喜色。爽朗心情下，一口气读完了《用户中心时代的配售电重构》，写下些想法，是为序。

2017年10月18日，习近平总书记在党的十九大报告中指出"中国特色社会主义进入了新时代"。顺应新时代，我们必须更加突出强调不忘初心、牢记使命，更加突出践行以人民为中心的发展思想。

改革开放以来，电力工业经历了发电中心时代、电网中心时代，正在进入用户中心时代。电力工业进入用户中心时代，是以人民为中心的发展思想在电力工业的生动实践，也是当今时代数字化、低碳化、智能化发展的重要体现。

用户中心时代的用户，已然不是原来意义上的消费者。风电、光电等分布式电源在用户侧快速发展，使用户成为生产、消费、经营为一体的新型用户。发展高效的"隔墙售电""就近用电"，杜绝浪费的"电力游行""折腾用电"，是用户中心时代的迫切要求。

德国国土面积约36万平方公里，人口约8300万，有2700多个贴近用户的电力平衡单元，各单元预测和平衡电力需求，当单元内部达不到自平衡时，就通过市场买入或卖出电量来保持平衡。这种以用户为中心重构的配售电体制机制，支撑了德国可再生能源发电比例于2020年达到49.3%。

本书从宏观、中观、微观等不同维度，从工业园区发展、乡村振兴等不同领域，从配电、售电、转供电等不同环节，从战略、规划、政策等不同层面，从理念创新、体制机制创新等不同维度，描绘了用户中心时代的配售电重构场景。犹如高等数学微积分，通过准确刻画各个小单元，汇集在一起，描绘出未来配售电架构。

本书以电力工业发展亟待解决的现实问题为导向，突出创新、协调、绿色、开放、共享新发展理念，不但有理论探讨、引用了大量国内外实践案例，还提出了"用户中心时代""不对称监管""能源民主集中"等概念。这些概念，似曾听说，却又未深入研究过，读来引人入胜、待人思索、耐人寻味。

本书的作者有大学教授、讲师，有工程设计、咨询人员，有事业成功的企业家、高管，有政府部门及有政府工作背景的专家，多为业界"大家"。他们当中的绝大部分人我都熟悉，其中几位更是我的"事业知己"，正因为他们好言相劝，我这个外行人才答应为如此专业的著作作序。

但愿更多的业内业外仁人志士能够读到此书，引起共鸣，融入深化电力体制改革大军，突出配售电重构重点，为构建以新能源为主体的新型电力系统和以电力为中心的智慧综合能源系统助力，为实现双碳目标和第二个百年奋斗目标奉献。

国家能源局原副局长　　　　吴吟
中国能源研究会学术顾问
2022 年 2 月 13 日

重构：催生配售电改革再出发

2022 年，虎年将至、虎虎生威。春节期间，我收到《用户中心时代的配售电重构》书稿，眼前一亮，第一感觉这是一本好书：题目好、内容好，结构清晰、充满新意。在举国上下贯彻落实"双碳目标"的背景下，本书视觉独特、难得一见，旗帜鲜明地提出：电力发展已进入"用户中心时代"！满腔热忱地呼唤：为实现双碳目标，配售电环节迫切需要"重构"！

作者站在推动能源转型、实现双碳目标的战略高度，总结历史、展望未来，立足国内、放眼国际，提出电力发展进入用户中心时代，具有重要的理论价值和创新意义。

在电力短缺时代，电力发展的重心当以发电为中心，充分发挥中央与地方多个积极性，千方百计地提高电力供给能力；在电力跨越式发展阶段，尤其是结合西电东送和电力资源大范围配置，客观上形成了以电网为中心的发展态势；但在双碳目标下，新能源要高比例地替代传统能源，尤其是分布式能源和综合智慧能源的发展，必然会逐步呈现出以用户为中心的发展格局。

"用户中心时代"是能源低碳转型发展的必然趋势。为应对全球气候变化，能源消费正在从一次能源占主导的消费结构逐渐向以太阳能和风能为主体的可再生能源消费结构转变。我国提出 2030 年前实现碳达峰、2060 年前实现碳中和的宏伟目标，预示着我国在未来 40 年将大范围地推动能源和经济的深刻变革，塑造全新的能源体系、开创一个新型的低碳化图景。从我国国情出发，高比例发展新能源一定要坚持集中式和分布式并举，推动风能、太阳能就地就近开发利用，鼓励产销一体，就地消纳、余量上网，增强用户参与能源供应和平衡调节的灵活性和适应能力。以用户为中心，统筹规划、协同并进，通过"源、网、荷、储、用"的互动，实现更经济、安全的方式消纳可再生能源。

　　"用户中心时代"是分布式综合能源发展的内在要求。综合智慧能源，强调以用户为中心，实现多种类能源的协同互动和集成优化。在用户侧，覆盖园区、企业、医院、商场、高校等应用场景，不仅需要电，也需要供热、供冷、供气、供水和充电以及对用户的增值性服务；在供给侧，利用燃气、风能、太阳能、生物质能、地热能等，不仅可以多能互补提供电能、冷能、热能、氢能，还可以因地制宜，对工业副产品、余热余压、生活垃圾等能源资源加以回收和综合利用。用户能源需求的多样化和能源供给的多样化，需要电网、热网、水网、气网以及能源互联网的统筹规划和系统集成，也需要储电、储热、储冷、储气相互协同转换，提供安全稳定的能源保障。以用户为中心，是综合智慧能源发展的显著标志。

　　"用户中心时代"是建立新型电力系统的重要内容。构建以新能源为主体的新型电力系统，要提高电力系统对高比例可再生能源的消纳和调控能力，包括供给侧、用电侧、电网侧以及电力系统的全面升级。与传统电力系统相比，用户侧兼具消费与生产并存的负荷特性，可再生能源与调节性电源相匹配，微电网与大电网公平交易、相互协同，实现"源网荷储一体化"，减少输电和辅助服务成本，实现产销平衡和电力系统的安全稳定。基于用户侧的电动汽车充电网络，直接负荷控制、可中断负荷、需求侧竞价、紧急需求响应等，均可为新型电力系统发挥不可或缺的调节作用。

　　在双碳目标下，构建以新能源为主体的新型电力系统，迫切需要与之相适应的体制机制，尤其是要实现配售电环节的重构。

　　为什么是重构？按照新一轮的电力改革意见，为"管住中间、放开两头"，我们推动了配售电环节的改革，但尚未取得应有的改革成效，尤其是在双碳目标背景下，配售电改革需要再出发，这是本书重点回答的问题，也是各章内容的精髓所在。

　　按照中发〔2015〕9号文件，通过"三放开、一独立、三强化"的改革举措，拟在厂网分开、主辅分离改革的基础上，建立有效的电力市场运行机制。其中有两项重要内容就是：推动增量配电与售电侧改革；建立分布式电源发展新机制。

　　两者看似不同的改革举措，实则联系十分紧密，且相辅相成。对此政府有关部门出台了一系列改革意见和配套文件，在增量配电、售电、多能互补系统集成、互联网+智慧能源、分布式光伏等方面开展了多方位的改革试点工作，使两者的关联日趋紧密。正如本书所述，配售电改革的价值和内涵得以不断升华，从单纯的配售电业务市场竞争到对接综合能源服务，直至成为实现零碳电力供应的重要手段。

　　作者在开展广泛调研和深入思考的基础上，尤其是站在实现双碳目标、建立新型电力系统的战略高度，对配售电改革进行了全面系统的梳理，指出了当前存在的主要问题和症结所在，分别在工业园区、乡村振兴、配电定价、转供电治理、盘活配电资产、发展虚拟电厂、参与市场交易等相关领域提出了一系列务实的解决方案。本书不仅揭示了配售电重构与实现双碳目标、建立新型电力系统的逻辑关系，也从能源民主集中、综合特许经营、电力治理现代化等几个方面提出了继续深化电力体制改革的理论思考和创新思路。

　　作者借鉴德国能源转型的成功实践，提供了一个可资借鉴的以新能源为主的新型配电公司的学习样板。

　　德国煤炭资源丰富，长期依赖煤电，自 20 世纪 90 年代起，德国开始推行能源转型政策，到 2015 年，可再生能源发电量占总发电比例已达到 30%。2020 年这一比例接近 50%，其中风力发电占 27.4%，光伏发电占 9.7%，生物质能发电、水力发电和其他可再生能源发电占比为 12.2%。

　　德国的能源转型走在了世界的前列，除政策支持外，也离不开德国的电力体制和电力市场运行机制。德国电力行业原有九家能源企业，集发、输、配、售业务为一体，实行区域性垄断经营。1998 年，按照欧盟改革法案，德国通过《电力市场开放规定》，对垂直一体化的大型电力企业进行了业务拆分，逐步形成了四大能源公司（E. on、RWE、Vattenfall、EnBW）和四大输电网络运营商（TenneT、Amprion、50Hertz、TransnetBW），实现了发、输、配电和电力交易机构相互独立。输电网络运营商负责输电网建设、调度、运行及维护，并提供对下级配电网络无歧视接入。在配电环节，大约有 900 家配电公司，除四大能源公司控股的配电公司外，还有 700 家城市配电公司以及一些区域配电公司。四大能源公司也是德国最大的零售商，占到终端用户售电 50% 左右，其余为城市售电公司以及独立的售电公司。

结合资产重组，本书介绍了德国的电力期货交易、现货交易和辅助服务市场运行机制，剖析了配售电重构后的新型组织结构，也展现了一家以新能源为主的新型配售电公司（Süwag）的主要做法。

Süwag 配售电公司位于法兰克福，由德国第二大能源公司（RWE）控股 77.6%，其余股权为 16 家地方市政公司所有。公司有三个子公司，分别负责售电与售气；分布式发电、可再生能源及供水；配电网以及燃气管道的运营与建设业务。此外，还向客户提供多样化的增值服务，如合同能源管理和节能服务等。2015 年，1644 个员工的企业，创造了 20.9 亿欧元的收益。可谓跨界融合、综合发展，相比我们的增量配电更具有规模化的发展潜力。随着更加灵活的应对政策和市场变化，更具有技术和商业模式创新力的中小型综合能源服务公司也在逐步崛起。

因此，在双碳目标背景下，为建立以新能源为主的新型电力系统仅仅完善增量配电及售电侧改革还是远远不够的。随着可再生能源和分布式能源的发展，配电环节越发呈现出有源化、市场化、柔性化和智能化的发展趋势，也是最具有活力、最需要重构的组织形式。

重构的本质就是创造、创新！衷心祝愿本书的问世，为推进我国配售电环节的改革与创新做出更大的贡献！

中国投资协会能源投资专业委员会会长　孙耀唯

2022 年 2 月 27 日

电力工业迈入"用户中心时代"

如同所有商品的演化周期，从"产品为王"到"渠道为王"，再到"用户为王"；电力商品也必然从"发电中心时代"走向"电网中心时代"，最终走向"用户中心时代"。新型电力系统建设不是原有体系的修修补补，而必须以新能源为主体、以电力用户为中心。电力工业迈入"用户中心时代"，是经济社会发展的需要，是习近平以人民为中心的发展思想在电力工业的体现，是时代的洪流。

一、电力工业全力保障用电需求，历史上留下不可磨灭的"发电中心时代"

电能是使用最方便、最广泛的二次能源，煤炭、石油、天然气、水能、核能、太阳能、风能、生物质能都可以转化为电能。电能的利用是第二次工业革命的主要标志，电能的便捷利用激发出人们对电能的强烈依赖和刚性需求。

改革开放以来，面对国家经济快速恢复发展，各地缺电相当严重，中央强调经济要发展，电力工业必须先行。邓小平同志与李鹏同志在1985年1月的一次谈话中问："到本世纪末电要搞到多少，才能保证经济翻两番的需要？"李鹏同志回答："至少要与国民经济同步发展，搞到2亿千瓦以上，办法就是大家办电，不是一家办电……只要政策对头，把电搞上去还是很有希望的。"这一时期，能够筹集到资金、建设电厂、发出电能，是发展的核心目标，这就凸现出了以发电为中心的时代和"重发、轻供、不管用"的电力管理客观状况。1997年亚洲金融危机，电力出现相对过剩，标志着发电辉煌时代由盛转衰。尽管21世纪多次出现电力紧张局面，但多家办电、厂网分开、引入竞争格局下，"东方不亮西方亮"，单一发电企业的社会影响力下降，发电行业式微。

二、21 世纪以来发展加速、改革深化，造就了辉煌的"电网中心时代"

电力短缺时期"安全用电、节约用电、计划用电"，在基层一些地区电力行业存在"电老虎"现象。《电力体制改革方案》（国发〔2002〕5 号）文件开启的电力体制改革强调"厂网分开、竞价上网"，改革没有直接波及电力与用户的界面，所以电网公司代表的电力行业在用户侧的角色没有发生变化。另一方面，由于发电企业的竞争，使得无论是电厂建设与并网，还是电厂投运后期盼的"公平、公正、公开"电力调度，发电企业在电网公司面前都"底气不足"。调度、计划、交易等职责放置在电网公司内部，这样历史性地出现了"电网中心时代"。

这一时期，东部经济快速发展需要电能，西部火电基地、水电基地开发需要电力外送，国家比任何时候都更需要远距离的超（特）高压输电网建设；这一时期，城乡经济活跃，第二、第三产业迅猛发展，地方政府比任何时候都更加需要配电网的增容扩建；这一时期，推动电力普遍服务，解决无电村、无电户，打赢扶贫攻坚战比任何时候都更需要农网延伸。这一时期电网社会地位更加巩固。

三、经济社会发生深刻变化，电力工业迎来"用户中心时代"

党的十九大提出，中国特色社会主义进入新时代，我国社会主要矛盾已经转化为"人民日益增长的美好生活需要和不平衡不充分的发展之间的矛盾"。新时代能源电力发展，必须坚持以人民为中心的发展思想，坚定不移贯彻创新、协调、绿色、开放、共享的发展理念，满足人民美好生活需要。

就能源电力发展的目标和方向问题，在国家重要文件、重要会议上，或者在能源行业贯彻落实国家战略过程中，主要有如下表述：①"四个革命、一个合作"能源安全新战略；②构建清洁低碳、安全高效的现代能源体系；③实现能源治理能力与治理体系现代化；④能源的饭碗必须端在自己手里；⑤建设能源强国；⑥构建以新能源为主体的新型电力系统；⑦健全多层次统一电力市场体系。特别是中央确定了 2030 年前碳达峰、2060 年前碳中和的战略目标，国务院做出了明确部署，社会上下很大程度上寄望能源电力行业奋力作为，革命性而不是改良式地实现清洁低碳转型，历史将电力行业推到了舞台中央。推动新时代能源电力发展，必须完整全面准确理解中央精神，辩证思维、融会贯通。

《中共中央　国务院关于进一步深化电力体制改革的若干意见》（中发〔2015〕9号）（以下简称"中发9号文"）下发以来，不管改革推动多么坎坷，不管电力市场建设多么曲折艰辛，依旧令人欣喜地看到，在改革精神的指引下，在各地区的创新实践中，电力行业推开了"窗户"，数以万计的工商业用户自主参与到了电力交易中，电力用户的"主人翁"意识得以唤醒。在电网公司为主角提供的"营销"和"优质服务"外，各类配售电公司给用户带来了能源电力消费的多样化和选择性：用户可以购买普通电力，也可以购买绿色电力；电力可以远方来，也可以身边来；服务的价格可以谈判、砍价；用户资源的调用甚至可以挣钱……因电力系统实时平衡技术特性造就的发、输、用紧密关联、融为一体的电力工业，终于意识到了电力用户是"负担"之外也有价值，"源荷互动"的理念刷新着"源随荷动"的传统认识，电力用户跻身入列。

破除条块分割、以邻为壑、僵化的管控模式，松绑压制新的生产力发展和技术创新的各类束缚，推动多能源产品及服务的融合发展的"用户中心时代"已悄然到来。

如果说改革开放到20世纪末的第一个20年是以发电为中心，通过集资办电等多种形式解决全社会有电可用的问题；21世纪的前20年是以大电网为中心，通过特高压、超高压输电网的大规模建设解决电力的资源大范围配置、有网可送的问题；那么我们理解未来的40年将回归到以电力用户为中心，通过以电力为核心的能源互联网建设，解决"我将无我"的方便用电、低碳用能的问题。

"用户中心时代"是能源转型发展的内在要求，是安全-低碳-经济多重目标实现的理性选择，是电力工业传统理念的再次跃升，是习近平以人民为中心的发展思想在电力工业的深刻体现。

四、用户中心时代，配售电正在加速重构

用户身处的配售电环境中，电力生产力快速发展带来这样的事实：碳达

峰碳中和目标确定后能源清洁低碳转型成为共识，各工业企业谋划加快设备改造、深度电气化，分布式能源建设"四面开花"，整县推动分布式光伏试点前所未有的踊跃；碳达峰碳中和目标下配售电正在重构，新型电力系统背景下配售电正在重构，城市工业园区配售电正在重构，乡村振兴战略下农村配售电正在重构，电力市场正在支持配售电以虚拟电厂的形式进行重构，投融资体制改革正在支持借助 REITs（基础设施投资信托基金）实现配售电重构……

配售电领域正在悄然变革，配售电体系必将加速重构，电力系统在广大电力用户的参与中、主导下，将发生翻天覆地的革新。这个苗头已经出现，这个方向势不可挡！

电力体制机制如何适应上述的发展呢？实施能源体制改革、推动电网高质量发展是党中央国务院的明确任务，"中发9号文"、《中共中央　国务院关于完整准确全面贯彻新发展理念做好碳达峰碳中和工作的意见》（中发〔2021〕36号）（以下简称"中发36号文"）、2021年中央经济工作会议精神中都有明确的要求。当前的体制是否适应"用户中心时代"？电力市场建设能够取代体制改革吗？改革怎样切入，如何深化，需要输配电体制调整吗？我们电力业界和专家学者置身舞台中央如何表演，将新型电力系统引向何处？毛主席说，"人民，只有人民，才是创造世界历史的动力"。习近平总书记强调，"我们要勇于全面深化改革，自觉通过调整生产关系激发社会生产力发展活力，自觉通过完善上层建筑适应经济基础发展要求，让中国特色社会主义更加符合规律地向前发展"。

踔厉奋发、砥砺前行，我们与包括电力用户在内的能源电力界，共同迎接更加美好的电力新时代——"用户中心时代"。

王　鹏　华北电力大学国家能源发展战略研究院执行院长
王冬容　中国电力国际发展有限公司战略部总经理

目　　录

售电新理念新视角　/　117

治理转供电推动配售电重构　/　139

发展虚拟电厂推动配售电重构　/　**189**

碳达峰碳中和下的
配售电重构

1.1 双碳目标：加速构建清洁电力体系

1.1.1 我国应对气候变化的"3060"双碳目标

从《巴黎协定》的自主减排原则到新型冠状病毒肺炎疫情后各国的"碳中和"宣言，碳约束已成为未来几十年全球经济发展的重要影响因素。为彰显我国应对气候变化大国担当，2020年9月，国家主席习近平在第七十五届联合国大会一般性辩论上发表重要讲话，提出中国二氧化碳排放力争于2030年前达到峰值，努力争取2060年前实现"碳中和"。

碳中和目标的提出对我国长期高质量发展具有重要意义，有助于我国经济以更加可持续、对社会和环境更加友好的方式实现长期、稳定增长，保证长期目标可实现的同时兼顾短期增长目标。但双碳目标面临的任务仍然艰巨，特别是我国以化石能源为主的能源结构向以绿色能源为主的结构转型中将面临巨大的技术和成本问题。

1.1.1.1 我国碳达峰、碳中和时间紧且任务重

我国碳达峰和碳中和的时间分别为2030年和2060年，相较于其他已碳达峰的国家面临更大的挑战，比如美国、日本等国家已分别在2007年、2013年实现碳达峰，这些国家为实现"碳中和"，更大程度上只是延续以往的减排斜率。而我国碳排放总量仍在增加，需要经历2030年前"碳达峰"，然后走向2060年前"碳中和"。从实现"碳中和"的年限来看，比发达国家时间更紧迫，任务更重。

1.1.1.2 能源转型面临严峻挑战

根据公开数据资料显示，2020年我国全社会碳排放约106亿吨，其中电力行业碳排放约46亿吨，工业领域碳排放约43亿吨。从能源消费结构来看，2020年全国一次能源消费总量达50亿吨标准煤，其中碳强度最大的煤炭消费占能源消费总量的57%。由此来看，煤炭仍然是我国的主要能源，尽快推进完成能源转型是实现碳中和必不可少的措施之一。目前，我国仍处于发展时期，能源需求仍处于快速增长阶段，能源转型面临的挑战也异常严峻。

1.1.1.3 "双碳"目标将受经济成本约束

"双碳"目标的提出对能源转型提出了更高要求，根据清华大学发布的《中

国长期低碳发展战略与转型路径研究》报告分析，中国要在 2060 年实现碳中和目标，2020～2050 年能源系统需要新增投资约 138 万亿元。低碳发展资金需求巨大，"双碳"目标的实现受经济成本制约较大。除此以外，在往可再生能源为主的能源结构转型的过程中，全社会用能成本也将面临较大的上升压力。

1.1.2　清洁能源发展是实现双碳目标下的重要措施

为做好碳达峰、碳中和工作，"中发 36 号文"作为实现双碳目标的顶层设计文件提出了明确目标要求：

到 2025 年，绿色低碳循环发展的经济体系初步形成，重点行业能源利用效率大幅提升。单位国内生产总值能耗比 2020 年下降 13.5%；单位国内生产总值二氧化碳排放比 2020 年下降 18%；非化石能源消费比重达到 20% 左右；森林覆盖率达到 24.1%，森林蓄积量达到 180 亿立方米，为实现碳达峰、碳中和奠定坚实基础。

到 2030 年，经济社会发展全面绿色转型取得显著成效，重点耗能行业能源利用效率达到国际先进水平。单位国内生产总值能耗大幅下降；单位国内生产总值二氧化碳排放比 2005 年下降 65% 以上；非化石能源消费比重达到 25% 左右，风电、太阳能发电总装机容量达到 12 亿千瓦以上；森林覆盖率达到 25% 左右，森林蓄积量达到 190 亿立方米，二氧化碳排放量达到峰值并实现稳中有降。

到 2060 年，绿色低碳循环发展的经济体系和清洁低碳安全高效的能源体系全面建立，能源利用效率达到国际先进水平，非化石能源消费比重达到 80% 以上，碳中和目标顺利实现，生态文明建设取得丰硕成果，开创人与自然和谐共生新境界。

上述目标涵盖了实现碳中和的三类重点措施：能源替代、节能减排与固碳。这些措施加速了相关产业的发展（见图 1-1），其中能源替代作为碳中和一项重要措施将促进清洁能源更大规模的建设。

1）能源替代：用可再生能源替代化石能源，包括新能源产业和新能源汽车产业等。

2）节能减排：采取节能减排措施，提高能源利用效率或减少能源的使用，包括节能产业、绿色建筑产业和 ICT（Information and Communications Technology，信息与通信技术）产业等。

3）固碳：通过固碳措施将 CO_2 吸收、捕捉、利用等，包括碳捕获、利用与封存（Carbon Capture，Utilization and Storage，CCUS）和碳汇产业等。

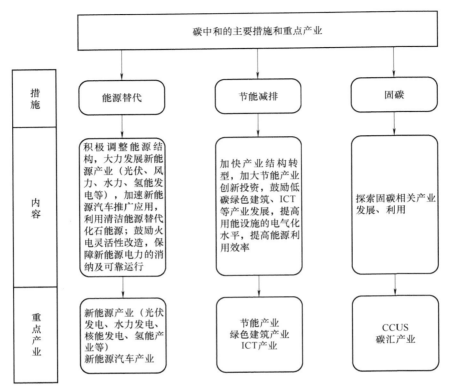

图 1-1　碳中和主要措施和重点产业

在走向碳达峰碳中和目标的道路上，电力行业既迎来转型发展的重大机遇，也面临艰巨的挑战。欧盟等发达经济体二氧化碳排放已经达峰，从碳达峰到 21 世纪中叶的碳中和将有 50~70 年过渡期。我国二氧化碳排放体量大，从碳达峰到碳中和仅有 30 年时间，任务更为艰巨。能源电力减排是我国实现碳中和目标的主战场，能源燃烧占全部二氧化碳排放的 88% 左右，电力行业排放占约 41%[1]。电力行业不仅要加快清洁能源开发利用，推动行业自身的碳减排，还要助力全社会能源消费方式升级，支撑钢铁、化工、建材等重点行业提高能源利用效率，满足全社会实现更高水平电气化要求。

在积极应对全球气候变化的行动中，我国可再生能源装机容量已经跃居世界第一。据公开资料显示，截至 2021 年 10 月底，我国可再生能源发电累计装机容量突破 10 亿千瓦大关，达到 10.02 亿千瓦，比 2015 年年底实现翻番，占全国发电总装机容量的比重达到 43.5%，比 2015 年年底提高 10.2 个百分点。其中，水电、风电、太阳能发电和生物质能发电装机分别达到 3.85 亿千瓦、2.99 亿千瓦、2.82 亿千瓦和 3534 万千瓦，均持续保持世界第一。

伴随可再生能源发电装机容量快速上升的同时，终端用能电气化水平也在持续提升。2019 年，我国电能占终端能源消费比重为 26%，高于世界平均水平 17%。2016~2019 年，电能替代累计新增用电量约 5989 亿千瓦时，对全社会用电增长的贡献率达到 38.5%。

为适应可再生能源的快速发展，市场机制建设也在积极推进。电力市场交易体系初步建立，各类交易方式和交易品种逐渐丰富。发电行业率先开展碳交易。截至 2020 年 8 月底，碳交易试点累计成交量约 4.06 亿吨二氧化碳当量，成交额约 92.8 亿元。

1.1.3　新型电力系统是消纳清洁能源的必由之路

电力行业既是实现双碳目标的主战场，也是助力其他行业实现双碳目标的重要工具，双碳目标的实现要以电力行业的零碳化为先行[2]。根据中国电力企业联合会公开发布的《电力行业碳达峰碳中和发展路径研究》场景和路径推演，在推荐"核电+新能源"同时加速发展的场景下，2030 年前，力争 2028 年电力行业碳达峰，峰值规模 47 亿吨左右。具体的装机发展设想为："十四五"末即 2025 年水电达到 4.7 亿千瓦（含抽水蓄能 0.8 亿千瓦），核电达到 0.8 亿千瓦，风电达到 4.0 亿千瓦，太阳能发电达到 5.0 亿千瓦，煤电装机容量达到 12.5 亿千瓦（保障电力实时平衡需求）；"十五五"中后期，电力行业实现碳排放达峰，并逐步过渡到稳中有降阶段；"十五五"期间，按照新能源年均新增 1.2 亿千瓦，核电年均增加 8~10 台机组，预计 2030 年左右煤电装机容量达峰，电力行业碳排放于 2028 年达峰；"十六五"期间，新能源年均新增 2.0 亿千瓦，核电发展节奏不变，新能源、核电、水电等清洁能源发电低碳贡献率分别为 58%、20%、22%，电力行业碳排放进入稳中有降阶段。

传统电力系统很难应对高比例新能源、高比例电力电子设备、低系统转动惯量（"两高一低"）带来的安全、经济运行挑战。为了确保实现"3060"碳达峰碳中和目标，构建新型电力系统的任务已上升为国家战略。2021 年 3 月 15 日，习近平总书记在中央财经委员会第九次会议上提出构建以新能源为主体的新型电力系统。新型电力系统的建设目的是让更多可再生能源以更高效、更安全、更经济的方式实现生产、消费的闭环，一方面新型电力系统的建设需要鼓励能源信息技术创新，让能源转换、能源存储等关键技术能够不断突破；另一方面除构成电力系统的源、网、荷、储等基本环节的发展外，还需发挥市场机制的作用，进一步推进电力体制改革，让能源交易效率更高、交易成本更低。新型电力系统下，电力用户不再是单纯的、被动的用户，可能同时还是能源的生产者、电力平衡的主动参与者，角色、定位、作用深度调整。电网则是新型电力系统的核心所在，传统电网系统主要基于传统发电，以电源供应端的精准控制实现"源随荷动"的电力平衡。然而双碳目标下随着可再生能源的大规模建设并且高比例接入电网系统后，其发电的间歇性、波动性、随机性特征对电力系统的安全运行带来严峻挑战，很难如传统电源般精准实现"源随荷动"，我们需要更加智能、更加灵活的电网系统。同时随着用户侧分布式电源广泛接入、用户需求侧响应逐步普及，电网运行机理和平衡机制将发生彻底的改变。通过"源、网、荷"互动，在发展高比例可再生能源的同时，以经济、安全的方式消纳可再生能源，满足全社会经济高质量发展的需求，是电力系统适应双碳目标下未来形态的必然发展方向。

从我国电力工业诞生伊始，电力系统发展的传统路线是机组容量越来越大、电源越来越集中、电压等级越来越高、输电距离越来越远，电自远方，电网的"立体化"、集中化程度不断提高。这条路线发展的基础归根结底是源于化石能源发电技术进步导致的装机容量与单机功率的不断加大。双碳目标下电力系统的发展基础发生了根本改变，不仅化石能源发电机组的增量微乎其微，而且以可再生能源为主的新增电源机组单机容量规模也可大可小，并且越来越靠近用户。如果说传统路线是因为电源容量过大、环境限制等因素不得已采取技术、经济、环境方案更合适的高压、远距离输电方式，那么在可再生能源容量、环境友好性发生彻底变化后，新增可再生能源集中升压至输电网、通过电网输送再降压至用户侧的技术必要性已不再充分，电力系统发展的传统路线显然不再完全适用。

因此，以新能源为主体的新型电力系统要兼顾两方面需求。根据可再生能源资源分布特点，一方面对远离负荷中心的基地型可再生能源电站仍然需要通过升压和远距离输送的方式送至负荷中心区域；另一方面，更要重视在负荷中心区域就近发展可再生能源并以合适电压等级直接接入用户消纳。根据可再生能源特性，将海量小型、分散的电源接入配电网或一般高压电网，使得电自身边来，电网趋向扁平化、分布化、局域化。这条路线的实质是遵循电网的"第一性原理"和分区平衡规律，依靠新能源和信息通信技术的创新，实现人类能源的可持续发展。

大规模的可再生能源通过电力电子设备接入电网，电网技术特性也将发生质的变化，主要表现在三个方面：一是转动惯量。传统电网规模扩大时，系统转动惯量会相应增大，两者基本成正比关系；而新型电力系统的情况却相反，太阳能和风电的装机容量越大，火电被替代数量越多，系统的转动惯量则变得越小。二是电网形态。传统电网是以交流同步发电机为主导的交流电网，新型电力系统则是拥有高比例变流器的交直流混联电网。三是电源出力。传统电源出力基本稳定可控，新能源出力则具有波动性和间歇性。这些技术特性的变化，对新型电力系统的安全稳定性带来严峻的挑战。

在上述特性的变化下，配电网的定位也在发生明显改变。有源化和协同化使配电网由原来单纯的供电网，变成可以进行自我平衡的局域电网。从电网全局来看，输电网处于中心枢纽地位，类似一个"大蓄水池"，配电网围绕其四周，像无数个"小蓄水池"。输电网的一个重要功能就是随时吸收或补充配电网的盈余或缺额，为配电网的可靠供电提供保障；配电网则在为用户提供服务的同时，遵循技术规律和运行规程要求，尽其所能为全网的安全稳定做出应有的贡献。输配电网间形成双向互动互助、协调共生的关系[3]。

1.2　用户选择：绿色、安全、经济的电力

1.2.1　绿电是企业用户实现碳中和的必须选择

自我国宣布碳中和目标以来，国内一些大型企业已经做出了碳中和承诺。行业协会引导了部分承诺的制定，有些协会正在制定排放达峰与碳中和部门路线图。截至 2021 年年底，已经做出碳中和承诺的能源密集型工业企业包括中国石化、中国石油、宝武钢铁、河钢集团、鞍钢集团和包头钢铁，其中大多数企业的目标是到 2050 年实现碳中和。在主要电力企业中，中国长江三峡集团已宣布到 2040 年实现碳中和的目标，而中国大唐集团的目标年是 2060 年。更多的企业已经宣布配合达成国家目标的相关承诺或规划，但尚未确定排放的目标年或制定出实现目标的计划。例如，国家电网公司发布了碳达峰与碳中和行动计划，其中包括建设新增输电能力和智能电网、增加本企业配送电力中可再生能源比重等措施。国家能源投资集团、中国华能集团、国家电力投资集团等电力企业已经宣布开展长期净零排放目标战略研究[4]。

虽然人类科技的进步日新月异，但电力仍然是可预期技术进步范围内不可替代的能源。在企业用户的碳排放中，来自电力的碳排放占据了相当比重。虽然《企业温室气体排放核算方法与报告指南 发电设施（2021 年修订版）》（征求意见稿）（环办便函〔2021〕547 号）已将全国电力平均 CO_2 排放因子由

0.6101t/MWh（2015 年度值）下调为 0.5839t/MWh，但对于企业采购电网电力而言，仍然涉及相当体量的碳排放。可以简单地认为，按照全国电力平均 CO_2 排放因子 0.5839t/MWh 测算，企业用户每从电网采购 1MWh 电量需要计入 0.5839t 碳排放。需要注意的是，实际碳核算工作中，在不同的履约边界以及核算场景下，各地采用的电网碳排放因子不尽相同，且很多地方仍然保留了数值更高的区域电网年平均供电排放因子。2011 年和 2012 年中国区域电网平均 CO_2 排放因子见表 1-1，根据这些排放因子进行测算，将给企业用户造成更大的碳排放考核压力。

表 1-1 2011 年和 2012 年中国区域电网平均 CO_2 排放因子

（单位：kg/kWh）

	2011 年	2012 年
华北区域电网	0.8967	0.8843
东北区域电网	0.8189	0.7769
华东区域电网	0.7129	0.7035
华中区域电网	0.5955	0.5257
西北区域电网	0.6860	0.6671
南方区域电网	0.5748	0.5271

注：来源于《2011 年和 2012 年中国区域电网平均二氧化碳排放因子》。

在必须使用电力的情况下，绿色电力是减少用电部分碳排放的重要手段。绿色电力泛指可再生能源发电项目所产生的电力，简称"绿电"。从碳排放原理而言，诸如光伏、风电此类绿电在生产电力过程中，几乎不产生碳排放；而从碳管理工作而言，直接使用诸如分布式光伏、分散式风电等绿电就能在用户碳核查工作中直接扣减该部分电力的碳排放量，对于降低企业用户碳排放具有非常直接和明显的效果。需要注意的是，企业投资建设分布式或集中式可再生能源电站，如果其所发绿电不是由该企业直接使用而是上网，严格来讲该部分电量对于该企业的碳排放降低或碳中和目标没有任何意义。

随着我国电力体制改革的深入，电力用户以及可再生能源发电项目参与市场化交易的准入条件逐渐放宽，电力价格机制的转变、交易方式和品种的放开，为企业用户更方便地购买绿电创造了条件。

1.2.2 从电价结构来看用户使用绿电的成本

无论是国家层面的碳中和，还是企业层面的碳中和，都对绿电更高比例的生产和消费提出了迫切需求。而对于用户使用绿电利好的是，可再生能源度电成本一直在持续下降。据彭博新能源财经分析，中国光伏发电目前的平准化度电成本（Levelized Cost of Energy，LCOE）为 0.2~0.41 元/kWh，中国陆上风电的成本范围为 0.29~0.43 元/kWh，与新建煤电相比已具备了很强的竞争力[5]。且行业比较一致的看法是，随着技术的进步，可再生能源度电成本还将持续下降。

但电力是特殊的商品，在现有技术下，电力还不能大规模地存储，需要实时的发电、用电功率平衡以保障电力系统的安全稳定。而这对于用户则意味着使用成本的上升。从专业角度而言，用户使用绿电的电价结构不仅为绿电生产的度电成本，还包括其他部分。

经过持续性的电力体制改革，我国电价结构相比过去的目录电价已经发生了根本性的改变。根据是否参与电力市场进行购电，我国电力用户类型主要区分为优先购电用户和经营性电力用户。"中发 9 号文"的配套文件《关于有序放开发用电计划的实施意见》首先提出优先购电用户概念。优先购电是指按照政府定价优先购买电力电量，并获得优先用电保障，包括一产用电，三产中的重要公用事业、公益性服务行业用电，以及居民生活用电优先购电[6]。2019 年，《关于全面放开经营性电力用户发用电计划的通知》（发改运行〔2019〕1105 号）又对电力用户的类型做出补充，提出经营性电力用户概念，它指除居民、农业、重要公用事业和公益性服务等行业电力用户以及电力生产供应所必需的厂用电和线损之外，其他电力用户均属于经营性电力用户。经营性电力用户的发用电计划原则上全部放开[7]。2021 年在电煤价格上涨的压力下，政府进一步推动了所有经营性电力用户参与市场，《关于进一步深化燃煤发电上网电价市场化改革的通知》（发改价格〔2021〕1439 号）明确要求"推动工商业用户都进入市场。各地要有序推动工商业用户全部进入电力市场，按照市场价格购电，取消工商业目录销售电价。目前尚未进入市场的用户，10kV 及以上的用户要全部进入，其他用户也要尽快进入。对暂未直接从电力市场购电的用户由电网企业代理购电。"[8]

无论是电网企业代理购电或是经营性电力用户直接参与电力市场，其电价结构均由市场性交易电价、输配电价（含线损及政策性交叉补贴）、政府性基金及附加组成。只是由电网企业代理购电用户，市场性交易电价由代理购电价格（含平均上网电价、辅助服务费用等）替代。因此从用户的电价结构可以看出，除固定的政府性基金及附加费用外，无论是否直接参与市场交易，经营性电力用户电价主要取决于交易电价费用、辅助服务费用以及输配电价成本费用。其中若考虑辅助服务及相关成本全部纳入电源侧，前两者可简单合并为电源成本。

在中国电力企业联合会公开发布的《电力行业碳达峰碳中和发展路径研究》场景和路径推演中，电力行业碳达峰、碳中和明显将推高电源成本。"十四五""十五五""十六五"期间，电源年度投资分别为 6340 亿元、7360 亿元、8300 亿元，然而对比"十一五""十二五""十三五"期间，电源年度总投资分别仅为 3588 亿元、3831 亿元、3524 亿元。相比 2020 年，2025 年发电成本提高 14.6%，2030 年提高 24.0%，2035 年提高 46.6%。由此可见，在电力行业碳达峰、碳中和的目标下，仅电源端成本就将面临大幅度增加。这些电源成本的增加同样体现为两个方面：一方面是满足电力增长及低碳电力替代的投资；另一方面是保证电力实时平衡的投资。

为了维持电力系统的安全稳定，必须做到发电与用电之间功率的实时平衡，而风电、光伏可发电出力但受天气的影响较大，不像化石能源般可控，其波动性会对电力系统的实时平衡带来很大问题，进而影响电力系统的安全稳定。为适应高比例的可再生能源，电力系统会增加其他措施去保障实时平衡性，这些措施称之为"辅助服务"，这部分成本同样不可小觑。据国内相关研究机构预测，当新能源电量渗透率超过 15% 后，系统成本进入快速增长临界点，预计 2025 年是 2020 年的 2.3 倍。由此可见，虽然可再生能源度电成本持续下降，但是其大规模发展仍然将引起用户使用成本的增加。

电力系统的辅助服务能力与电力系统的灵活性密切相关。根据相关机构预测，随着可再生能源装机的进一步扩大，2021～2060 年期间，我国电力系统的灵活性来源将发生根本性的变化。目前几乎所有用于满足高峰负荷的灵活性都来自化石燃料和水力发电站，包括抽水蓄能。但到 2060 年，储能技术将提供 35% 的灵活容量，水电等可调度的可再生能源提供 24%，需求响应（通过价格信号鼓励或要求电力消费方在高峰期实时减少其消费的措施，电力消费方包括制氢厂商）提供 5%。同时满足高峰负荷的灵活性资源也将随时间演变。我国承诺碳中和目标的情景下，2030 年之前的灵活性要求将主要由现有电厂来满足。2030 年以后，随着可再生能源比重加速提高，可调度化石电厂数量减少，我国对非化石灵活性资源的需求将迅速增加。电池和需求响应将主要用于提供短期灵活性，而配备 CCUS 的化石电厂和氢能则更多用于季节性平衡。到 2060 年，电池和蓄水储能可以为高峰充足性贡献约 960GW 的容量。虽然目前我国的需求响应有限，但随着电动汽车、空调和氢能电解等更灵活的用户侧资源不断增加，需求响应将会迅速扩大[4]。

除辅助服务及灵活性资源的成本增长外，为适应可再生能源的大规模发展以及远距离传输，还需加强输配电网建设以及其他相关配套设施，这也将推升整体电力使用成本。输配电网建设最终将通过用户的输配电价进行回收。输配电价是指电网企业提供接入、联网、电能输送和销售等经营服务的价格总称[9]，我国输配电价经历了复杂的改革历程。目前，我国的输配电价结构也正逐步过渡为跨区跨省专项工程输电价、区域电网输电价、省级电网输配电价和增量配电网及地方电网配电价格四级。我国现行的基于"准许成本 + 准许收益"的准许收入价格管制模型，实质上也是国际上常用的投资回报率管制模型。目前我国对于跨区跨省专项工程输电价、区域电网输电价、省级电网输配电价均采用该模型。"准许成本+准许收益"可简单理解为，所有电网建设的合理投资最终都会转嫁到用户电价上，具体就是用户电价中的输配电价。

由此可见，在电力行业碳达峰、碳中和目标下，如果不创新发展，用户电价将面临很大的上涨压力。

1.2.3　创新配售电模式，破解能源"不可能三角"

能源"不可能三角"也叫能源三元悖论。三元悖论的概念最早被提出来用于解读一个国家的金融政策：各国货币政策的独立性、汇率的稳定性、资本的完全流动性，在这三者之中，一个国家只能三选二，不可能三者兼得。而在能源层面，能源不可能三角指的是无法找到一个能源系统同时满足"能源绿色低碳""能源稳定安全""能源价格低廉"三个条件。对于经营性电力用户而言，虽然必须面对我国双碳目标带来的低碳发展要求，但同时也希望能够经济地使用电力；对于地方经济发展而言，仍然希望通过优惠电价招商引资带动地方经济的持续发展。因此，经营性电力用户及地方经济发展都将面临绿色电力使用的成本压力。毫无疑问，能源不可能三角的最终破解手段将依靠科技进步与生产力提升，但除此以外，仍然能够通过新的价值发现以及重构电力生产利用体系解决用户电力使用的绿色、安全和经济问题。

新的价值发现主要指绿电的绿色环境价值转变为用户实质上的经济价值。在未来全球应对气候变化的共同目标下，可再生能源的环境价值将逐步演变为其经济性价值，包括使用可再生能源降低产品碳强度后带来的更强市场竞争力、减少碳税与碳配额成本等。在这些因素的考虑下，如果采用的是可再生能源，虽然单一从能源使用成本角度可能不如化石能源，但是综合考虑能源成本以外的其他影响因素后，其综合经济性可能是优于化石能源的。

除新的价值发现以外，重构电力生产利用体系是破解能源不可能三角的又一重要措施。根据前文分析，绿电使用成本的价格压力主要来自电力辅助服务以及输配电网的投资建设，而非绿电本身的度电成本。那么通过重构电力生产利用体系减少辅助服务需求以及节省输配电网投资是让用户安全获取便宜绿电的主要目标。实现这一目标须重视两个方面的工作：一方面是可再生能源就近接入用户负荷密集区并就近消纳，减少电力长距离传输增加的输配电投资；另一方面是可再生能源与用户（包括利用储能）更智慧化的互动使得局部电力电量足够平衡以减少对于外部辅助服务的需求。因此在电力系统末端（即所谓的配电网侧），通过接入、消纳、互动可再生能源和其他新能源，发展"源网荷储一体化"的微小电网有着积极的意义。

"源网荷储一体化"的微小电网包括以消纳新能源为目标的局域电网、增量配电网、微电网、转供电等配售电新型业态模式。从用户电价结构角度而言，这种微小电网内部交易电量时，能省去外部电网的输配电价。同时，通过做好该局部电网的"源荷"互动，能解决电力实时平衡问题、减少额外的辅助服务费用。因此在保障用户安全使用绿电的同时，能够显著降低用户的用电成本，从而使能源不可能三角在"源网荷储一体化"的微小电网区域成为可能。

与此同时，这种在末端构建无数个"源网荷储一体化"微小电网的模式还能够对整体电力系统起到积极作用：通过微小电网可再生能源的就近生产和消纳，将减轻输电网承接大规模可再生能源接入和大范围传输需求的电网建设压力；通过将"源""荷"分散到微小电网实现局部"源荷储"互动平衡，减轻电力系统承担整体大规模可再生能源发电波动以及用户用电波动导致的辅助服务需求压力；通过微小电网"源网荷储"互动响应电力市场和辅助服务市场后的有功无功支撑，有效助力整体电力系统的安全稳定。而这些积极作用将会降低整体电力系统的建设成本并提升电力系统的运行安全。

1.3　配售电革命：碳中和时代的必然

仅从技术角度而言，实现"源网荷储一体化"的微小电网并不困难。但该模式能否有效落地与推广，离不开我国电力体制机制的支持与保障。2015 年，我国开启了新一轮电力体制改革的序幕，"中发 9 号文"提出向社会资本放开配售电业务，为此类"源网荷储一体化"微小电网的发展奠定了政策保障基础；而在双碳目标下，"中发 36 号文"提出"明确以消纳可再生能源为主的增量配电网、微电网和分布式电源的市场主体地位"，掀起了以碳达峰、碳中和为目标的新一轮配售电改革浪潮。

1.3.1　配售电改革：为何而起

改革开放以来，电力体制改革作为我国整体经济体制改革的一部分一直都在进行中。电力工业先后实现了政企分开、厂网分开、主辅分离，建立了市场监管机构，极大地解放了电力生产力，促进了我国电力工业的跨越式发展，在极短的时间内解决了困扰我们几十年的缺电问题，为经济社会发展提供了坚强的能源保障。回顾改革开放至"中发9号文"发布的2015年，我国电力体制改革大体上经历了以下几个阶段：

第一阶段（1978~1987年）：主要解决电力供应严重短缺问题。通过设立独立发电公司，推行"集资办电"，解决电力建设资金不足问题。

第二阶段（1987~2002年）：主要解决政企合一问题。1997年1月16日，国家电力公司在北京正式成立，标志着我国电力工业管理体制由计划经济向社会主义市场经济的历史性转折。此后，随着原电力工业部撤销，其行政管理和行业管理职能分别被移交至国家经济贸易委员会和中国电力企业联合会，电力工业彻底地实现了在中央层面的政企分开。

第三阶段（2002~2012年）：厂网分开与电力市场初步发育阶段。2002年12月，国务院下发了《电力体制改革方案》，提出了"厂网分开、主辅分离、输配分开、竞价上网"的16字方针并规划了改革路径。根据该方案，电力管理体制、厂网分开、电价机制等一系列改革开始推进。

自2002年《电力体制改革方案》实施后，经过十余年的改革历程，电力行业破除了独家办电的体制束缚，初步形成了电力市场主体多元化竞争格局。但与此同时，电力行业发展还面临一些矛盾和问题。其中交易机制缺失、市场化定价机制尚未完全形成等问题仍然突出，造成了市场配置资源的决定性作用难以发挥，弃水、弃风、弃光现象也时有发生。此外，现行电价管理仍以政府定价为主，电价调整往往滞后于成本变化，难以及时并合理反映用电成本、市场供求状况、资源稀缺程度和环境保护支出。

在此背景下，"中发9号文"拉开了我国新一轮电力体制改革的序幕。此次改革方案，明确了"三放开、一独立、三强化"的总体思路。"三放开"是指在进一步完善政企分开、厂网分开、主辅分开的基础上，按照管住中间、放开两头的体制架构，有序放开输配以外的竞争性环节电价，有序向社会资本放开配售电业务，有序放开公益性和调节性以外的发用电计划。"一独立"是指推进交易机构相对独立，规范运行。"三强化"是指进一步强化政府监管，进一步强化电力统筹规划，进一步强化电力安全高效运行和可靠供应。

　　其中，放开配售电业务又被称为增量配电改革或配售电改革。具体而言，增量配电网是指由其他社会资本（非省级电网投资）投资建设的 220kV（330kV）电压等级及以下的配电网，当取得市场化售电资格后，增量配电网企业又被称为拥有配电网运营权的售电公司或第二类售电公司。从 2015 年配售电改革之初至今，配售电改革的战略意义和价值也在不断升华，随着时间轴的演变大致可分为以下三个层次。

　　第一层次，单纯的配售电业务市场性竞争（2015～2018 年）：新一轮电改伊始，配售电改革的主要意义还在于打破电网投资垄断，以标尺竞争的方式提升配电网业务的投资效率，全面提升配电网的服务水平和运营水平，通过市场化竞争降低用户输配电环节的"过网费"成本。

　　第二层次，用户侧综合能源服务的切入口（2018～2020 年）：随着改革的深入以及综合能源服务业务的兴起，配售电业务成为社会资本看好的切入用户侧综合能源服务的有效方式，以增量配电网为载体与用户直接交易并消纳区域内的光伏、天然气等各类分布式能源，能有效提升能源使用效率。同时，通过配售电业务提升用户黏性，从而切入用户侧分布式光伏、节能业务、供暖供冷等用户侧综合能源服务项目上，以提升增量配电业务整体的投资价值。

　　第三层次，配电网实现零碳电力供应的重要手段（2020 年下半年至今）：结合"双碳"战略以及"以新能源为主体的新型电力系统"建设目标，以"源网荷储一体化"微小电网的方式在配电网侧发展并就地消纳更大规模的可再生能源，保障用户经济、安全地使用可再生能源电力，全面降低配电网用户使用电力的碳排放。

　　就第三层次而言，虽然实现"源网荷储一体化"的方式很多，但配售电业态为"源网荷储一体化"提供了一种更易于实现、界面更加清晰、运行效率更高效的模式。

1.3.2 "源网荷储一体化"互动与优化的关键

　　通过在电网末端构建以消纳可再生能源以及其他新能源为目标的"源网荷储一体化"微小电网，对于提升该区域能源效率、降低供能损耗具有重要作用。在此类"源网荷储一体化"系统中，"源"主要指符合"双碳"目标要求的能源生产利用模式，包括可再生能源以及热电联产、分布式三联供等以节能为目标的能源高效利用电源。这类能源不仅向用户供电，也能够兼具面向用户提供冷、热、气等多种能源类型，实现多能协同供应和能源综合梯级利用。

　　"源网荷储一体化"的重点是在用户侧直接消纳接入其中的可再生能源以及

其他新能源，通过实施需求侧管理以及"源荷"互动，推动清洁能源就地生产和就近消纳，提高能源综合利用效率、降低损耗，实现用户用能的低碳排放甚至净零排放。

而让用户使用到该系统内的清洁能源以及提高能源综合利用效率的关键在于该系统要真正实现"源网荷储"互动。通过用户用能需求分析，结合各能源系统的固有生产成本、转换效率以及电力交易价格与辅助服务市场价格信号，选择整个系统能源生产成本最低、用户用能成本最低的协同优化方式，满足用户的各类用能需求。为实现这一目标，能源的生产、传输和消费就需要建立一种关联，在这种关联下，生产的能源给用户消费了，不仅实现了能源的就地利用，也实现了根据用户的用能需求去优化能源生产方式与能源存储方式。换言之，如果用户的能源消费方式，特别是电能消费方式，不能够和该系统内的能源生产服务挂钩，例如用户选择了目录电价购电或内部电源只能销售给省级电网，将让用户的用电和这部分能源的发电失去关联，将解耦能源的消费端和生产端，"源网荷储"的运行优化也将失去一个主要目标[10]。

因此系统需要建立一种能源生产、传输和消费的关联，并且可以通过该系统内的能源交易业务实现这种关联。电能的传输环节以及内部电能的交易环节就很关键。而配售电业态模式恰好提供了一种具有普遍适应性的"源网荷储一体化"解决方案，它通过配电网物理载体为用户侧和电源侧提供了直接的关联方式，允许内部电源和用户直接交易，并能作为"源网荷储一体化"单元响应电力市场和辅助服务市场。通过配售电业态的模式完全耦合了电能生产端和销售端，结合能源生产成本和外部能源交易价格、辅助服务价格信号，根据用户的用能需求及互动实现整个系统能源生产与使用成本的最优。

1.3.3　重装上阵

增量配电网就近消纳新能源、降低网损、实现"源网荷储"互动等符合"双碳"目标的技术优势是明显的，但它的健康发展仍然离不开主管部门的保驾护航。虽然配售电改革对于提升我国电力体系的效率有着重要作用，但不可否认的是，自其诞生伊始便一直磕磕碰碰，以至于从改革初期的焦点和热点逐渐降低"热度"。截至2021年年底，国家先后五批次发布共计483个增量配电业务试点项目。仅从数量上而言，这项改革是非常成功的。但从实际效果而言，却普遍面临落地难或盈利难等相关问题。

在碳达峰、碳中和目标的背景下，新政策层出不穷，电力行业也涌现出更多业态模式和发展机会。同时也给予了配售电变革新的契机。从2021年监管部门发布的相关政策也能够看出配售电监管思路的变化：不再作为特殊产物"关照"，而是和其他市场主体一样被平等对待与常态化对待。这对增量配电业务长期健康发展而言是利好的，既保障了它常态化发展的权利，也要求它公平承担一般电网主体的义务和责任。这些政策除解决配售电业务普遍性难题以外，在"低碳化"的主旋律下，也提出了配售电业务新的发展要求。

一是解决了配售电业务落地规划与接入的难题。规划与接入是增量配电落地过程的重要环节。此前《进一步推进增量配电业务改革的通知》（发改经体〔2019〕27 号）（以下简称"发改经体 27 号文"）要求，规划方案由省级能源主管部门组织评审，接入系统意见由地方能源主管部门协调确定。上述规定体现了增量配电网相比一般配电网管理的特殊之处。但增量配电业务不是昙花一现，需要持续发展和绽放活力，其规划和接入管理要求也必然会常态化与平等化。2021 年 9 月底《电网公平开放监管办法》（国能发监管规〔2021〕49 号）针对增量配电网的规划和接入（特别是接入）做了非常详细和明确的说明。此外，首次将增量配电网"接入"定义为"电网互联"，也从监管者的视角肯定了其与其他电网公平的市场主体地位。

二是提升了配售电业务合法取证的效率。配电区域划分和基于区域划分的取证是增量配电网工作一直以来的重点。虽然以前有关文件都对如何区域划分和取证做了明确说明，但仍然存在地方不敢轻易划分区域、工作拖拉等现象。《全面推行电力业务资质许可告知承诺制实施方案》（国能发资质〔2021〕37 号）明确提出了增量配电业务可采用告知承诺制取证，其最大优点在于事前可减少相关主管部门的裁决压力，从而提高项目取证效率。但需要注意的是，告知承诺制有事中事后核查制度，但它并不会妨碍条件具备、材料齐全的增量配电项目以高效的方式取证。

三是明确了配售电未来协同可再生能源发展的要求。随着"双碳"目标的提出，电力系统以及电力体制改革均朝着以发展和消纳大规模新能源的方向进行。中央提出构建以新能源为主体的新型电力系统，同时提出明确以消纳可再生能源为主的增量配电网的市场主体地位[14]。如今的增量配电改革被赋予了"双碳"目标下更重要的历史使命，即以更高效的方式发展和消纳新能源，同时减少甚至帮助电力系统应对大规模新能源发展带来的压力。

在中央频发政策的同时，地方新增政策也层出不穷。2021 年 12 月，广西壮族自治区发展改革委发布了《关于进一步做好我区增量配电业务工作的通知》，并随后组织了自治区内第六批增量配电试点项目的申报。该事件虽然只是一个地方行为，但对于增量配电业务整体而言无疑是一个标志性事件，正式拉开了增量配电改革以地方为主导的"后国家试点时代"的序幕，后续大概率会带来多米诺效应，引发更多省份启动新一批增量配电试点。

在经历了 2015~2020 年的跌宕起伏后，我们认为 2021 年是配售电改革重装上阵的元年。在国家"双碳"战略下，增量配电业务的未来更加可期！

1.4　新型配售电体系：开启用户低碳价值之路

1.4.1　国外电力公司低碳发展的启示

"碳中和"既是我国的发展目标，也是全球主要国家的发展目标。在各个国家碳中和的目标下，各国电力公司也在积极应对和作为。世界主要电力企业纷纷提出碳中和时间表，通过大力发展风能和太阳能等新能源推动净零排放目标的达成。西班牙伊维尔德罗拉公司提出 2030 年实现碳中和，届时新能源装机容量将超过 3300 万千瓦，主要为风电和光伏。德国莱茵公司则制订了 2040 年碳中和战略，并不断加大风能和太阳能项目的开发。东京电力公司计划到 2050 年实现碳中和，核电和海上风电是其发展重点。美国杜克能源公司制订了 2050 年前碳中和计划，计划将太阳能发电能力翻倍，并进一步宣布到 2030 年将其天然气业务中的甲烷排放量减少至"净零值"。同时为实现碳中和目标，世界主要电力企业积极布局制氢、储运、加氢站等多个环节，推进各自的氢能项目落地。根据对德国意昂公司、德国莱茵公司、法国电力公司、意大利国家电力公司、西班牙伊维尔德罗拉公司、东京电力公司、韩国电力公司、美国杜克能源公司等世界主要电力企业战略的分析，可再生能源、氢能产业、电能替代、数字化转型均是世界主流电力企业应对碳中和的积极措施[12]。

除积极努力实现碳中和外，响应政府环保约束和激励政策也是国外电力企业需要面临的重要问题。环保表现是这些电力企业关注的重点，包括限制二氧化硫和其他关键污染物的排放等。环境问题在近年来也得到了越来越多的关注，美国许多州在应对气候变化方面的政策规定正变得越来越严格。目前，可再生能源成本的持续下降和分布式微小电网服务机遇的扩大也正在彻底改变电力公司业务的传统设定。因此，以经济可行且能够创造价值的方式追求持续性的深度减排，是全球所有电力公司面临的机遇和挑战。以美国为例，可再生能源配额制、能效资源标准、碳价、建设储能设施的强制要求、负荷峰值标准、交通电气化、建筑部门电气化等是电力企业发展面临的挑战。

（1）可再生能源配额制

可再生能源配额制（RPS）要求电力公司售电额度中的特定比例或特定电量必须来自于可再生能源资源。全美有 29 个州和华盛顿特区实施了可再生能源配额制，还有 8 个州设置了可再生能源目标，如夏威夷州、纽约州、加利福尼亚州。

（2）能效资源标准

能效资源标准（EERS）设定了电力公司或非电力公司项目管理者必须通过用户能效项目实现的特定、长期节能目标。全美已有 26 个州设定了节能目标，如马萨诸塞州、佛蒙特州、伊利诺伊州。

（3）碳价

美国一些州、地区和城市启用了碳税、碳排放总量管制与交易机制，以此作为市场化碳减排手段，如科罗拉多州博尔德市、加利福尼亚州。

（4）建设储能设施的强制要求

多个州都通过立法和法规规定了储能设施建设和采购的目标，如俄勒冈州、加利福尼亚州、马萨诸塞州。

（5）负荷峰值标准

各州可以将降低负荷峰值作为目标纳入它们的能效战略。各州也在寻求在负荷高峰时段提高可再生能源发电应用的方法，如马里兰州、亚利桑那州。

（6）交通部门电气化

各州和地方政府使用了各种政策支持交通部门电气化。这些政策包括电动汽车（EV）部署目标、补贴、税收减免、政府用车电气化以及支持电动汽车基础设施建设等，如华盛顿州、科罗拉多州博尔德市。

（7）建筑部门电气化

与交通部门类似，各州和城市也在通过不同的方式支持建筑部门电气化。这些政策包括电气化技术资金补助、优势性电费设计、需求响应/弹性计划、建筑规范和电器标准等，如加利福尼亚州、罗得岛州。[13]

通过对国外电力企业的转型布局以及政府政策约束分析，可以得到我国未来低碳之路的重要启示：在全球碳中和目标下，政府环保约束和激励政策是电力企业未来业务创新和价值实现的重要基础。

1.4.2 我国主要低碳约束政策

1.4.2.1 能耗双控与碳双控

实现"双碳"目标需要具体的约束性与激励性政策，"双控"工作则是当下最有代表性的政策工具。具体而言，"双控"又分为能耗"双控"与碳"双控"。"双控"作为"双碳"目标的政策手段，其本质是服务于高质量发展经济的目标。2021 年 12 月中央经济工作会议指出："要科学考核，新增可再生能源和原料用能不纳入能源消费总量控制，创造条件尽早实现能耗'双控'向碳排放总量和强度'双控'转变。"电力消费是用户能源消耗与碳排放核算的主要源头，作为直接面向用户提供电力的主体，配售电业态深刻理解"双控"内涵，才能有效满足"双控"下用户的实际需求，为用户创造更多绿色低碳价值。

能耗"双控"指的是能源消费强度和能源消费总量控制，碳"双控"指的是碳强度和碳排放总量控制，考核对象既可针对一定区域的 GDP，又可针对企业用户。追溯能耗"双控"与减碳工作的关系，其起源恰缘于我国对于国际社会自愿减排的承诺。2006 年在气候谈判的过程中，我国主动提出了第一个自愿减排目标，即 2010 年单位 GDP 能耗要比 2005 年下降 20% 左右，我国在"十一五"规划中首次提出把单位 GDP 能耗降低作为约束性指标。因此可以看出，能耗"双控"目标的本质仍然是对碳排放的控制。过去十几年，能耗"双控"对于促进我国经济低碳发展发挥了重要作用，但是在新的外部环境下，能耗"双控"也逐步显示出其不适应性：一方面是颇具争议的原料用能；另一方面近些年可再生能源的大力发展以及未来可预计更大规模的可再生能源，能源消费量与碳排放量的相关性将越来越小。于宏观角度而言，当化石能源仍然占据绝对比重时，能源消费总量与二氧化碳排放总量存在高度的正相关关系；但当可再生能源发展到一定规模以后，其相关性就越来越小。因此，在某些场景下特别是未来化石能源占比逐步降低的场景下，能耗"双控"和碳"双控"指标之间的正相关关系将发生改变。

结合目前能源消费结构以及变化趋势，碳总量考核意义大于能源消费总量，能耗强度和碳强度则相互补充。碳总量反映的是碳排放绝对量的问题，其重要性不言而喻；以可再生能源为主的场景下，能源消费总量的高低并不能代表碳排放量的高低，且在 GDP 作为变量的情况下也无法与能耗强度挂钩；能耗强度反映的是生产活动对于能源使用效率的问题，无论是否存在绿色能源替代，提高效率、降低能耗强度都是节能提效的重要措施；只有在能耗强度降低的基础上，加之低碳能源替代，才会让碳强度指标具备实际考核意义。因此，当起源于减碳为目标的能耗"双控"并不能完全起到初衷效果时，就需要重视对碳"双控"的考核。但能耗"双控"向碳"双控"转变需要一定的时间，对配售电行业而言，通过认清能耗"双控"与碳"双控"的内涵与关系，制定符合社会和用户价值需求的企业发展策略，服务好"双碳"战略背景下地方经济的高质量发展。

《国务院关于印发"十四五"节能减排综合工作方案的通知》（国发〔2021〕33 号）明确指出，对能耗强度降低达到国家下达的激励目标的地区，其能源消费总量在当期能耗双控考核中免予考核。由此也能看出，能耗强度下降的意义是大于控制能源消费总量的。同时该文件也明确，"各地区'十四五'时期新增可再生能源电力消费量不纳入地方能源消费总量考核。原料用能不纳入全国及地方能耗双控考核"。这也对各地应对能耗双控提出了科学的控制措施。

1.4.2.2　绿证与绿电配额制

能耗双控政策对于我国过去十几年的能效提升发挥了重要作用。除能耗双控政策以外，"十三五"期间我国开始的绿证与绿电配额制也是我国积极应对能源转型的重要政策措施，也是配合能耗双控政策发挥更大效果的有效手段。

我国 2017 年起开始实施绿证制度，其目的主要是减轻新能源补贴压力和引导绿色电力消费观，促进清洁能源利用。绿证的全称为"绿色电力证书"，是指国家可再生能源信息管理中心按照国家能源局相关管理规定，依据可再生能源上网电量通过国家能源局可再生能源发电项目信息管理平台向符合资格的可再生能源发电企业颁发的具有唯一代码标识的电子凭证。国家可再生能源信息管理中心负责复核企业所属项目的合规性和月度结算电量，按照 1 个证书对应 1MWh 结算电量标准，向企业核发相应证书。每个证书具有唯一编码，并体现项目的基本情况。认购参与人通过认购平台提交指令，并按本规则进行认购。认购参与人不允许以自身为对手方进行认购。认购参与人购买可再生能源绿证后，不得再次出售。补贴目录内的陆风和集中式光伏以及平价项目均可以申请，但需要注意的是，风电、光伏发电企业出售可再生能源绿证后，相应的电量不再享受国家可再生能源电价附加资金的补贴[14]。由于绿证目前采取自愿交易，且只允许交易一次，因此整个绿证交易市场并不活跃，处于有量无市的静默阶段。

可再生能源消纳责任权重（绿电配额制）出台主要是为解决我国可再生能源中长期发展责任问题，从需求侧入手促进新能源行业发展。2019 年，《关于建立健全可再生能源电力消纳保障机制的通知》（发改能源〔2019〕807 号）文件发布，意味着可再生能源绿电配额制正式在我国开始实施。承担消纳责任的主体主要有两类，第一类市场主体为各类直接向电力用户供/售电的电网企业、独立售电公司、拥有配电网运营权的售电公司；第二类市场主体为通过电力批发市场购电的电力用户和拥有自备电厂的企业。各承担消纳责任的市场主体以实际消纳可再生能源电量为主要方式完成消纳量，同时可通过两种补充（替代）

方式完成消纳量：一是向超额完成年度消纳量的市场主体购买其超额完成的可再生能源电力消纳量，双方自主确定转让（或交易）价格；二是自愿认购可再生能源绿证，绿证对应的可再生能源电量等量记为消纳量。

　　一方面，在绿电配额制的强制考核约束下，自愿认购的绿证制度有了更大价值和市场需求；另一方面，绿电配额制协同绿证制度，共同对能耗双控的有效实施发挥了激励性作用。相关政策文件规定[15]，对于实际完成消纳量超过本区域激励性消纳责任权重对应消纳量的省级行政区域，超出激励性消纳责任权重部分的消纳量折算的能源消费量不纳入该区域能耗"双控"考核。对纳入能耗考核的企业，超额完成所在省级行政区域消纳实施方案对其确定完成的消纳量折算的能源消费量不计入其能耗考核。

1.4.2.3　碳价与碳市场

　　2011 年 10 月，国家发展改革委办公厅发布《关于开展碳排放权交易试点工作的通知》（发改办气候〔2011〕2601 号），正式拉开我国碳市场建设帷幕。2013 年 6 月，深圳率先开展交易，其他试点地区也在 2013 ~ 2014 年先后启动市场交易。2016 年 1 月，国家发展改革委办公厅发布《关于切实做好全国碳排放权交易市场启动重点工作的通知》，全国市场预备启动。2021 年 1 月，生态环境部印发了《碳排放权交易管理办法（试行）》，对二氧化碳排放达峰目标和碳中和愿景的重要宣示，进一步加强了对温室气体排放的控制和管理，为新形势下加快推进全国碳市场建设提供了更加有力的制度保障，规定符合"属于全国碳排放权交易市场覆盖行业"和"年度温室气体排放量达到 2.6 万吨二氧化碳当量"两项条件的，应当列入温室气体重点排放单位（简称重点排放单位）名录。2021 年 7 月，全国碳排放权交易在上海环境能源交易所正式启动。其中首笔全国碳交易通过撮合交易成功，交易价格为 52.78 元/吨。

　　全国碳交易市场首个履约期仅纳入发电企业（共 2162 家）。通过对 2019年、2020 年的碳配额进行清缴履约，这些企业履约完成率为 99.5%。截至 2021年 12 月 31 日，碳配额累计成交量 1.79 亿吨，成交额 76.61 亿元。2021 年 12 月 31 日收盘价 54.22 元/吨，较 2021 年 7 月 16 日首日开盘价上涨 13%。总体而言，自全国碳市场启动以来，整个 2021 年价格（挂牌价）较为稳定，整体在 40~60 元之间，成交量在进入履约期，才从平稳的趋势快速上升，2021 年 12 月成交量达到整体交易量的 76%。

　　未来随着更多控排行业进入全国碳市场以及免费碳配额的收紧，全国碳市场交易活跃度以及碳价预计将进一步上升。

1.4.3　配售电企业促进用户低碳用能

相比配售电企业自身而言，能耗"双控"与碳"双控"对区域内生产用户（特别是高耗能和控排企业用户）影响更大。区域用户获取低碳电力的需求是显而易见的，一是减少企业综合能源消费量，确保企业生产足够的能耗指标；二是降低碳排放总量与产品碳强度，应对碳强度考核的同时，提升产品国内外市场的竞争力。"双碳"目标下，用户用电需求已经从安全、经济两个维度转变为低碳、安全、经济三个维度，显然这对所有供电企业都带来严峻挑战。配售电企业相比其他供电企业或者一般售电企业，拥有更大的优势。

一是它以第二类售电公司的身份，既能够供电，又能够市场化购电与售电。

二是电改基因决定了接入增量配电网内部的分布式电源和可再生能源电站能够自由地与用户交易和结算。

三是电流电压监测、电表计量、电力购售电合约、用户报装等能源数据优势能够成为配售电企业开展用户节能、碳管理等综合能源服务业务的基础。

四是它拥有相对独立的计量和核算边界，能够清晰测算区域内绿电使用情况，便于政府对其单独考核与激励。

基于上述优势，为提升用户低碳价值，配售电企业在以下几个方面大有可为。

（1）积极接入可再生能源，建设"源网荷储一体化"配电网

2021年，"中发36号文"指出"明确以消纳可再生能源为主的增量配电网、微电网和分布式电源的市场主体地位"，这既是对增量配电网提出的要求，又是为增量配电网大规模发展和消纳可再生能源奠定的政策基础。由于不需要考虑外部电网的输配电价，在增量配电网内大规模消纳可再生能源对于提升增量配电网经济性、降低网内用户用电成本具有显著效果，同时以"源网荷储一体化"建设增量配电网又是对新型电力系统最好的支撑。

在以新能源为主体的新型电力系统建设中，必须以经济低成本的方式解决新能源大规模发展带来的稳定性和安全性问题，专家学者提出"源网荷储一体化"的解决方案。虽然增量配电网并不是"源网荷储一体化"必须的技术条件，但增量配电网却是局部区域内高效实施"源网荷储"互动的有效载体。国家发展改革委、国家能源局印发《关于推进电力源网荷储一体化和多能互补发展的指导意见》（发改能源规〔2021〕280号），该文件也强调了"在工业负荷大、新能源条件好的地区，支持分布式电源开发建设和就近接入消纳，结合增量配电网等工作，开展'源网荷储一体化'绿色供电园区建设。"通过增量配电网内

的用户负荷与可再生能源直接交易与互动，利用储能设施进行平衡调节，这种直接接入增量配电网消纳可再生能源的模式减少了电源长距离传输的电网建设成本与输送网损，还能以类似"虚拟电厂"的技术特点对外部电力系统进行功率支撑。如此一来，配售电企业通过"源网荷储一体化"模式为以新能源为主的新型电力系统贡献了最简单直接的解决方案。

（2）开拓市场化绿电交易业务，满足区域低碳用电需求

对于不具备大规模接入可再生能源（含分布式可再生能源）的增量配电网，应充分发挥售电公司市场化交易的优势，通过绿电采购方式消纳外部的可再生能源。2021 年 9 月《绿色电力交易试点工作方案》的批复，意味着我国正式明确了绿色电力交易定义和交易方式。但绿色电力交易刚起步，相关交易规则仍有待进一步完善，绿电市场与外部市场也有待进一步衔接。但并不妨碍配售电企业提前做好趋势研判和布局，逐步开展市场化绿电交易业务，彻底满足区域内用户的绿电需求以及配电网低碳发展需求。

（3）以降碳为目标，创新低碳综合能源服务

过往仅以"降低用能成本"为目标的综合能源服务为用户带来的价值有限，用户接受度并不算太高。而在国内碳排放政策性约束以及产品出口国外遭遇碳税和碳强度要求的市场压力下，用户更加重视"低碳"能源供应方式。通过配电网切入用户侧综合能源服务，是多数配售电企业的选择。以前由于用户对综合能源服务价值认知有限，也导致了一些配售电企业在推广节能、屋顶光伏等综合能源服务业务时吃了"闭门羹"。而如今，碳中和以及"双控"压力已经深入用户认知，以低碳为目标的综合能源服务有了更广阔的市场空间。通过节能提效帮助企业应对能耗双控，并结合用户内部绿电生产和增量配电网绿电供应降低企业碳排放和碳强度，同时在供电服务的基础上探索碳资产管理业务，全面解决用户低碳需求。

（4）以"双控"为导向，利用激励性政策获取更多能耗指标

能耗"双控"向碳排放总量和强度"双控"的转变仍需一段时间，当下各主体仍然要面临能耗"双控"的考核。配售电企业帮助地方经济应对"双控"考核拥有天然有利的政策环境和技术环境。《关于建立健全可再生能源电力消纳保障机制的通知》（发改能源〔2019〕807 号）指出"承担消纳责任的第一类市场主体为各类直接向电力用户供/售电的电网企业、独立售电公司、拥有配电网运营权的售电公司（简称"配售电公司"，包括增量配电项目公司）"，并同时指出"超额完成消纳量不计入'十三五'能耗考核"。配售电企业作为被考核主体，同时也享受被考核的激励性政策。以配电区域作为考核边界能够清晰统计

出区域内部绿电消纳权重，在配售电企业大规模接入可再生能源、同步开展绿电采购的措施以后，可大幅提高内部绿电消纳权重、甚至达到百分之百消纳绿电。由此可见，以政策优势和技术优势化解"双控"能耗指标压力，配售电企业大有可为。

1.4.4　以低碳电力为目标的三种配售电形态

在以碳中和为全社会目标的背景下，为支持低碳发展，未来配售电也将涌现以下三种典型形态：

1）以增量配电网为基础的"源网荷储一体化"。

2）以解决非增量配电网区域低碳经济用电为目标的"隔墙售电"。

3）以解决更末端低碳、高效、安全供电为目标的微电网。

其中，以增量配电网为基础的"源网荷储一体化"微小电网无论从调度控制、交易机制、利于节能角度的输配电价、绿电配额考核、碳考核边界等方面都兼具优势，是低碳配售电体系的一种理想模式。

另外，在未实施增量配电改革的区域，虽然配电网与输电网由省级电网公司统一管理无法做到如增量配电网般的相对独立，并且在绿电配额考核、碳考核时也存在一些边界的模糊性，但仍然可以通过"隔墙售电"的模式激励这些区域的可再生能源能够就近利用与环保属性的确权。"隔墙不能售电"将导致用户侧可再生能源并网线路的增加以及潮流迂回后电网网损的增加，也将限制用户就近以最简单、最经济的方式获得低碳电力的可能。"隔墙售电"指的是分布式能源项目通过配电网将电力直接销售给周边的能源消费者，电网公司就输配电服务仅收取"过网费"，旨在就近利用清洁能源资源，同时由于有市场合约的保障，该部分绿电的环保属性能够非常清晰地与交易用户确权，能够激励末端的可再生能源发展和有效利用。未来，从有利于节能角度的输配电价机制创新将是此类模式有效发展的关键。

最后，在更末端的供电环节，即配电网或者增量配电网无法延伸进入的用户红线区域内的供电行为，例如商业综合体这类转供电业务，线损高、用户互动性差、用电成本是制约转供电服务应对未来低碳发展的主要问题。未来，一个专业的、合法的第三方主体显得尤为必要，而微电网恰是这类主体身份和模式发展的优选项。一方面，将微电网定位为更末端的供电环节，能够给此类主体一个更加合法的身份，并且能与增量配电网错位发展，让两者在未来新型电力系统里有更清晰的功能定位，一个在一定配电区域内形成"源网荷储"互动，另一个在配电网无法延伸的多用户内部区域形成更小范围的"源网荷储"互动；

另一方面，如此一来微电网的特征更能符合市场真实需求，虽然微电网诞生之初的技术特征是微小、清洁、自平衡以及孤网运行，但在城市配电网覆盖区域，上述特征并不完全被需要，末端更加需要的是结合用户侧分布式能源和储能的用户管理与互动能力，而非完全百分百的自平衡。因此以解决更末端低碳、高效、安全供电为目标的微电网既符合未来市场需求，也是配电网末端最后一公里实现低碳的关键。

上述三种配售电形态相互补充，将成为未来助力用户获得绿色、安全、经济电力的有效保障，也是助力用户实现低碳价值的重要措施。

可以预见，在碳达峰、碳中和的战略目标下，伴随新能源的快速发展和电力体制改革的深入，配售电体系将发生颠覆性的变革。电力系统将以低碳为目标，同时遵循经济、高效的理念，创新与重构将是未来配售电业态的关键词。

参考文献

［1］中电联规划发展部. 电力行业碳达峰碳中和发展路径研究［EB/OL］.［2022-02-25］. https://shoudian.bjx.com.cn/html/20220110/1198312.shtml.

［2］周大地. 电力部门应提前实现碳达峰碳中和［EB/OL］.［2022-02-25］. https://mp.weixin. qq.com/s/CnMe2Mn_6uJ1h4EIy64HBw.

［3］吴安平. 构建新型电力系统的思路与策略［EB/OL］.［2022-02-25］. https://new.qq.com/ omn/20210428/20210428A06RAL00.html.

［4］国际能源署. 中国能源体系碳中和路线图［EB/OL］.［2022-02-25］. https://www.iea.org/ reports/an-energy-sector-roadmap-to-carbon-neutrality-in-china? language=zh.

［5］曹艺严，陈济，刘秉祺，等. 电力增长零碳化（2020-2030）：中国实现碳中和的必经之路［R］. 北京：落基山研究所，2021.

［6］国家发展改革委. 关于有序放开发用电计划的实施意见［EB/OL］.［2022-02-25］. https://www.ndrc.gov.cn/fzggw/jgsj/tgs/sjdt/201511/W020190906633154013417.pdf.

［7］国家发展改革委. 关于全面放开经营性电力用户发用电计划的通知［EB/OL］.［2022-02-25］. http://www.gov.cn/xinwen/2019-06-27/content_5403905.htm.

［8］国家发展改革委. 关于进一步深化燃煤发电上网电价市场化改革的通知［EB/OL］.［2022-02-25］. http://www.gov.cn/zhengce/zhengceku/2021-10/12/content_5642159.htm.

［9］王俊豪，李阳，吴俊宏. 我国增量配电定价机制探索——基于不对称管制理论的机制设计［J］. 山东大学学报：哲学社会科学版，2021（05）：12.

［10］吴俊宏. 增量配售电业务将助力多能互补项目发展［EB/OL］.［2022-02-25］. https://shupeidian.bjx.com.cn/news/20170712/836488.shtml.

［11］中华人民共和国中央人民政府. 中共中央 国务院关于完整准确全面贯彻新发展理念做好碳达峰碳中和工作的意见［EB/OL］.［2022-02-25］. http://www.gov.cn/zhengce/2021-10/24/content_5644613.htm.

［12］桂原，王文生，吴建军，等. 2020 年世界主要电力企业动态与启示［J］. 中国电力企业管理，2021（19）：3.

［13］CROSS-CALL D，GOLDENBERG C. 推进电力公司商业模式改革：监管设计实用指南［R］. 北京：落基山研究所，2019：

［14］国家发展改革委. 绿色电力证书核发及自愿认购规则（试 行）［EB/OL］.［2022-02-25］. http://www.nea.gov.cn/136035626_14863705405631n.pdf.

［15］中华人民共和国中央人民政府. 国家发展改革委国家能源局关于建立健全可再生能源电力消纳保障机制的通知［EB/OL］.［2022-02-25］. http://www.gov.cn/zhengce/zhengceku/2019-09/25/content_5432993.htm.

新型电力系统下的
配售电重构

构建以新能源为主体的新型电力系统，是一个至关重要的定义。此前能源电力行业一开始的提法是，构建适应高比例可再生能源发展的新型电力系统，也就是新一代电力系统。

2.1 新一代电力系统的定义

新能源属于可再生能源，包括了风力发电、光伏发电、光热发电、水电、生物质能发电等。构建以新能源为主体的新型电力系统，意味着风电和光伏发电将是未来电力系统的主体，火电、核电和水电都是辅助性资源。

那么什么叫作主体呢？

无论是装机还是发电量上，新能源合在一起都必须超过 50%，才算是达到了以新能源为主的底线。德国发电侧电源类型安装容量对比图如图 2-1 所示。

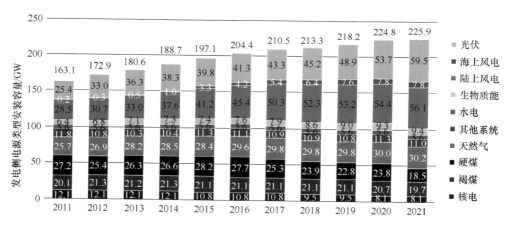

图 2-1 德国发电侧电源类型安装容量对比图

以这个标准来衡量，全世界可能只有德国非常勉强地将要达到以新能源为主的目标，2021 年全德国安装了 60GW 的光伏和 64GW 的风电，10GW 左右的生物质能和水电等，已经全面超过 38GW 的火电、8GW 的核能和 30GW 的天然气发电的总和。

在发电量上德国由于新型冠状病毒肺炎疫情的原因，2020 年达到最高也只是接近 45%，离真正的以新能源为主也就是超过 50% 只有一步之遥。德国发电量不同类型对比图如图 2-2 所示。

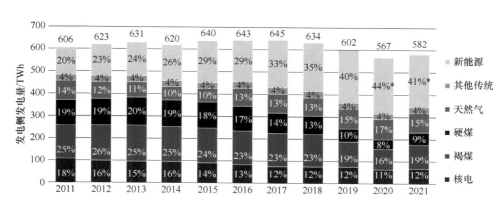

图 2-2　德国发电量不同类型对比图

以此为例，我们可以从德国对电力系统的改造中管中窥豹，探得以新能源为主之后对整个电力系统尤其是配售电体系带来的冲击和改变。

2.2　以新能源为主的系统性设计（以德国为例）

十几年来，一直推行能源转型的德国在电力市场上最大的设计特征就是，几乎是为更高比例的接纳可再生能源而度身订造。几乎没有人怀疑德国基于这一出发点所释放出的发展新能源的极大诚意，但实际的效果与路途的艰难也是观察者们必须考虑在内的。

德国电力市场自由化是从 1998 年 4 月对电力及天然气产业采用"能源产业法修订案"（EnWG，简称能源法案）开始的。能源法案的一个基本要求是将过去的这种区域性垂直垄断模式从组织形式、财务形式及所有权方面进行分拆，并使电网运营商从电力产业价值链的其他行业中独立出来。电网运营商应该是完全独立的公司。通过这种分拆，大的能源公司改变了它们的公司形式，并进行了整合。从过去的九个联合公司，到如今只有四个德国的输电系统运营商（TSO）：Amprion、TenneT、TransnetBW 和 50Hertz 公司，每个运营商都有它自己的调度区域[1]。

电网运营商主要分为在两个最高电压等级下运行电网的 TSO 和在 110kV 及以下电压等级下运行电网的配电系统运营商（DSO）。即使是在配电网中，电力系统也是通过不同电压等级的层叠构造的。例如，在一些较大的配电网中，反过来又有更小的子网（如城市供电公司）与其连接。

　　基于目前的德国电价机制，无论对于发电企业还是电力经销商来说，政府都不再进行监管和干预。在这方面，人们希望通过市场机制的调节来实现电力大宗和零售交易的有效竞争。相比之下，输电和配电网保持自然垄断。而垄断的利润通过德国联邦网络管理局的政府监管来限制。过网费必须由政府正式批准并公布。此外，政府要求过网费在同一个电压等级内和输电距离无关。随着自由化的发展，电力交易变得越来越活跃。在这样的情况下，甚至有的电力供应商自身没有发电业务，或者是从事金融领域而非从事电力行业的，也积极参与到电力交易中来。

　　在这种情况下，从交易市场上购买电力是非常重要的电力采购来源。位于德国东部城市莱比锡的欧洲能源交易所（EEX）是欧洲最大的电力交易市场，德国以及欧洲各国的电力都在这里进行自由交易。EEX 的实质是一个合资公司，最主要的股东是欧洲期货交易所和 EON、德铁等与电网相关的德国、瑞士、奥地利公司。

　　在德国参与发电市场的主体有发电商和电力供应商，交易形式有双边交易市场（OTC）和电力交易所交易，其中以双边交易市场为主，时至今日依然有大约 70% 的电力交易是通过双边交易市场完成的。而在德国莱比锡及法国巴黎分别进行电力期货及现货交易。在这两个电力交易所交易的电力主要输送到法国、德国、奥地利及瑞士。从 2000 年 EEX 成立开始，交易所的参与者逐渐增加到数百家公司之多。

　　电力交易一般可以分为期货交易和现货交易。电力期货将分为周、月、季度、年度基本负荷及高峰负荷，在电力交易所会将参与交易的买家和买家的订单集中在公开的平台上，当卖家给出的卖出价小于买家给出的买入价时双方交易成功。但是电力是不能够长时间储存的，期货交易并不能在物理层面上完成，所以电力期货交易一般分成更小的时间完成，如年度期货可分成 4 个季度期货，最终电力交易会以 1h 为单位完成电力输送。

　　德国的电力现货交易在 EPEX SPOT 电力交易所进行，而现货交易又分为日内交易和日前交易。其中日前交易是为满足次日的电力负荷进行的电力交易。对于发电公司来说，每小时发出的电量除去因为签订的长期合同（期货交易）所必须发出的电量以外，在市场电价高于自身发电成本时，电力公司还可以发出更多的电量；或者在市场电价低于自身发电成本时减少发电量，以及从别家公司买入电量这两种手段来达到更多的利润[2]。

　　通常的电力交易并不复杂。

　　首先发电商和大型能源供应商进行电力交易，交易分为期货交易和现货交易。期货交易一般提前一个月到 6 年进行，而现货交易在电力输送的前一天和当天进行，即日前交易和日内交易。日前交易是对第二天的用电量进行买卖交易，每天中午 12：00 关闭交易，2h 之后，也就是下午 14：00 到实际交付电量的前 30min 可以进行日内交易。当发电商因故障无法满足原发电计划，或者新能源发电预测错误导致的供需不平衡可以在日内交易进行调节。

在每小时交付电量之前，发电商、电力供应商将自己的发电计划或者电力需求预测传递给平衡结算单元，这是一个非常独特的电力市场设计。这个平衡结算单元可以由几个发电商和电力供应商共同组成，或者由一个大型能源集团单独成立。在一个平衡结算单元中，各电力企业需满足电力的供需平衡，当内部无法平衡时，可以和其他平衡结算单元的电力企业进行电力交易。

最后所有结算单元管理人将所有供需信息传递给电网公司，电网公司根据这些供需信息安排最终的电厂的发电计划，给予因电网平衡而减少发电计划的发电商一定的补偿；而对没能达到发电计划而导致电网供需不平衡的发电商征收罚金，此时还需要辅助服务以保证电网的稳定运行，在德国电网会通过调频市场买入一定量的电力功率储备以备不时之需。

在德国最重要也是最特别的针对新能源的电力市场设计就是占重要地位的辅助服务市场中调频市场的设计。在德国因为新能源发电的无条件上网，使得对发电侧发电量的预测不能达到 100% 的准确，而用户侧用电量错估和电厂可能发生的故障等都将影响电网的稳定运行，输电网为保证用电频率保持在 50Hz，需要一定的电力储备功率，以保证发电量与耗电量保持一致。在电力功率储备市场主要有以下 3 种交易商品：一次调频储备/二次调频储备/三次调频储备即分钟储备，主要通过招标的形式完成交易，其中输电网作为买家，发电公司包括新能源电站作为卖家参与交易。

在这样的设计之下，无论是电量还是电力，都被包容进电力市场的大框架下，以为更好地接纳新能源而付出努力。德国电力市场通过平衡结算单元这一特有的模式配合处于输电网公司管控之下的调频市场，使得电网与电力交易市场可以相对独立地运作，并且促使新能源运营商和售电公司关注电网平衡与稳定，如果越来越多的电力交易通过电力交易所完成，此时电力交易所就相当于一个大的平衡结算单元，当未来 100% 的电力交易都通过电力交易所完成时，实际就达到了电力的供需平衡，减少了不必要的损失，使得整个电力系统能够最优运行。

从这一点来说，也许德国的电力市场设计不够完美，但绝对目标明确。2015 年德国政府宣布不采用容量备用市场也证明了同样的决心：矢志不渝地推动能源转型，大力发展新能源，最高程度地接纳新能源。

2.3 以新能源为主的新一代电力系统对配售电体系的冲击

电作为一种100多年前人还看不见摸不着且无法度量的物理现象，作为多种能源的转换载体一直以来最简单的商业模式是，做物理功创造价值获得回报。在所有人类的必需品当中，电是出现最晚且变化形态最多的一个，电网公司就是电的运营主体和提供商，长久以来靠出售电力营利，直到里夫金在《第三次工业革命》里描述的概念：新的可再生能源能够通过数字化电网实现全网协调，全面调配能源。新的通信技术和通信互联网与新的能源互联网、数字交通和物流网络融合，共同构架于一个平台之上即万物互联的物联网平台。在物联网时代，每栋房子、办公室、工厂、农场都变成了一个数据中心、可再生能源生成点以及电动汽车充电站。换句话说，每个建筑都成为网上的一个节点联结着另一栋建筑，能够更加有效、高效地沟通、赋能经济和社会活动，驱动全国的经济模式从市场转变为网络，从拥有转变为可使用，从买卖关系转变为提供使用关系，从消费主义转变为可持续，意味着每个人既是生产者也是消费者，也就是消费生产者。

最早提出能源互联网的里夫金大约10年前就开始描述，"到2030年，每个商业企业都会成为一个数据中心、可再生能源生成点以及电动汽车充电站，成为网络中的一个节点。它们能够做到跨境实时收集数据，而这些数据将被传输到通信、能源、交通网络上，从而让每个行业都能通过网络更有效、更高效地管理、赋能、驱动自身的经济活动。也就是说，到2030年，我们会有一个"全球大脑神经系统"，实时同步数据，构建零边际成本社会，这也意味着社会企业家精神的潜在蔓延和经济机会的大幅增加。"

严格意义上来讲，在类似的模式出现以前，单纯的能源转型并未转型，实际上只是新能源的增加和电网的增强，里夫金作为沃顿商学院毕业的高材生，其高明之处不在于多么具体地描述了能源互联网的画面以增强落地感，而是以经济学家的视角指出了这场能源转型的实质：零边际成本，即零成本才得以泛在，正如让信息成为零边际成本的互联网。

因此，以新能源为主的能源系统最重要的任务还并非是物理和数学意义上的消纳或者接纳不太稳定的新能源，而是在整个能源经济系统中是否做好了容许边际成本近乎于零的新能源彻底扭转整个行业的运营逻辑以对配售电体系进行重构。

对于传统业务来讲，从电网公司的角度去理解电力这个行业，其运营内涵实际上就是两条线：一是没电的送电，包括规划、初装、业扩，承担社会责任或者满足客户需求；二是有电的停电，包括调度、检修、运行、保护，为了长久用电必须定期停电检修、紧急停电应急、有序停电等，必须满足电力系统的安全性和可靠性需求。除此之外的全部时段和状态，就是电网公司花精力最少但收益最大的部分，即正常卖一度电换××钱。由于用电成熟度的提高和电网技术的发展，电网公司逐渐把这个行业搞成了投资回报率极低、重资产牵引力极强、专业门槛极高的状态，从而成功地把电力行业变成了要拿很多钱投进去才能赚一点小钱的少数人才玩得起玩得懂的封闭行业，这就是所谓的自然垄断。

因此几乎全球所有的电力公司的生存逻辑都是，尽可能地获取最为廉价的资本对电网投资，尽可能地提升终端的价格以保证价差收益。所以电力行业可能拥有最长的固定资产摊销周期，最复杂的输配电价核准体系，并且近三十年来还发明了通过成功地构建电力在年、月、周、日、小时、15min 甚至是秒级的基于功和功率的不同衍生品种参与交易以获取更加灵活的价格制度的电力市场。

总结为一句话就是，搞大搞复杂，受端搞低送端搞高，电网运营商们的商业模式无比简单。

在互联网出现之前，成熟的电力行业其实已经达到了一个很高的境界：厂网分开，输配分离，配售分开，现货市场，在这十六个字描述之下的电力生态圈非常健康，电厂与电网的连接有序并且数字化和自动化程度很高，输电网智能自动化和信息化水平也很高，成百上千的中小型公司依托大的电力公司作为行业领头羊进行细分领域的发展，需求侧响应、能效管理、分布式能源站、多能互补等偏用户侧的技术层出不穷。在如德国和法国这样市场化程度比较高的国家，过顶（Over The Top，OTT）业务繁荣昌盛，电网公司们已经被成功管道化，用户都在互联网小型公司虚拟运营商手里。

但自从 2014 年能源+互联网高亮出现后，电网公司们突然反应过来，同样是基础设施的运营，无论是数字化还是通信系统，包括天然气、水、热等，运营的条件和难度都类似，还不如综合到一起打穿互联网的底部，把电力网与其他网合在一起使综合运营效益倍增，同时提升竞争门槛，阻止被日进斗金的互联网公司抢夺地盘的虞忧。

配售电体系的变量就是电价。没有高昂的价格就不会有用户节能，没有高低多变的价格就不会有用户关注能效，没有多元的电力产品和服务品种就不会刺激到用户的多种需求。本来人类发明了复杂的电力市场就是用来应对和市场的需求变化，调节供需各方的态势，但目前的背景之下，无论是现货市场，还是虚拟电厂、需求侧响应、储能，都不会成为一种市场的组织和运营方式，却依然是惯以了泛在字样的电力系统场景下的劳动工具，如此的僭越说不定会带来更可怕的市场反应。

综合能源是近几年来提得最多的战术关键词，2019 年开始成立了各地的省综合能源公司，调集了不少主业的精干去开拓新的业务。但是综合能源其实存在一个天生的逻辑矛盾就是，综合能源绝不是电力公司所长，而是如浙能、川能这样名马正宗的综合能源公司的阵地。与很容易获得营收的电力运营相比，今年 100 亿哪怕是 200 亿的综合能源运营目标实在是太弱了，这就注定这一块业务在决策层心中的地位随时岌岌可危。遇到同样困难的是，同样在转型的腾讯和阿里们从产业互联网的另一头赶来，花了巨大的代价也才创造了 100 亿和 200 亿的云端收入，这和互联网巨头上千亿的营收相比也是杯水车薪、举步维艰。

在中国，为何银行无法领头做全和金融有关的所有业务，交通领域也无法实现地铁、巴士、飞机、三轮车综合交通服务，但医院就可以内外科、妇产科、骨科品类齐全，餐厅也可以湘菜、粤菜、简餐、西餐相得益彰？反过来，国外就医会先去专科诊所，吃饭会寻找意式、法式，但交通运营都是套票一家，银行提供证券、理财、咨询、审计综合业务。

因此是否实现综合，取决的不是甲方的意志，乙方的能力，第三方的建议，而是用户心理。

因此，以用户为中心是综合能源的必由之路。但是现在的综合能源业务，动辄谈冷热电三联供冰蓄冷相变储热，又或者智能运维能效监测，不是说这些不重要，而实际上这些都只是满足用户需要的需要。

一等的用户体验，是用户按照供应商的想法去做。

二等的用户体验，是用户不说供应商已经做了。

三等的用户体验，是用户说了供应商马上就做。

四等的用户体验，是用户说了而供应商说不行。

最差的用户体验，是用户懒得说自己的需要。

用户体验是一件互相成就的事情，当年被龙永图断定绝对不会不逛街的中国女性，用手指证明了任何用户习惯都可以被改变，有信心去改变用户心理的公司，才是能把用户放在第一位的公司。互联网公司在技术、人才、政策、品牌甚至销售渠道都不占优势的情况下，竟然逆袭了很多产业，靠的就是清晰的用户画像、准确的用户服务。

人们可以再赌一下物联网时代或者 ToB 端的企业级业务还是不是这样的逻

辑，但即使还可侥幸些时日，所有做综合能源服务的公司迟早都会面临他们最大的竞争对手：用户自己。

电网公司的唯一优势就是电力，还仅限于围墙之外。在不少大用户的围墙内是如何装配三级计量、如何依照工业生产调度运维的，又有多少用户在蒸汽、热、冷方面有如何五花八门的要求，可能海尔、宝钢这些大型企业的动力部门会更加擅长。事实上如果大型企业尤其是十亿度电以上级别的用户在综合领域多以自我团队运营的方式完成，那被逼入中小型公司圈围的综合能源公司会更加头疼如何发掘满足用户自己都不明白的需求，因此在 KPI 的催逼之下先丢几个多能站、储能站就是可想而见的唯一自救之法了。

综合领域内的另外一个误区，就是那些体量还不够大无法以投资开路的公司，但是又觉得开发一个综合能源平台号称一下智慧能源接几个设备或者光伏储能进来看看觉得很高级，这个思路已经衍生到业界几乎任何一个公司，都号称有这么一个平台。苏州、东莞、广州各地的供电局都在立项，浙能、三峡、华电也在招标，新奥、远景、协鑫、林洋这些民营企业也在各大论坛上言必称智慧能源云，就连一些装电表、卖路由器的小微工程公司也摩拳擦掌。

同样陷入绝境的是增量配电网的发展。本来在 2016 年改革之初，售电放开和增量放开被认为是两个很实际的抓手，增量配电网在国家发展改革委和国家能源局一批二批三批四批超过 400 个试点区域，增量配电网放开原本是本轮电改最大的亮点之一。其前景在于以配网为基础，开展售电业务，可实现配售一体化；或进一步实现多能互补、能源综合利用，获取更多商业利益；单独的配电价格核定将成为必然，通过这个方式可通过收取配电价格回收投资。

但现实已经不仅是受阻，而是没有把增量配网真正运行起来。以第一个电网公司没有控股的贵安新区配售的公司为例，除了贵州电网和地方政府，混合了中电国际、泰豪科技等国有民营企业，股东的实力和能力都非常强，注册资金为 15 亿，但即使是如此豪华的配置，也和几乎所有增量配电网公司一样并没有进入真正的创新发展轨道，看上去和原来的区县供电局没有本质的区别。

电网公司当年宣称的"守土有责"是有作用力的，但这一战术的成功是不是导致连续两年来被统一降 10% 电价的战略打击的主要动因就不得而知了。

平心而论，在强调规模效应的电力行业的当下，在已经有服务和技术领先态势的电网运营模式之下，在制造业慢慢转型、经济发展进入平稳期的下个十年，增量配电网这个也有外国模式色彩的舶来品在中国众多行业变革中最不乐观，试点了这么久，大多数人的精力也都是放在一些很基础的事情上。但有一点是肯定的，就是如果增量配电网的试点无疾而终，引发更高层面的切割甚至实施彻底的资本上的化整为零，都是可能出现的现象。

同样艰难但是未来尚可看好的是电力市场，所有人都不会想到仅仅电改5年后，我们就走到了现货市场和全国统一电力市场体系的门口。果不其然，中国的电力市场又成功地发展出了中国特色，与美国和欧洲的都不太相同，最大的不同就是对于价格动荡的不信任。

这是一件没有办法的事情。或有人操盘，或有人告状，大家都没法接受。所以最可行的办法，就是把规则弄得既复杂又缠绕，不仅价格变化得有序缓慢可控，关键时候还可正大光明地进行各种干预。

最终中国也一定会出现年营收数十亿、代理几百或几千用户的含金量很高的公司。如果野心再大一点，从代理汽油购买走向代理汽车运营，虚拟电厂运营公司会更加有动力。

虚拟电厂的本意，就像虚拟银行、虚拟电信运营商一样，是一种典型的跨区域过顶业务。在分布式能源盛行的今天和马上就没有补贴而是平价竞争上网的明天，不可能每个光伏储能生物质电站都搞一批人做预测做交易，于是能把这些分散在各地发电设备综合起来运营的平台就是虚拟电厂。

虚拟电厂与智能微网的区别，就在于不受地域的传统限制，而是在信息化的前提下线上完成运营，它依赖于电力市场和背后完善的金融信用体系支撑。

互联网公司在进军出行、外卖、理财之前，也不知道原来这么多线下的设备、服务、产品可以被一夜之间在线上完成统一和对接。美团、滴滴出行们的实质，是在最短的时间内对外卖小哥和专车司机与小微企业完成了基础信息化。

理论上来讲，金风、天合们搞的新能源云、光伏云，中储能电动车有限公司搞的储能云、充电云，最终应该都要汇集到虚拟电厂的云，而这些云彼此的区分不应该是各自的生产厂商单独给自己的设备配置一朵云，而应该是运营主体的不同即规模和收益期望的不同来设置这些云的运营方式和背后的算法策略。

从这个角度出发，新型的配售电公司必须具备完全不一样的目标和评价体系。在建立健全电力行业，建立"有法可依、政企分开、主体规范、交易公平、价格合理、监管有效"的市场体制总体目标的驱动下，我国进一步深化电力体制改革，在政府职能转变、国资国企改革、电力市场建设、新能源发展各个方面都提出了新的要求。

2.4　配售电领域的新型发展脉络

政府职能转变指的是加强电力行业特别是电网的统筹规划，减少和规范电力行业的行政审批等。国资国企改革指的是鼓励社会资本投资配电业务、遵循市场经济规律和电力技术特性定位电网企业、改善和规范电网企业运营模式。电力市场建设指的是市场价格、市场主体、交易机构、交易机制。市场价格包括单独核定输配电价等，交易机构包括组建和规范运行电力交易机构，交易机制指的是抓紧修订电力法律法规。新能源发展指的是积极发展分布式能源、完善并网运行服务等。

"中发 9 号文"及配套文件解读中提出多途径培育售电侧市场竞争主体，有利于更多的用户拥有选择权，提升售电服务质量和用户用能水平。而在三类售电公司中，拥有配电网运营权，可自主向用户收取电费并开具发票的配售电公司，才是优质的市场竞争主体。尽可能多地获得拥有配网运营权的区域配售电项目，占据核心通道资源，才有可能在投、建、运、售四个环节拥有较强的话语权，以获得长期收益。

售电公司负责从购售电到资产管理，最后到综合能源服务。购售电指的是直购电长协、辅助服务市场、电力营销和客户服务保底售电服务。资产管理指的是配电网投资、分布式能源投资、企业配电设备投资等。综合能源服务指的是多能互补与销售、微电网协调运行、节能与能效服务、能源金融服务等。

当前而言，增量配电业务逐渐成为优选的售电入口。在操作模式上，对于已建成的配电网按照成本加成法确定配电价格，一网一核价，每个监管周期核价，配电价格由准许成本+准许收益+税金得到。对于新建配电网初期拟采用竞标方式发现价格，上限不超过省级输配电价，投标时可能设立下限，采用 PPP（Public-Private Partnership，公私合作）方式。

传统电力公司与新型电力公司对比见表 2-1。

表 2-1　传统电力公司与新型电力公司对比

对 比 项 目	传统电力公司	新型电力公司
电源布局	仅有少量新能源和调峰电厂	集中式电源与分布式电源并举
成本意识	薄弱，对成本不重视	很强，以利润为绩效目标
业务导向	以重资产运营为核心	客户导向

（续）

对比项目	传统电力公司	新型电力公司
服务意识	很差，对客户需求不敏感	很强，以客户需求为引导
合作意识	封闭，以部门为中心	开放，产业链布局与合作
组织结构	条块分割，人员臃肿	扁平轻量，专业精干，流程打通
管控模式	计划约束	财务目标导向
延伸服务	几乎无表后服务	积极延伸表后服务，增值服务丰富
调度业务	电网调度，以安全稳定为第一	二级调度，以能源绩效和财务利润为导向
营销体系	庞大，覆盖各地市县，各类客户	信息化渠道营销，以较少大客户为主
运检体系	庞大，维护输电、配电资产，高成本	精干/外包，维护少量配电资产，以及用户资产
资源配置方式	统一计划指令	以电价和利润为信号

区域形成配售一体，并不是新趋势，放眼世界，在电力市场化的国家几乎都能见到区域配售一体公司的身影，而出色的、深受民众喜爱的能源服务商也往往涌现于区域配售一体公司，究其原因有以下六个方面：

1）产业规划者主导配售一体公司有利于产业与市政服务的相辅相成。所有与"网"相关的市政服务都有其运营上的相似性，不管是电网、气网、热网、水网、电信网、轨道网，都具有天然垄断性和物理地域性，都有负责跨区域输送的输网和负责区域内配送的配网。配网的规划、运营与区域内的规划、产业发展、客户特色息息相关，因此为区域投资建设、规划和招商引资的主体最适合成为区域配售一体公司的主导方，也最能将吸引用户、服务用户与市政建设相辅相成。

2）配电运营有利于售电，配售一体。配网的一端是输网，一端是用户，因此配网的运营商具有区域内所有的用户资源。售电无非也是一种销售，得用户者易销售，配电与售电一体也是顺理成章。

3）配售电公司有利于横向整合，形成区域内的综合能源服务商。区域配售一体公司有利于负责多个网络的设计、施工、运营，特别是电网、气网和热网有强烈的关联。随着分布式能源的推广，能源生产和使用的区域性也越为增强。配售电公司成为区域内提供电、气、热多种产品的综合能源服务商，能优化三种能源之间的转换与供应，更好更省地满足用户的用能需求。

4）区域配售电公司有强烈的地方特色，容易创造出符合当地需求的创新模式。例如加利福尼亚州帕洛阿托聚集了美国最富有的人群，帕洛阿托配售电公司就满足这些人群的需求，提供电动汽车电力、绿色电力套餐等。德国路德维希斯费尔德内大部分为化工工业，路德维希斯费尔德配售电公司就致力于热电联供、降低用能价格及运维服务。

5）区域配售电公司掌握数据。配售电公司拥有配电网的所有信息，同时由于承担保底用电、电费结算、配网费结算的任务，拥有供电区内售电业务的大量数据信息，在数据收集上有着得天独厚的优势。一方面对内中间信息交互高效通畅所带来的沟通成本的下降，将成为配售电公司的一个利益增长点，另一方面对外提供独一无二的基于数据的服务，除了结算、更换售电公司流程等基本服务，还可以挖掘出节能空间、需求侧响应、售电公司信用评价等多种增值服务。

6）区域配售电公司有强烈的服务地方的属性。区域配售电公司无论从成立的初衷，还是运营中雇佣当地的人员，都会自然形成当地服务的意识。而区域配售电公司在当地用户中也会形成品牌。

2.5 配售电领域的"增值服务"拓展

配售电增值业务一览图如图 2-3 所示。

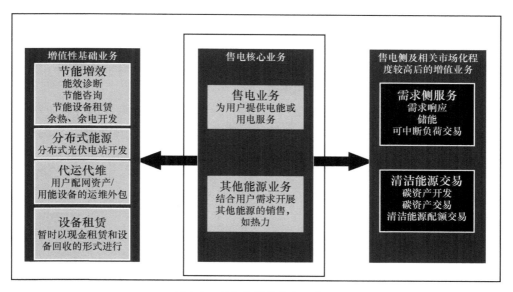

图 2-3　配售电增值业务一览图

与绿色电力和低碳有关的举措会带来以下效果：

1）鼓励售电公司为直管区内的用户提供"绿色电力"套餐，承诺销售的电力中有一定比例的新能源，或者提供"热电联供"套餐，承诺销售的热与电为梯级利用、低碳排放的能源。

2）吸引直管区外的清洁能源，如水电和风电积极进入区域。当煤电和水电发电商在新区内提供同等销售价格时，水电发电商有更大被用户购入的优势。

3）促进用户、售电公司在区内投资新能源、使用电动汽车。

4）有利于碳资产管理，工业用能检测、节能服务等多样环保性服务的开展，工业用能数据采集，为"低碳云"创造了条件。

配售电公司承担电费结算义务，在所有售电侧市场主体中拥有较全的用户用能数据，适合承担建立区内碳交易平台，为碳市场主体提供服务，包括第三方节能服务公司、碳资产管理公司将服务用户后采集到的用能、碳排放数据认证并录入碳交易平台数据库。

随着改革的深入，在配售电公司运营后期可开展电力增值服务业务，并收取相应的服务费用。

（1）用户建模

曾经售电公司将每个客户的用电曲线都默认为标准曲线，但随着客户对于个性化服务要求越来越高，售电公司也逐渐意识到了为每个客户建立用电特性曲线以及用电预测的重要性。用电预测不仅能用于售电公司购电的指引，还可以为客户提供增值服务。比如可以根据客户的逐时用电数据，查找对其更有利的用电套餐，通知客户"如果您换成××套餐，将能节省每月××费用"，给予客户节省电费的建议。对于用户持续低谷使用较多的电力，可以给予奖励，夜间电力免费送，鼓励客户保持良好的用电习惯。

另外用户建模还可以为用户提供异常用电通知，一旦监测到用户用电行为异于平常水平，通过电话和短信及时通知，帮助用户及时发现设备漏电等故障。

（2）能效管理

配售电公司由于具有结算责任，拥有用户的用电数据，可根据各类用电主体的用电数据，根据行业特点和企业个性化需求，为其制定电费节约方案，提供能效管理服务，挖掘其节能潜力。

（3）电力金融

电力改革推进后期，电力市场进一步成熟、规范，电力金融市场成为电力市场之下的另一重要市场。电价期货及期权、电价波动率期货及期权等金融衍生品的理财产品、授信、消费金融等均可能成为售电公司的业务。

（4）电动汽车与充电设施

在园区范围内通过新建家用、公用充电设施，向新能源汽车车主卖电，同时可以与家庭用电多种组合，如同通信提供手机与固定电话绑定套餐。亦可提供充电包月套餐以免除车主停车充电支付的繁琐。

（5）市场主体信用评级

配售电公司与售电公司和用户都发生结算行为，可以根据其结算情况为售电公司和用户进行信用评级。

（6）新能源汽车+充电桩

伴随着经济的结构转型，我国的能源结构也迎来了深刻的变化，新能源发展已被纳入了国家能源发展的基本政策之中。搭建电动汽车网络和相关服务，将业务范畴从局域性向广域性升级，探索"车-桩-网"一体化的产业形态和商业模式。电动汽车网络中的电池既是移动负荷也是移动电源，通过实时价格激励和电桩智能算法，可以对区内的电动汽车充放电行为进行有效调控。同时整合充电桩等资源，将分散的集中式充电站统一为购售电主体，参与电力市场交易，通过集中交易，形成规模效益，争取更低的充电电费。

（7）碳资产管理

配售电公司需要借助已有的售电入口资源，将碳资产管理纳入增值服务的范畴，以更好地服务区域内的客户。服务将具体囊括碳履约、碳盘查、碳排放管理和碳金融等几大领域。服务将通过碳资产管理云平台实现。云平台将实现碳排放信息管理、碳资产登记管理、交易预警管理、综合信息管理等几大功能。

（8）云端增服务重构

1）为什么要企业云化。

云化的概念并不仅仅是"在某云服务那里购买了一套云服务器""在某软件服务商那里购买了云系统"，企业云化是一个全新的思维方式，让企业利用云化的思维逻辑建立全新的运营理念，通过更大的平台获取市场竞争能力。

大数据可以发掘原本不能被发现的交易机会。业务的互联网化带来了这些流动的数据，云时代我们如果能够让这些数据在更大的系统里面流动，将会产生更大的价值。

在过去，数据只是在封闭的系统里面产生，然后被消费。如果企业做得比较大，有些数据可能会在内部进行深度挖掘，但这些数据之后可能就被抛弃了。其实这是一个巨大的"金矿"，我们有机会从里面挖掘出大量潜在的商业机会。

2）如何借力"云"完善自身。

① 云技术的结合，发电、变电、输电、配电、用电等与电力相关的各类技

术的成熟，促成电力在第二次工业革命中的变革性地位，这些技术缺一不可。同样，云化也是通过一系列技术的组合来实现对产业的变革，传感器、通信、云计算、大数据，乃至当前市场上流行的区块链、虚拟现实（VR）、增强现实（AR）、人工智能等技术融合发力，形成更多电力云化的应用。

② 互联网平台的能力共享，互联网的思维强调更透明、更快速，通过互联网将与更多的合作伙伴共建业务能力，获取更多的市场竞争能力，也为自身的利润最大化提供更多的商业途径。

③ 通过云服务，获取更全的数据信息。对于配售电公司以数据驱动经营是关键，配售电需要掌握"用电设备信息""配电网络设备信息""用户用电数据""负荷用电数据""地理信息""气象数据""经济数据""行业经济数据"，通过这些数据我们可以有更多的机会洞察到客户用电信息。

3）企业云化的实现方式。

实现路径：物联网基础实施搭建→云化运营能力建立→挖掘增量市场可行性→构建自有生态圈。

4）企业云化往往遇到的难题。

① 原有的 IT 架构，很难向云端迁移。

② 找不到合适的人，去做这样的迁移。

③ 原有的 IT 管理和维护人员，无法理解云端的业务模式。

④ 原有的数据格式，无法适配云的模式。

未来，在以新能源为主的新一代电力系统的解构之下，市场上会出现大量的新型主体去参与电力交易[3]，通常有以下几种。

专注于收购发电侧电力并将电能制作成不同的产品在电力现货、期货以及场外交易市场交易的批发商。参与电力批发市场的角色中又有细分，譬如发电集团的销售部门和下属营销公司专注于提高电站的销售收入并合理避险，而倒电商则希望能从市场的电价变化中投机并获得收益，银行和金融机构作为做市商，起到了最高层级的风险承担作用。

专注于分析用电侧的负荷并管理客户，通过不同的市场手段购买电能并制定终端电价销售给客户的零售商。客户关系和定价是此类售电商的核心。在自由市场中，零售商要对目标客户群体有深入的了解，产品设计与服务都要以客户为导向。

帮助新能源电站销售电力，以绿色电力为营销重点的可再生能源直接上网售电商。该类电力贸易公司既需要管理众多的分布式可再生能源电站，还要通过接入电力现货市场和场外交易市场保证新能源电力销售渠道的畅通，他们重视利用市场和气象信息并投入大量的精力在预测和数据分析上。与可再生能源相关的业务受政策的影响比较大，但是在发展可再生能源的大环境和新能源电力销售市场化的大趋势下，这类公司也逐渐形成了独有的商业模式。

集合了众多电站、储能及需求侧管理资源并能快速响应市场价格信号的虚拟电厂运营商。该类公司是典型的以新能源为主的电力市场的后起之秀，却有着巨大的发展潜力。目前全球范围内已有几个相对成功的商业案例。

2.6 配售电重构后的新挑战——需求预测与灵活控制

以新能源为主的电力市场中，电力需求预测与管理成为电力市场参与者的一大痛点。基于云端的基础设施搭建算法内核制的能源大数据解决方案，打造数据-算法-应用三个层级的能源创新服务共享互联平台，以实现相关知识应用的共享、互联和商业化是最大的挑战。

1）通过与交易中心对接或手动导入 3~5 年及更长时间各区域年、季、月、日的全社会用电量历史数据，其中包括省级、地市级、行业、区域行业、居民等全局和分类构成的用电量历史数据。

2）结合政策规则管理、经济数据管理、气象信息管理等模块的结果，按时间顺序的滚动预测年、季、月、日的省级全社会用电需求，并根据省域内的电力市场价区、交易节点、地市的分布，分别得出相应用电量预测与分析，支持滚动电力平衡分析计算。

全社会用电量预测是电力系统规划、计划、用电、调度等工作的基础。按照预测期限的不同，产品负荷预测模块将全社会用电量预测按照预测期限划分为中长期预测、短期预测以及超短期预测，其预测特点及作用见表 2-2。

表 2-2 中长期预测、短期预测以及超短期预测的预测特点及作用

预测时间	预测特点	作 用
中长期（年、月）	年：单调性 月：季节性因素	中期电力电量平衡、电源和变电站定容选址、电网规划
短期（日）	日期类型 气象 电价	安排启停计划 制定发电计划
超短期（小时）	气象因素 时间	实时经济调度

中长期全社会用电量预测是宏观决策的依据，通过建立电力需求量模型，对未来数年的电力需求做出预测，对制定合理的电力生产计划、外供能和节能计划等有着重要的借鉴意义。中长期全社会用电量预测有以下特点：

1）预测样本少，在预测模型的选择上有局限性。通常，电网规划中完整的负荷样本数量很少，一般不超过年，大部分在一年左右，有的甚至少于年。故而仅对样本数量要求较高的模型不适用于此类预测，应尽可能地选择那些能够充分挖掘小样本内蕴含信息的模型。

2）预测时间跨度较大，主要的影响因素为经济社会宏观因素。因为中长期负荷预测的时间跨度至少为年，短期因素（如气温变化、降雨量情况、湿度情况等）对中长期负荷影响不大，经济（如金融危机、产业结构调整、区域产业转移、高耗能产业发展、居民收入水平等）、政策（如电价政策、补贴政策刺激）等长期因素对中长期负荷变化影响较大。因此，在中长期电力负荷预测中，一些考虑主要影响因素相关的方法非常实用且精确度高。

以年为单位的全社会用电量预测，数据基本上呈单调变化的特征，无周期性。主要受国民经济发展情况、人口、产业结构调整以及电价政策等宏观因素的影响，此预测技术大体分为以下两类：

1）经典预测方法，包括时间序列法、回归分析法、相关分析法。时间序列法所需样本数量少，无需相关因素分析，预测简便；回归分析法可适当拓展已有模型的可变参数数目，增加模型的自由度，提高参数估计水平，最终提高回归分析精度，回归分析法也是常用且有效的中长期预测方法。

2）新兴预测理论方法，包括灰色系统理论预测方法、模糊预测方法、专家系统法、支持向量机。由于中长期电力负荷本身具有灰色系统理论的基本特征，因此灰色系统理论预测方法在中长期电力负荷预测中得到了广泛的应用，是一种效果较为稳定的方法；模糊预测方法的适应性很广，但模糊区间和隶属度的选择带有一定的主观性，一定程度上制约了模糊预测方法的发展。专家系统法的难点在于知识库、专家库的建立。

月度级别的全社会用电量预测主要是为了提高用电管理水平，安排好电网运行方式和机组检修计划，保证全社会的正常生产和生活，提高电力系统的经济效益和社会效益。月度级别的全社会用电量预测周期性非常明显，具有显著的季节特征。为了更好地分解季节分量，使预测效果更准确，月度级别的用电量数据应至少积累在 3 年以上。时间序列预测方法在月度级别的全社会用电量预测应用方面十分广泛而有效。不过月度量的年环比与月季节性构成了网状关系，因为我们的预测模型会向两个发展方向兼顾。

短期用电量预测部门，有以下三种经典的方法：

1）ARIMA，ARIMA 适用于非平稳性随机时间序列，并将平稳随机变化包含其中。

2）ANN 的方法，在气象等其他因素对用电量影响比较明显时，ANN 更为适用。

3）相似日法，简单实用，准确度也比较可期。

对区域级全社会用电量预测而言，电力弹性系数法是一种典型的预测方法，比较适用于经济平稳发展时期的用电量预测，影响其准确性的因素主要是电力弹性系数的合理确定；此外，大客户用电量增长法也是一个非常实用的方法，影响该方法精度的重要因素是要认真核查供电辖区内负荷增长点。

对单个用户的负荷预测而言，外部经济、政策因素对高耗能的企业用电预测非常致命，所需数据主要有气象环境数据、企业生产相关数据和信息，包括企业自供电源信息、主要用电设备信息、生产周期信息、工作日志（有助于异常数据识别，特别是重要设备检修/损坏）。

新能源比例升高尤其是分布式新能源为主之后，企业级的负荷预测成为最重要的主体，与区域级的负荷预测不太相同，受企业生产数据影响较大，精确的预测是建立在全面有效的数据、持续有效的跟踪和预测方法的适用性的基础之上的。

主要特点有以下两个方面：

1）通过与交易中心对接或手动导入 3~5 年及更长时间各区域年、季、月、日参与电力市场所有企业的用电量历史数据，其中包括省级、地市级、行业、区域行业等全局和分类构成的用电量历史数据。

2）结合政策规则管理、经济数据管理、气象信息管理等模块的结果，按时间顺序滚动预测年、季、月、日参与电力市场所有企业的用电需求，并根据省域内的电力市场价区、交易节点、地市的分布，分别得出相应用电量预测与分析，支持中长期定价和市场交易策略分析。

电力市场下的预测数据量级要求主要与市场开放程度有关。即若是在现货市场下的负荷预测，则数据至少到 15min 的频次。在现货市场中，数据量大，负荷预测模块外接机器学习套件，利用 GBRT、SVM 等训练数据，才能取得比较好的效果。

颗粒度更细、时间更短的预测是为了能够在用户侧提供更灵活的服务，我们通常把电力公司称为 Utility，代表的是一种公共和基础的底层服务，长久以来，以卖电提供用电服务是最简单也是最直接的商业模式。

在这个生态圈里面，电力公司类似大自然的搬运工，生产电力的搬运工，它将电力从电源输送到千家万户，然后收取电费作为营收和利润的来源。现在，越来越多的人拥有分布式能源，有电动汽车有储能，当有盈余时，他们自然希望将电力卖给其他需要的人。电力消费者的消费模式和消费期待完全改变了。当这样使用电力的人越来越多，且可以提供的电力远远超过实际需求时，卖电这个简单有效的商业模式就走到了尽头。

在新能源为主后，人们希望的是电力公司从 Utility 变成一种 Flexibility（灵活性），即从一个公司变成一种服务的载体，从一份期待变成一种选择。不论怎样，构建灵活性的服务将主要包括以下几点：新能源发电，即节能环保的发电形式，更有利于可持续的智能化发电模式；未来市场机制，如电力服务、电力保障和电力交易；电力数据的测量和处理，如智能电表、大数据云端处理、智能网关；智能电力消费终端，如智能产业园区、智能楼宇、智能工厂、智能家居等；多种储能形式和电动汽车这样的智能负荷。

这些应用无论出现在手机、Pad 还是计算机终端，指向的用户群只可能是有特定需求的个人或者能耗企业。可以说在 10 年之内，只要我们坚持新能源发展的方向，这种新能源的不稳定性必然通过配电网传递到售电侧，最终要通过不同的投资组合产品来获取用户的利润和黏合度。

我们必须明确地提出结论：以大数据和移动互联网技术为基础的售电服务平台，是所有电网运营系统最终的用户呈现重点和难点所在。它将凝聚着电力领域最高的智慧劳动，同时伴随着电动汽车、智能建筑、分布式能源和电力交易这些新生事物真正走进千家万户面对终端消费者。而在这个过程中，为用户定制而生的灵活性就成为必然。

从 Utility 变成 Flexibility，听上去似乎是完全两个不同维度的概念，但对于配售电公司这样本来就是一个充满无限跨界可能的公司来讲，与其分辨到底是能源还是互联网的元素更多，倒不如去适应并且主动推动这种改变。

2.7　配售电重构后的组织变化——新型组织结构

电力批发商和零售商之间的运作模式有很大的区别，许多电力零售商也需要进入批发市场交易电力，根据业务的流程，配售电公司要重新设计新型组织架构。配售电重构后的新型组织架构如图 2-4 所示。

由图 2-4 可知，一个能够参与电力批发和零售市场的售电公司必须拥有 6 个核心部门。其中营销部门主要负责电力零售和市场开发。能源经济部门主要负

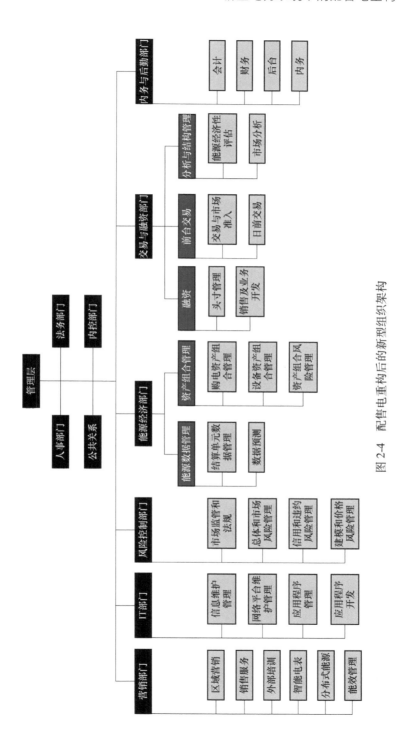

图 2-4　配售电重构后的新型组织架构

责数据分析与策略制定。交易与融资部门为进入电力批发市场的前台部门，也是企业与资本和金融市场相关的部分。风险控制部门负责监控企业运行当中产生的各种风险并合理地规划风险与收益预期。内务与后勤部门为企业的账单结算和财务提供支持并负责相关环节的数据报告。IT 部门则为企业所用的内部和外部软件提供技术支持，保证企业信息系统的顺利运行。下文将会详细解读这些部门的工作内容和运作模式。

除了这 6 个核心业务部门之外，还有 4 个直接隶属于管理层的部门：人事部门、法务部门、内控部门和公共关系。对于售电公司来说，这些部门的运作并没有特殊的模式，因此不在本章的讨论范围内。

2.7.1　电力批发交易相关部门

对于参与电力批发业务的公司来说，人力和组织成本是一项主要的支出。电力批发业务主要集中在金融和贸易层面，并不参与到实际的发电和送电过程中，因此相关的部门更接近于金融系统的公司架构。鉴于电力批发商相比于传统电力行业公司在多方面的特殊性，理清电力批发交易的运作流程则非常重要。

电力批发交易有关部门的相互关系如图 2-5 所示。

图 2-5　电力批发交易有关部门的相互关系

其中交易与融资部门执行既定的交易计划和交易策略。如果该交易为了满足电力供应的物理需求，则交易量和价格区间都已经确定，那么此时交易与融资部门只承担了市场接入和实现交易的作用。如果交易的目标是投机，则交易员能够自由建仓并执行交易，但是其也只能在有限的风险资本限值内操作。所有的交易都必须遵守对应于企业商业模式与经营策略的交易准则。

一名交易员在交易与融资部门的日常工作流程受到很多因素的影响，比如得到的信息、所交易产品的时间期限、与电网运营商进行有效性合约认定的结果以及公司内部的数据汇报要求等。典型交易部门的运作日程如图 2-6 所示。

一名交易员的一天一般是从关注当日新闻和分析基础数据开始的，8 点开始交易员就要准备参与到期货和现货市场中。具体的交易必须要等到当日中台给出资产组合管理方案后基于一定的交易策略进行。整个交易过程基于各个电力

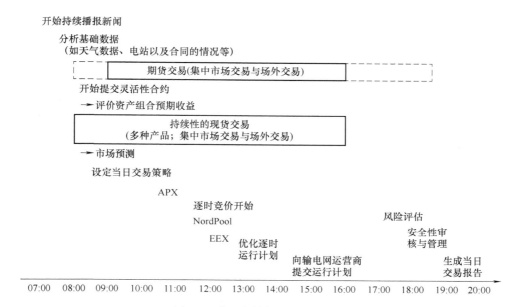

图 2-6　典型交易部门的运作日程

市场的竞价开始时间与竞价结束时间，午后还会微调交易策略并基于当日的市场状况优化运行计划。提交完运行计划后进入当日交易的尾声，主要是风险评估和汇总报告交易信息。由于日前市场的不间断运行，交易大厅在下班后还会常备交易员负责全天候的持续交易。

　　与交易与融资部门同属于交易大厅的还有中台的能源经济部门，该部门的业务独立于前台，但是在组织上能够批准或者否决前台的交易行为。中台能够收集并整合来自于销售、交易、市场的不同信息并制定合理的资产组合管理方案。多种资产组合管理方案会由中台的工作人员进行压力测试并汇报给风险控制部门。可以说，中台有效地连接了公司内部和外部的多种信息流，对企业的盈利起到了关键作用。

　　数据分析和价格预测也是能源经济部门的重点。在德国有许多提供能源类市场数据的数据公司，售电公司可以直接购买到需要的市场数据。某些大型的能源企业已经拥有大量的数据，可以通过能源经济部门对市场进行建模后输出预测结果，这样得出的结果会比购买的数据更加准确，但是也需要企业付出一定的时间和人力成本。

　　此外，企业的内务与后勤部门也被称为后台，其业务也独立于前台，主要负责核算交易信息并生成报告。同时财务工作也由后台来完成。

2.7.2 风险控制部门

电力行业在电力市场自由化之前很少需要考虑风险，垄断带来的高收益和稳定性使得许多能源公司都忽略了风险控制的作用。而在自由化的电力市场中，市场情况瞬息万变，如果不重视控制风险，很有可能造成巨大的损失。随着市场的规范化发展，能源企业还发现，风险并不是越低越好，风险中往往还隐含着价值。在现代企业中，风险已不再指的是狭义的损失，广义的风险为实际的经营情况与预期的偏差，风险控制就是要利用偏差中可能产生的收益，规避偏差中可能产生的损失。

容易产生的风险一般有：市场风险、信用风险和操作风险。售电公司的市场风险是指在电力市场中因产品价格、容量、产品流动性等的变动而导致未预料到的潜在损失的风险。信用风险又称违约风险，是指交易对手未能履行契约中的义务而造成经济损失的风险。以上两种风险是售电公司需要控制的主要风险。此外还有操作风险，即由不完善或有问题的内部程序、人员及系统或外部事件所造成损失的风险。与信用风险、市场风险相比，操作风险来源于售电公司的业务操作，属于公司可控范围内的内生风险。

要进行风险控制，首先要评估风险。计算市场风险的方法主要是在险价值（Value at Risk，VaR），它是在正常的市场条件和给定的置信水平（Confidence Interval，通常为99%）上，在给定的持有期间内，某一投资组合预期可能发生的最大损失；或者说，在正常的市场条件和给定的持有期间内，该投资组合发生VaR损失的概率仅为给定的概率水平（即置信水平）。对交易对手的信用评估主要通过评级机构和历史交易数据来完成。信用风险价值随着时间和市场情况而变化，市场信号越有利于交易对手违约，则信用风险越高。操作风险和企业内控部门关系比较大，一般通过企业内控和管理部门制定操作风险管理条例，条例的内容就相当于对操作风险进行评估。条例根据每一项具体操作在极端情况下造成损失的多少来制定对应的内控等级。

风险控制部门就是为了管控风险而产生的，其遵循的风险管理流程如图2-7所示。

由图2-7可知，优秀的风险管理必须要依靠企业合理的风险管理流程设计并严格地执行。在风险管理中，风险管理方案和风险管理方法是核心。风险管理方案确定了企业的风险管理策略，属于风险管理的顶层设计，而风险管理方法规定了具体的流程和逻辑，根据不同的风险这种流程也会不同。实际的报告、评估和提出对应措施都应该是风险管理部门的常态化工作，通过不断地进行该循环能够提升风险管理的效果。

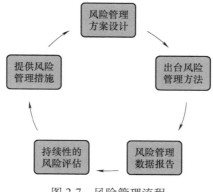

图 2-7 风险管理流程

2.7.3 营销部门

营销部门为售电公司参与电力零售市场的核心部门，其运作主要围绕着终端客户进行。营销部门的运作流程如图 2-8 所示。

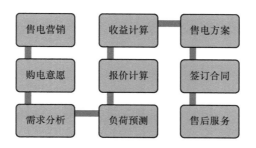

图 2-8 营销部门的运作流程

营销部门首先要做的是售电营销，目前德国在电力零售市场的营销方式也有很多种，其中占比最大的是网络营销，目前通过网络营销而最终签订购电合同的比例已经超过了 50%并且还有继续上升的趋势。德国全国目前有超过 8000 份的电力资费合同，面对如此多的信息，无论是消费者还是电力零售商都需要用互联网思维来达成最合适的交易。德国消费者获取电力资费套餐的信息有超过 80%是通过电力资费比价网站得到的。对于消费者来说，只要登录电力资费比价网站输入邮编和家庭人口，就能获得所住区域最合适且最合算的电力资费方案[4]。

当消费者拥有购电意愿之后，营销部门会分析该客户的特殊需求并重新进行负荷预测（即在客户提供的预期负荷上重新进行精确的计算）。在匹配了天气和市场数据之后，电力零售商将基于计算出的负荷提供几份报价方案，在比较了其中的收益后最终提供一份报价方案给客户。客户同意后签订购售电合同。除此之外，电力零售商还提供丰富的售后服务，在激烈的竞争下，德国的电力零售商在售后增值服务上出现了很多创新，如针对年轻人的能耗社交、针对家庭用户的最低邻居电耗推荐方案以及各种节能服务。

2.7.4　IT 部门

IT 部门也是在电力市场改革之后才逐渐引起能源企业重视的部门。首先在电力市场自由化的过程中，大型的能源企业的输电网和售电业务有很多被拆分，这让原本很多内部的信息流变成了外部的信息流，面对着整个电力市场中如此多的参与者，每个参与者需要处理的信息量都是巨大的。根据市场过程、结算过程中的流程和数据要求，上报、交流的数据有：电网使用逐时数据、电力负荷数据、平衡结算区域更换和平衡电力结算。这些监管法规都要求售电公司的数据必须及时、准确地上交给相关部门，这对售电公司的信息技术也提出了更高的要求。

IT 行业和电力行业就是在这种情形下产生了碰撞，还擦出了巨大的火花。除了专门提供电力经济类 IT 解决方案的软件厂商之外，各大能源企业都会成立内部的 IT 部门来应对日益增长的需求。

IT 部门的主要工作为保证企业的高效运行，包括提供基本计算机系统和软件的维护、外部电力经济类软件的维护和技术支持、外部电力经济类软件的个性化定制与部分重新编程等。而随着电力产品的多样化，外部软件很难满足大型能源企业的所有需求，IT 部门也开始为企业内部开发部分内部的软件，此类软件一般以现成的数据库和软件模块为基础，根据新的逻辑重新制作而成，能够很好地匹配企业的具体产品和经营模式。

2.8　配售电重构示例——以新能源为主的新型配售电公司 Süwag

在德国有这样一家配售电公司，区别于四大能源巨头旗下的售电公司，紧密与市政府合作，该公司不仅拥有来自最大股东 REW 强大的技术和资金的支持，同时又与当地市政府保持良好的合作关系，这家公司就是总部位于法兰克福的配售一体化售电公司——Süwag 能源集团。

Süwag 能源集团成立于 2001 年，是德国西南部较大的地区性配售一体售电商，作为基础供电商拥有 5200 平方千米的管辖范围；集团 77.6% 的股权属于德国第二大能源集团 RWE，剩下的大部分股权属于 16 个地方市政企业；集团旗下一共有 3 个子公司，分别是 Süwag Vertrieb AG & Co. KG，负责集团售电以及售气业务，Süwag Grüne Energien und Wasser GmbH，负责分布式发电、可再生能源以及供水业务，以及 Syna GmbH，主要负责配电网以及燃气管道的运营与建设业务。2015 年，集团一共有 1644 个员工，年收益达 20.9 亿欧元。

在售电业务方面，Süwag 在德国西南地区一共拥有近 90 万的客户，2015 年售电量高达 12.3TWh，不仅面向私人客户、商业客户售电，同时还包括许多能源供应商。除此之外，还给客户提供多样化的增值服务，如合同能源管理、节能服务等。

2.8.1　私人客户

Süwag 公司给私人客户提供了多种多样的售电套餐，见表 2-3。

表 2-3　Süwag 公司私人客户售电套餐

序号	套 餐 类 型
1	最高长达 4 年的电价保障套餐（不包含分摊费以及增值税上涨的情况）
2	绿电套餐
3	分时电价套餐（基础负荷与高峰负荷不同电价，需要客户安装智能电表）
4	学生优惠套餐（年用电量超过 1000kWh 提供 50 欧元 Amazon 优惠券）
5	经典套餐（没有合同时间，只需提前 2 周申请解约）

除了经典套餐外，其他套餐时间一般都为 24 个月，需提前一个月申请解约。支付方式可以通过银行转账或者银行直接扣款。

除了提供不同的售电套餐，公司在客户服务方面也做到了尽善尽美，如下所述：

1）建立客户服务中心（12 个）以及与其他企业合作（23 个合作商），为客户提供优质的咨询服务。

2）创办客户杂志"Menschen und Energie"，提供许多节能小知识。

3）拥有网络售电平台，客户可在全德范围内使用。

4）开发"Mein Süwag"手机 App，为客户提供当地新闻、节日活动消息、天气状况以及多种优惠券下载；同时客户还可以通过 App 找到客服中心或者直接联系客服；还可以直接通过 App 管理自己的售电合同以及阅览电子版客户杂志等。

5）除了核心的售电业务，Süwag 公司还向私人客户提供多到难以想象的增值服务（见表 2-4），以满足客户各方面的需求，留住老客户的同时也能吸引更多的新客户。

表 2-4　Süwag 公司私人客户增值服务

能源咨询服务	夏季屋顶光伏发电设备故障检测服务（利用热成像原理检测电阻的大小，但有一定的天气要求）
	办理房屋（整栋建筑）能耗证书，包括建筑能耗（kWh/m² · 年）和能耗等级（A+ 到 H）证明（根据德国有关规定，房屋所有者在出售或是出租房屋时需要提供房屋能耗证书）
	LED 灯免费试用周，公司与奥地利 LED 灯具公司 LEDON 合作，为客户提供 16 种不同的 LED 灯进行试用，之后的订购更是享受 8 折优惠
	房屋保暖检测服务，利用热成像技术检测房屋的保暖状况，并提供相关的改善建议
节能咨询服务	首先客户通过与客服沟通，初步评估用电量；然后到客服中心领取免费租赁的测量工具，测量家电的实际用电量；最后将数据反馈给客服，客服会做出具体分析，并提供给客户合适的节能建议
能源科技产品	智能家居电器产品
	节能电器，例如 LED 灯
	电动汽车/电动自行车充电桩（公用或私用），针对私人用户，公司将负责向相关配电网申请，并负责安装工程
	太阳能储能装置
	微型热电联产设备

2.8.2　商业客户

然而在大客户方面，公司除了提供多种灵活的售电合同外，更是将重点放在如何提高客户的能效方面，其服务的多样性和创新性都具有非常大的参考价值。公司面向商业客户提供的增值服务可以分为 3 大类：供暖服务、可再生能源服务、合同能源管理/节能服务（见表 2-5）。并且所有增值服务都没有固定的模式，商业客户可以根据自己的需求与公司商定，获得客制化的增值套餐，让客户获得最满意的服务。

表 2-5 Süwag 公司商业客户增值服务

供暖服务	通过热电联产，客户产电的同时可以产热，以此提高供暖能效减少废气排放，Süwag 提供两种解决方案，一种是承包模式，即 Süwag 全权负责热电联产装置的规划、安装、融资、维护以及运行；另一种是租赁模式，即 Süwag 只负责规划、建设以及融资，剩下的维护及运行则由客户自己承担
	Süwag 通过集合住宅小区内住户的供暖需求，建设小区"自用电厂"，实现小区集体供暖供电，此外"自用电厂"还可以将小区屋顶光伏发电设备与储能设备进一步优化
可再生能源服务	为商业客户提供屋顶光伏发电设备的整套规划、安装以及融资服务
	为客户提供可再生能源发电市场直销服务，针对拥有可再生能源发电设备的商业用户，Süwag 提供不同种类的市场直销服务，第一种是直接参与电力市场交易，获取市场化交易奖金；第二种是针对拥有沼气、生物质甲烷发电设备（热电联产）的商业用户，通过参与需求侧响应获取相应的奖金；第三种也是针对拥有沼气、生物质甲烷发电设备（热电联产）的商业用户，在满足电力功率储备市场的技术要求的同时，参与电力功率储备市场交易，以此获利
合同能源管理/节能服务	大型企业能源审计服务（能源消耗综合分析）
	照明优化服务（采用 LED 灯技术）
	照明审计服务（特别是针对多班制运行的公司），提供照明节能、提高照明质量等建议
	热电联产发电设备监控服务，通过 FlowChief 控制软件，客户可以对发电设备进行实时监控及优化运行方案以达到更高能效
	给需要接受批发能源市场诚信及透明度监管（REMIT）的客户提供相应的服务，如向欧洲能源监管机构（ACER）上报及反馈交易记录，并向客户做出相关报告
	电力市场网络交易平台，客户无需在电力交易所注册，通过 Süwag 提供的网络交易平台（Süwag WebMarket）参与电力交易所买卖电量，安排公司的购售电计划
	用电数据采集服务，通过 Süwag 提供的测量工具，客户可以测量自身的用电量，并每两周获得一份分析报告
	能源监测服务，通过 Süwag 提供的网络能源管理系统，客户可以从计算机、手机等媒体轻松监测公司各个建筑、工厂或工地的能源消耗，并在能耗超过警戒线时收到提醒消息，并且提供相应的能源评估报告
	能效优化服务，通过 Süwag 提供的网络能源管理系统，在能源监测的基础上，可以根据用户的能耗（用电、用水、用气等），给出相应的节能优化方案
	其他能源管理咨询服务和组合套餐，例如举办行业能效研讨交流会，Süwag 合作伙伴+计划，为商业客户提供一套完整的能效管理方案

　　Süwag 公司之所以能够成为一个成功的售电公司，一个重要的成功秘诀就是 Süwag 公司是一家配售一体化售电公司，除了依托德国能源巨头 RWE 多年的售电经验和先进技术，通过多样的售电套餐和种类繁多的增值服务吸引客户外，由于公司还有其他 16 个地方市政企业的共同参与，而公司供电地区大多数的配电网资源又掌握在市政府手中，因此能够获得更多的配电网特许经营合同，成为配售一体化的售电公司，也就获得了更多的客户资源。

　　Süwag 公司在获得配电网运行资格的同时，也不忘提高供电区域的供电质量，因此成立了 Syna GmbH，专门负责 Süwag 公司旗下配电网的运营与建设业务，采用先进的配电网数据采集与监控系统，以及配网安全管理与发电上网管理系统，确保配电网能够安全高效运行。除此之外，Süwag 公司还积极改造配电网以适应可再生能源发电的发展，致力打造一个智能和高效的配电网。

　　Süwag 公司采用售电与配电双管旗下的经营策略，紧靠新能源的发展，最终走上了成功的售电之路。比如针对新能源推出了电价包月套餐，用户只需要每个月支付一定额度的电费就能在一个比较大的范围内自由用电，该公司会帮助客户安装屋顶光伏设备和家用储能设备，通过将分布在各地的用户和集中式的电力生产设备相连，利用智能软件算法调配各家屋顶光伏设备所发电力的消费和各家储能设备的充放策略，最终实现电力生产和消费在一定范围内的平衡。用户优先使用距离自己近的电力，节省了大量的过网费用，而且用上了便宜清洁的电力。作为售电公司，该公司并不准备通过售电服务获取利润，而是通过设备的销售取得盈利。

　　这只是一种利用虚拟电厂技术的商业模式创新，大多数的售电公司还是依赖购售电获取主要的收益。而这部分的收益受德国电力批发价格影响较大。德国批发与终端电价走势如图 2-9 所示。

　　德国终端电价在近几年缓步上升，但是批发电价波动巨大，当批发电价远高于终端电价时，售电公司将面临巨大的市场风险。当批发电价降低时，售电公司能够获取更多的收益。

　　对于新型配售电公司来讲，构建新型的客户关系也至关重要。商业客户的市场营销一般都是一对一的上门营销，根据客户的特点，再因地制宜，以制定客制化的用电套餐和服务，此外售电公司在制定用电套餐和增值服务时还需要充分考虑当地的环境气候和政府政策等外界因素。对比美国得克萨斯州和德国售电公司推出的增值服务，就可以清晰地看到地域和政府政策对此的影响，美国 TXU Energy 公司根据当地房地产业租赁和买卖频繁的特点，推出的是房屋建

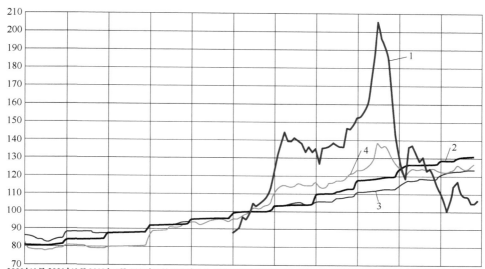

1— 电力市场交易价格
2— 终端居民用户电价
3— 商业用户电价
4— 特殊合同电价

图2-9　德国批发与终端电价走势

设和物业管理服务，服务项目包括房屋自动供电、转换租客或是业主更换获得入住奖金，网上物业集中管理平台等。德国 Süwag 公司则是根据德国的一些相关法律规定，推出了相应的增值服务，如非小型企业需要进行能源审计，因此推出了能源审计服务；再例如德国可再生能源法案规定自发用电可减免可再生能源分摊费，结合德国冬季时间长、供暖需求大的特点，公司就推出了热电联产设备承包或租赁服务，建设小区"自用电厂"等服务；此外德国正在进行能源转型，政府大力发展可再生能源，提倡能源高效节能利用，公司就相继推出了许多和可再生能源、节能方面的增值服务：如屋顶光伏设备规划、安装以及融资服务，可再生能源发电市场直销服务，用电数据采集服务，能源监测服务，能效优化服务等。

　　在居民用户方面，由于客户数量庞大，且单个客户所带来的利润很小，不适合单独进行市场营销，此时需要售电公司收集自己所在售电地区居民的数据，并分析客户的特点，以制定合适的市场营销策略。

　　居民客户的资料收集和分析可以由售电公司自己完成，但是考虑到成本、人力等多方面因素，一些规模不大的售电公司会将这部分的工作交给专业的咨询公司来完成，在确定了目标人群后，就可以根据目标人群的特点选择合适的市场营销策略。在市场宣传方面，最为普遍的方式就是投放广告，选择何种媒介进行宣传需要充分考虑到售电公司定下的目标人群的特点。如果是以中老年为主，那么较合适的方式是在报纸或者电视上刊登广告；如果是以青年人为主，则应更多考虑在网站、社交媒体，如 YouTube、Facebook、Twitter 投放广告；如果是作为地区售电商，主要客户集中在同一个地区，还可以在当地的公共交通设施，如地铁站内、公交车上投放广告。而广告的内容也十分重要，要充分掌握目标人群的心理需求，才能成功吸引到客户，例如法国最大的电力集团 EDF 在公司网站对绿色电力套餐的广告宣传就是公司每销售 1MWh 的绿色电力，就将捐助 2 欧元给 PREVINERGY 研究计划基金，以支持法国的可再生能源发展，并且签订此用电合同的用户每年还可以得到 2 份有关法国能源转型和 PREVINERGY 研究计划进展的简报，以此吸引那些具有环保意识的用户，并让用户愿意掏更多的钱去签订绿色电力套餐；另外美国 TXU Energy 售电公司针对居民用户在夏季炎热天气，夜间空调用电量大的特点，推出夜间用电免费的居民售电套餐，公司网站的广告宣传语就是 "Sleep cool and comfy with Free Nights"，争取在第一时间吸引住客户的目光，增加此用电套餐的销售量。

客户关系管理除了在售电公司市场宣传上的运用，更多还运用在居民用电套餐和增值服务的开发中，售电公司需要根据居民客户不同的特点，制定差异化的产品，满足不同客户群的需求。例如日本东京电力公司就推出了一系列的居民用电套餐，除了一般的基础用电套餐是采取阶梯电价外，还有分时段套餐，例如在夏季用电高峰、日间用电高峰或是工作日用电高峰采取更高电价，其他时段低电价的用电套餐，用户可以根据各自的用电需求、用电习惯选择合适的售电套餐。在增值服务方面，美国 TXU Energy 售电公司针对居民用户推出了房屋空调系统、家电、管道系统维修保险、远程空调控制系统等方面的增值服务；而德国 Süwag 公司则向居民用户推出了夏季屋顶光伏发电设备故障检测服务、房屋保暖检测服务、微型热电联产设备安装维修等增值服务。两个地区由于气候的不同，一个地区夏季时间长、气温高，另一个地区冬季时间长、取暖需求大，导致售电公司推出的增值服务一个侧重制冷，另一个偏重取暖。

总而言之，售电公司无论是针对居民还是商业用户的 CRM 都需要做到尽可能以客户为中心，才能最大程度地争取和保留住客户资源。作为一个典型的案例，德国的 Süwag 公司值得作为新型配售电公司的典范来学习。

参考文献

［1］德国华人新能源协会调研报告. 配售分开商业模式［R］. 2014.

［2］德国华人新能源协会调研报告. 欧洲各国电力市场与监管体制简介［R］. 2015.

［3］管文林，廖宇. 德国独立售电商的突围之路［EB/OL］.［2021-12-01］. http：//www.chi-nasmartgrid.com.cn/news/20160523/615528-2.shtml.

［4］廖宇. 德国售电公司的互联网创新［EB/OL］.［2021-12-01］. https：//finance.sina.com.cn/zl/china/20140619/144919462649.shtml.

工业园区的配售电重构

　　构建新型电力系统是一项繁复庞杂的系统性工程，从传统能源逐步退出逐渐实现新能源安全可靠替代，从"源随荷动"到"源网荷储互动"不仅涉及能源电力行业发、输、配、售、用的垂直领域，在新发展理念下，也需要考虑其他能源主体与电力行业的耦合联动发展，实现对终端的绿色低碳、经济高效综合能源供应。这其中不仅涉及政策法规、体制机制、装备技术、价格交易、观念理念的重构和完善，也应该清晰地认识到能源电力行业以构建新型电力系统为抓手实现"双碳"目标是一场广泛而深刻的变革，既要统筹考虑区域资源禀赋的客观现实和发展阶段、产业结构的差异，不搞"齐步走""一刀切""运动式"构建。也需要通盘谋划整体和局部、长远目标和短期目标的关系，从局部起步循序渐进、从配电网侧探索实践总结经验逐步向高电压等级网架延伸的总体构建思路。更需要充分考虑能源电力安全稳定可靠生产供应的重要性和敏感性，先立后破、实事求是，在确保能源电力安全可靠稳定供应的前提下积极构建新型电力系统。

　　无论是"新""老"电力系统，工业园区的配售电体系均是重要的组成部分，通过三十余年的发展，开发区、工业园区已经成为区域经济发展的高地，重构工业园区配售电体系不仅对新型电力系统的构建进而实现"双碳"战略目标具有重要的现实意义，还是推动能源革命和电力体制改革的关键切入点。

3.1　重构工业园区配售电体系的战略意义

3.1.1　全国开发区、工业园区的基本情况

　　我国自 1984 年设立首批国家级经济技术开发区以来，各类开发区发展迅速，成为推动我国工业化、城镇化快速发展和对外开放的重要平台，对促进体制改革、改善投资环境、引导产业集聚、发展开放型经济发挥了不可替代的作用。2018 年 2 月 26 日，经国务院同意，国家发展改革委、科技部、国土资源部、住房城乡建设部、商务部、海关总署发布了 2018 年第 4 号公告，公布了《中国开发区审核公告目录》（2018 年版）（以下简称《目录》）。该《目录》包括 2543 家开发区，其中国家级开发区有 552 家，省级开发区有 1991 家。另外，

东部地区有 964 家开发区，中部地区有 625 家开发区，西部地区有 714 家开发区，东北地区有 240 家开发区[1]。

3.1.1.1　国家级经济技术开发区主要经济指标情况

根据初步核算，2020 年，全国 217 家国家级经济技术开发区地区生产总值为 11.6 万亿元，同比增长 6.4%，增幅高于同期全国平均水平（2.3%）4.1 个百分点，占同期国内生产总值比重为 11.5%。其中：第二产业增加值为 7 万亿元，同比增长 3.9%，占同期全国第二产业增加值比重为 18.3%；第三产业增加值为 4.5 万亿元，同比增长 10.9%，占同期全国第三产业增加值比重为 8%。217 家国家级经济技术开发区财政收入为 2.1 万亿元，同比增长 2.8%，占全国财政收入比重为 11.7%。税收收入为 1.9 万亿元，同比增长 2.3%，占全国税收收入比重为 12.4%。217 家国家级经济技术开发区实际使用外资和外商投资企业再投资金额为 611 亿美元，同比增长 17.5%，占全国利用外资比重为 23.1%；进出口总额为 6.7 万亿元（其中，出口 3.9 万亿元，进口 2.8 万亿元），同比增长 4.8%，占全国进出口总额比重为 20.8%。

3.1.1.2　分区域情况

2020 年，东部地区 107 家国家级经济技术开发区地区生产总值为 7.4 万亿元，同比增长 6.3%，其中：第二产业增加值为 4.3 万亿元，第三产业增加值为 3 万亿元，同比分别增长 3.1% 和 11.3%；财政收入为 1.5 万亿元，税收收入为 1.3 万亿元，同比分别增长 2.6% 和 1.4%；进出口总额为 5.7 万亿元（其中，出口 3.3 万亿元，进口 2.4 万亿元），同比增长 3.2%；实际使用外资和外商投资企业再投资金额为 359 亿美元，同比增长 14.8%。

中部地区 63 家国家级经济技术开发区地区生产总值为 2.7 万亿元，同比增长 6.7%，其中：第二产业增加值为 1.8 万亿元，第三产业增加值为 8629 亿元，同比分别增长 6% 和 10.1%；财政收入为 3762 亿元，税收收入为 3371 亿元，同比分别增长 1.8% 和 2.8%；进出口总额为 7200 亿元（其中，出口 4206 亿元，进口 2994 亿元），同比增长 12.3%；实际使用外资和外商投资企业再投资金额为 191 亿美元，同比增长 25.1%。

西部地区 47 家国家级经济技术开发区地区生产总值为 1.6 万亿元，同比增长 6.2%，其中：第二产业增加值为 1 万亿元，第三产业增加值为 5394 亿元，同比分别增长 3.9% 和 10%；财政收入为 2459 亿元，税收收入为 2318 亿元，同比分别增长 5.7% 和 7%；进出口总额为 2616 亿元（其中，出口 1540 亿元，进口 1076 亿元），同比增长 22.8%；实际使用外资和外商投资企业再投资金额为 61 亿美元，同比增长 11.9%[2]。

3.1.1.3 工业园区配售电体系的现状及存在的问题

1）单一能源供应主体为主，电、气、热主要能源供应主体间独立割裂供应缺乏有效耦合联动，其中，电能在终端能源消费中作为单一能源供应主体消费占比最高。

2）能量流、信息流、价值流以单导向为主，用户与配电网侧，配电网与互联电网侧未能实现双向潮流交换。与之相配套的政策法规、价格机制、交易路径尚未打通或建立。

3）"最后一公里"问题仍然未能彻底有效解决。传统的"重发、轻输、不管用"配电网薄弱、供电可靠性不足问题在一些工业园区依然突出。

4）能耗高、"双控"压力大。部分工业园区由于产业结构的问题，高耗能产业密集、产品深度较低、初级产品较多、高附加值产品比重较少。

5）管理方式粗放，智能化技术装备覆盖率低，信息化、智能化、精益化管理差距较大。

3.1.1.4 重构工业园区配售电体系是构建新型电力系统和推进电力体制改革的关键切入点

从"双碳"目标实现来看，开发区、工业园区作为区域经济发展的高地，负荷结构相对单一，能量消费单位密度大，能耗"双控"的紧迫性和示范性显著，重构工业园区配售电体系对区域"双碳"目标的实现及从配电网侧起步向高电压等级网架延伸至区域新型电力系统的构建具有重要的现实意义。从电网网架结构来看，配电网处于电力系统末端，新装备、新技术、新理念在探索实践过程中对区域大电网的安全可靠稳定运行可能带来的影响相对局部有限。从应用场景来看，随着各地根据资源禀赋条件大力发展分布式综合能源服务的各种业态，工业园区电力用户与大电网间的能量流、信息流、价值流双向交换已探索出了较为丰富的应用场景，为工业园区的配售电体系重构奠定了较为成熟的土壤。从效率成本来看，因地制宜以"源网荷储一体化"、多能互补综合能源服务的方式重构配售电体系能够最大限度地满足终端用户的多维度、经济高效的能源消费需求，无疑是成本及效率的最佳组合。从体制机制创新来看，自2016年以来，国家发展改革委、国家能源局推动的459个增量配电业务改革试点项目绝大多数分布于工业园区，这些项目的落地运营为从体制机制上重构工业园区配售电体系提供了理想的载体。从能源革命的角度来看，新型电力系统中配电网将承担绝大部分系统平衡和安全稳定的责任，绝大多数交易也将在配电网内完成。现有的配电网最终将在物理层面实现重构，成为电力系统的主导力量。重构工业园区配售电体系，破解工业园区存在的能源规划不统一、分散供应、多头管理、消费粗放等方面的体制机制障碍。结合增量配电业务改革试点，推进能源体制革命和电力体制改革，有利于工业园区大力发展分布式新能源，保障经济社会发展对能源安全供应和环境友好的需要，是推动中国能源革命和电力体制改革的关键切入点和重要抓手。

3.2　依托增量配电改革试点重构工业园区配售电体系

3.2.1　增量配电改革现状

按照"中发 9 号文"部署，增量配电业务改革推行已过五年。在政府部门、电力企业、试点园区以及社会各界的共同努力下，改革在困境中砥砺前行。目前，全国分五批次共批复了 459 个试点项目（不含已取消的 24 个试点项目）[3]，如图 3-1 所示。

3.2.1.1　规划编制情况

五批次完成配电网规划编制的试点项目共计 292 个，其中第一批完成 84 个（共 94 个），第二批完成 69 个（共 88 个），第三批完成 76 个（共 114 个），第四批完成 46 个（共 84 个），第五批完成 17 个（共 79 个）。全国五批次试点配电网规划编制完成情况如图 3-2 所示。

3.2.1.2　业主确定

五批次确定业主的试点项目共计 300 个，其中 224 个试点公布股比。全国第一批至第五批试点情况分别如图 3-3~图 3-7 所示。

第一批 92 个试点确定业主，其中 82 个试点公布股比。

第二批 64 个试点确定业主，其中 49 个试点公布股比。

第三批 85 个试点确定业主，其中 57 个试点公布股比。

第四批 48 个试点确定业主，其中 32 个试点公布股比。

第五批 11 个试点确定业主，其中 4 个试点公布股比。

3.2.1.3　供电范围确定

五批次确定供电范围的试点项目共计 220 个。全国五批次试点供电范围确定情况如图 3-8 所示。其中，第一批 85 个，第二批 50 个，第三批 53 个，第四批 29 个，第五批 3 个。

3.2.1.4　电力业务许可证办理情况

截至 2021 年年底，国家能源局派出机构共向 213 个增量配电项目颁发了电力业务许可证（供电类），其中，试点项目 191 个，非试点项目 22 个。其中，第一批 94 个增量配电试点项目中取得电力业务许可证（供电类）的为 73 个，取证率

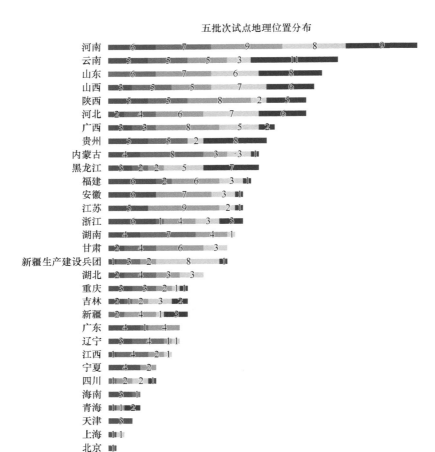

图 3-1　全国五批次批复 459 个试点项目分布

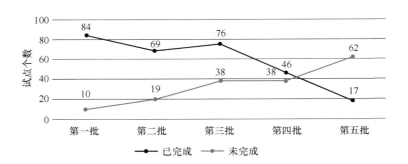

图 3-2　全国五批次试点配电网规划编制完成情况

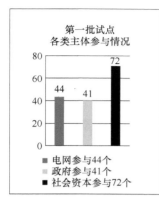
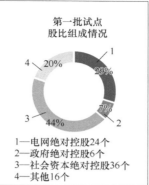
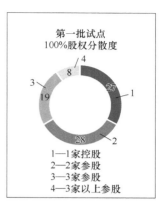

图 3-3　全国第一批试点情况

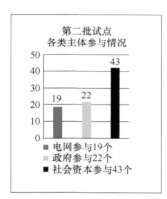
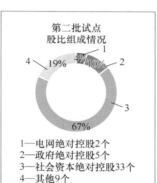
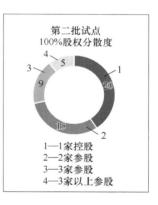

图 3-4　全国第二批试点情况

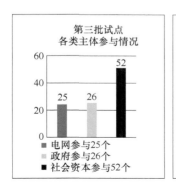
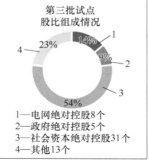
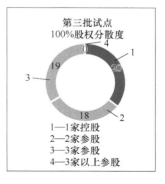

图 3-5　全国第三批试点情况

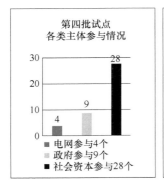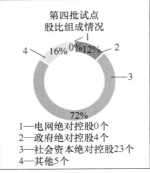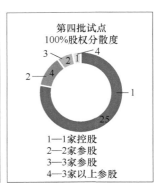

图 3-6　全国第四批试点情况

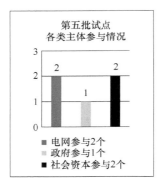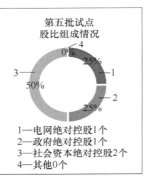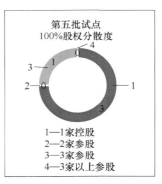

图 3-7　全国第五批试点情况

为77.66%；第二批88个增量配电试点项目中取得电力业务许可证（供电类）的为39个，取证率为44.32%；第三批114个增量配电试点项目中取得电力业务许可证（供电类）的为48个，取证率为42.11%；第四批84个增量配电试点项目中取得电力业务许可证（供电类）的为27个，取证率为32.14%；第五批79个增量配电试点项目中取得电力业务许可证（供电类）的4个，取证率为5.06%。

3.2.2　增量配电改革试点面临的挑战

增量配电改革目前面临的"焦点、难点、堵点"问题为市场主体的基本合法权益尚未得到充分的尊重和维护。具体而言为增量配电网企业的经营权、发

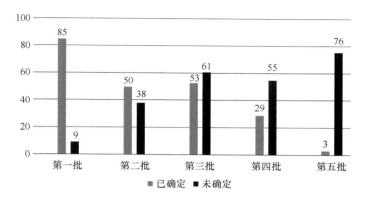

图 3-8　全国五批次试点供电范围确定情况

展权、收益权。

（1）经营权

依据《中华人民共和国电力法》"一个供电营业区内只设立一个供电营业机构"的原则，在新的市场主体取得《电力业务许可证（供电类)》后，原有供电主体不应在相同区域内再开展供电业务，同时，国家相关文件已经明确了存量电力资产的处置方式。然而，在实践中，出于电力市场占有率的原因，原有供电主体往往对存量电力资产的处置及存量客户的移交不甚积极，个别地方甚至抵触并设置重重障碍。导致在新的市场主体获批的《电力业务许可证（供电类)》载明的供电营业区域内存在着新、老供电主体交叠经营，交叉供电、重复建设和资产利用率低下、电力客户无所适从的局面，这不仅给电网的安全稳定运营造成了不利风险和不利影响，也从事实上侵害了新的市场主体的合法经营权益。

（2）发展权

有网无源乃无水之渠。作为拥有同等法律地位的市场主体，增量配电网目前未能获得公平接入电源的权利。"中发 36 号文"的第五部分"加快构建清洁低碳安全高效能源体系"的第十三条"深化能源体制机制改革"中，明确提出："推进电网体制改革，明确以消纳可再生能源为主的增量配电网、微电网和分布式电源的市场主体地位"。尽快明确增量配电网接入以新能源为主的电源及其他形式的电源种类、容量规模等相关具体细则是市场主体及行业各界的普遍期待，同时，也是直接影响和制约增量配电网能否良性运营的关键环节。

（3）收益权

取得《电力业务许可证》（供电类）对于增量配电网企业而言不过是落地运

营万里长征的第一步，下一步，将面临与互联电网就配电价格、网间交易结算等诸多问题的协商，而这恰恰也是当前全国各地在推动增量配电改革中面临分歧最大的焦点，更是阻碍增量配电网实现良性运营的关键堵点。2018年1月国家发展改革委印发《关于制定地方电网和增量配电网配电价格的指导意见》（发改价格规〔2017〕2269号）（以下简称"发改价格规2269号文"）。明确了"配电网与省级电网具有平等的市场地位"及配电价格定价方法、调整机制和结算制度。为增量配电网与省级电网间的交易结算提供了政策依据。通过三年多的改革实践证明，随着增量配电网的陆续落地运营，配电价格形成机制逐渐成为改革试点推进进程中的"梗阻"问题。2020年12月，14家增量配电网企业联名向国家发展改革委、国家能源局递交《关于进一步完善落实增量配电业务改革政策的八条建议》，希望国家发展改革委修订完善配电价格形成机制，理顺配电网与省级电网间的交易结算规则。近年来，部分省份也结合本省改革实际情况针对性地对配电价格形成机制进行了大胆创新探索，对增量配电改革起到了积极推动作用。例如：河南省发展改革委印发的《关于印发我省增量配电网配电试行价格意见的通知》（豫发改价管〔2018〕1000号）文件中提出"增量配电网与省级电网结算的基本电价标准按省级电网在该增量配电网所在市（县）域范围内对该增量配电网项目完成的专项投资占省级电网和增量配电网企业针对该增量配电网的输配电总投资比例确定"。此后，河南省发展改革委又于2020年3月对河南省增量配电网与省级电网间基本电费结算给予国网公司收取60%、增量配电网收取40%的改革支持举措。另外，2018年11月，四川省发展改革委、能源局下发《关于进一步做好增量配电业务试点工作的通知》（川发改能源〔2018〕480号）文件，提出"增量配电网作为配电网企业，享有配电网企业的权利和义务，不视为电力用户，无需向上级电网企业缴纳基本电费和高可靠性供电费"。此外，2019年6月，贵州省发展改革委下发《关于配电网配电价格机制有关事项的通知》（黔发改价格〔2019〕596号）文件明确"配电网支付给省级电网的基本电费统一折算为0.032元/kWh"。这些省份的创新举措不仅支持了增量配电改革的推进，也为国家修订完善配电价格机制提供了宝贵的参考经验。

3.2.3 以新发展理念持续深入推动增量配电改革

在"中发9号文"印发后，本轮电力体制改革全面启动，依循"放开两头、管住中间"的体制架构，售电侧改革、输配电价改革、增量配电改革等改革任务全面启动，增量配电改革由于其特殊性和敏感性，被行业内外重点关注并寄予厚望。此后，2016年11月27日，国家发展改革委、国家能源局公布全国第一批 105 个增量配电业务改革试点，5 年来，国家陆续公布 5 批次 459 个增量配电业务改革试点，截至 2021 年第三季度末，国家能源局派出机构共向 206 个增量配电试点颁发了《电力业务许可证（供电类）》，其中，改革试点 184 个，非改革试点 22 个，试点取证率 40%。5 年的增量配电业务改革实践，一方面成果与成绩斐然，另一方面，困难与挑战重重。取得的改革成果与改革预期成效间还有明显的差距，与市场主体和社会各界的普遍期待还存在着显著落差，推进过程中暴露出的热点、难点、堵点问题制约和阻碍了试点的落地运营，影响了改革成效的显现。

"中发 36 号文"被行业内外认为是结合"中发 9 号文"根据当前国际、国内能源形势下进一步深化改革的纲领文件。文件在第五部分"加快构建清洁低碳安全高效能源体系"第十三条"深化能源体制机制改革"中，明确提出："推进电网体制改革，明确以消纳可再生能源为主的增量配电网、微电网和分布式电源的市场主体地位"。市场主体期待困扰增量配电改革五年来的市场主体地位问题有望得到彻底解决。伴随市场主体地位的确认，市场主体的经营权、发展权将得到尊重和维护，配电价格机制、网间互联互通、公平开放接入、网间调度交易结算、平等接入以新能源为主的电源等一系列问题可期待破解，增量配电改革试点的战略、经济价值将得到认可和显现。2021 年 10 月 12 日，国家发展改革委印发《关于进一步深化燃煤发电上网电价市场化改革的通知》（发改价格〔2021〕1439 号）文件，有自媒体动容地描述，"经过长达六年的探索，放开两头的总体架构，我们终于实现了"。回眸 2015 年 3 月本轮改革伊始提出的"放开两头、管住中间"的改革目标，"放开两头"后如何"管住中间"，成为下一步改革推进的重点工作。

实现"碳达峰、碳中和"是党中央做出的重大战略决策，构建以新能源为主体的新型电力系统是电力行业落实"双碳"目标的重要路径和抓手。完整准确全面贯彻新发展理念，理解与把握新发展理念与增量配电改革之间的必然密切联系尤为重要。参与本轮电改 5 年来深切感受到，实践电力体制改革离不开对电力行业的情怀和理想主义，也离不开对我国电力工业发展的充分全面了解和区域社会经济发展需求的紧密联系，更离不开科学客观、严谨审慎、因地制宜和循序渐进的思考逻辑与解决方案。接下来就如何以新发展理念持续深入推动增量配电改革抛砖引玉几点思考与行业同仁探讨。

3.2.3.1　构建新型电力系统传统电网网架结构和运营机理需要进行根本性变革

"双碳"背景下的新型电力系统中电源装机结构、功能定位、价格机制、商业模式出现了根本性变化。一是从源侧看，非水可再生能源机组成为电量主力机组，化石能源机组成为容量支撑主力机组，由于可再生能源间歇性、波动性的电源特性，电网的网架形态必然需要做出适应性改变；二是从网侧看，随着大规模可再生能源的接入，为确保网架安全稳定经济运行，减少系统调峰压力，优化机组组合，实现分层分区平衡，网架规模的边界需要重新进行科学规划，与此同时，高比例电力电子穿透下，数字化电网成为新型电力系统的底层支撑；三是从荷侧看，分布式电源的高比例渗透，网与荷的能量流、信息流从单向潮流演变为双向潮流交换，从以保供应为主"电从远方来"的电力生产、流通、消费模式向以绿色、经济、高效为特征的"能从身边来，不足远方来"的"源网荷储一体化"、综合能源供应的能源生产、流通、消费模式转变。四是从商业模式看，伴随着荷侧消费需求的变化，单一能源供应主体正在演变为综合能源供应主体。电、热、汽等能源供应主体间的行业边界正在加快模糊消融。在荷侧逐渐形成"源网荷储一体化"、综合能源互补供应、科技信息技术作为底层支撑的能源互联网。五是从运行机理看，传统交流同步大型电网网架将演变为区域骨干电网与局域、微型电网互联互通、双向能量交换的网架形态。传统电网的调度、交易、发展、建设、营销、设备等运营机理必然需要做出适应性改变与调整。从此角度而言，源网荷储一体、综合能源供应的配电网与省级、区域骨干电网，网间互联融合发展是未来能源生产、流通、消费的重要网架发展形式。

3.2.3.2　正确理解与准确把握市场主体间的功能定位与区别联系

增量配电网与省级、区域骨干电网功能定位不同、运营机理不同、价格形成机制不同。增量配电网不是省级、区域骨干电网的替代、颠覆、革命者，而是补充、完善、探索者。彼此之间的功能定位、使命责任既有紧密联系又存在着本质的区别。省级骨干电网是保供应、兜底服务的"压舱石"，增量配电网是实现最佳颗粒度、经济、高新、绿色能源耦合供应的"助推器"。类似于新能源开发中的集中式与分布式项目，电力市场化交易中的中长期交易与现货、辅助服务市场交易。两者之间目标方向一致、功能定位不同，不应狭隘和局限地站在利益对立和调整再分配的角度去理解认识彼此的科学性、必要性和合理性。正确理解国家政策倡导方向，准确把握行业发展演变规律，提高站位统一认识，凝聚共识形成合力，摒弃零和博弈思维，开展建设性务实合作，是对新发展理念的最好践行。

3.2.3.3　明确顶层体制机制设计、完善配套政策文件体系、落实市场主体地位，探索不对称监管

增量配电改革推行的五年来，激发了社会主体踊跃参与的动力却未能在顶层设计中明确界定同属公共电网的省级电网、区域电网、增量配电网在电力工

业发展中的功能定位与区别联系。导致在配电价格形成机制、电源公平接入、网间互联互通、调度交易结算、网间信息公开、配电区域划分、存量资产处置、存量客户移交等热点、焦点、难点问题上认识不一且纠缠不清。国家部委虽陆续出台多达二十余个政策文件，但改革试点的推进依然不及预期而举步维艰。这不仅浪费了政府公共行政资源，造成了无谓的社会及经济沉没成本，影响了改革举措成效的释放，也严重挫伤了改革参与者的积极性和信心。个别地区已经出现重复建设、交叉供电影响系统安全运行，供电主体落实不清终端电力客户无所适从的局面。这其中，既有原有市场主体在习惯、利益、心态、责任等方面的阻力与担忧；也有受限于历史条件下，顶层体制机制设计的模糊，制订相关配套政策文件中的缺憾；也有试点项目申办时不够科学严谨，受新型冠状病毒肺炎疫情及经济发展新常态下产业结构调整负荷发展不及预期的困难和挑战；也有参与者对电网行业运营发展缺乏全面准确了解，对改革的艰巨性、复杂性、系统性、渐进性研判不足，寄予了不够客观的期望和预期；同时，职能管理部门、监督监管机构在关键环节和难点问题上还需加大创新支持、坚持有为担当等多重因素。

省级电网、区域电网、增量配电网同属公共电网，享有平等的法律市场主体地位和权利，承担同等并带有区别的社会责任义务。这一点在国家相关部委、监管机构、地方政府的政策文件中早已明确。在新发展理念指导下，建议在下一步工作中重点考虑三方面内容：一是明确相关市场主体地位，界定市场主体的功能定位及区别联系，明确相关主体的经营权、发展权涵盖的基本权益；二是在市场主体地位明确的基础上，完善修订已出台的相关政策文件，形成完备科学的政策体系并加大宣贯力度；三是探索包括不对称监管在内的督导监督方式，指导帮扶市场主体尽快实现良性平稳运营，早日释放改革成果，以新发展理念构建新型电力系统，助力"双碳"目标的实现。

3.2.3.4 回归规律、回归本质、回归自我，加强自身能力建设，努力探索创新发展之路

任何改革都不可能一蹴而就，道阻且长，行则将至，这既是改革的规律，也是世间万物的发展规律。以发展的眼光看待发展的问题，我们今天面临的困难和分歧必将会得到有效的解决。增量配电网企业应对改革的艰巨性、复杂性、系统性、渐进性有清醒而全面的认识，在心理、战略、资源上应有充分的准备。星星之火如何燎原？离不开审时度势、客观实际和循序渐进。加强对行业及发展环境的学习和研判，根据企业自身情况，结合区域、行业发展实际，调整预期，积跬步至千里。政府、行业、客户对增量配电网企业给

予厚望，期待着新的市场主体在新的体制机制下走出一条创新发展的改革之路。作为新的市场主体，本质是把企业经营好，以创新高质量发展回应各方面的支持、关注或者是质疑。在改革环境、经济环境、市场环境都面临挑战的当下，如何活下来、谋发展，探寻适合自身的创新发展之路是企业经营发展的本质。客观来看，两百余家增量配电网企业在电网建设运营经验、资源实力、运营能力的各个方面确实参差不齐。既要正视差距，虚心向省级电网学习补齐短板，也要做到扬弃，取人所长摒弃所短，回归自我。发挥自身体制机制的优势在电网建设运营、生产技术创新、营销优质服务、行业作风建设、综合能源开拓、构建新型电力系统等方面"走正路、走新路"。改革是生产力和生产关系的优化，是市场和资源要素市场的再配置，根本目的是促进行业创新发展、服务地方社会经济又好又快发展。绝不能把前人已经犯过的错误和被普遍诟病的积弊改头换面再次粉墨登场。基于此，职能部门和监管机构对增量配电网企业的积极指导帮扶、加强行业监督监管显得尤为重要。

3.2.3.5　重构工业园区配售电体系是增量配电改革试点的必由之路

"中发36号文"明确提出："推进电网体制改革，明确以消纳可再生能源为主的增量配电网、微电网和分布式电源的市场主体地位"为增量配电业务改革试点的发展指明了方向。通过五年来的改革实践经验来看，增量配电网企业深陷在理顺配电价格机制、网间互联互通、公平接入电源等一系列困难和挑战中，企业难以获得合理的投资收益，难以支撑良性发展。依据资源禀赋条件因地制宜大力发展包括风、光、分布式燃机在内的分布式能源，率先在增量配电网内通过配售电体系的重构探索实践新型电力系统的构建，实现"源网荷储一体化"，多能互补综合能源服务的能源梯级消费利用模式，不仅有利于提升可再生清洁能源的消纳，更有利于增量配电试点实现良性运营，从而推动电力体制改革，实现能源革命。对于增量配电改革试点而言，重构工业园区配售电体系不是选择题而是必答题，也是必由之路。

3.3　园区配售电体系与智慧能源的协同发展

3.3.1　智慧能源发展概况及主要问题

智慧能源系统是一个比较宽泛的概念，它强调的是区别传统模式的能源系统，既包括微观的能源生产流程的智能改造、能源企业管理系统的智能升级，也包括中观的多能互补和能源系统的智能调节控制，是一个复杂的系统性工程。智慧能源系统代表着未来用户侧能源系统发展的方向，从某种意义上讲，智慧能源系统建设的过程也是我国现代能源体系建设的过程。

通过对工业园区智慧能源系统案例的分析发现，工业园区智慧能源发展取得了一些成绩，但整体仍然处于"步履蹒跚"的起步阶段，当前工业园区智慧能源发展概况和存在的主要问题包括以下几点：

1）智慧能源系统大多建立在多能互补基础之上，但缺乏真正的协同。目前油气、煤炭、电力等主要能源品种之间呈现条块化格局，缺乏协同体制与机制，物理网络上也呈现"孤岛"格局，短时期内难以实现多能源品类大规模多能互补。

2）智慧能源系统需要建立在能源开放共享的信息基础之上，但能源信息的开发还有待加强。目前能源信息以及基础设施还处在垄断、封闭的状态，智慧能源系统的顶层设计和大规模系统建设短时期内还难以实现。

3）智慧能源系统需要有市场机制的保障，但市场机制还不完善。目前能源体制机制还不完善，没有充分发挥市场机制作用，用户侧能源调度方式还是基于产供销高度一体化的大工业时代，而非主要基于市场机制和合约，短时期内还难以发挥智慧能源系统的最大优势，导致基于智慧能源系统的能源消费形态建设也较为困难，缺乏成熟的商业模式，盈利空间也十分有限。

3.3.2　协同智慧能源解决增量配电网发展难题

在园区建设增量配电网并开展配售电业务将面临如下问题：

（1）如何利用技术手段适应未来电力现货市场

《关于开展电力现货市场建设试点工作的通知》（发改办能源〔2017〕1453号）指出，2018 年底前启动电力现货市场试运行，并选择南方（以广东起步）、浙江等 8 个地区作为第一批试点，加快组织推动电力现货市场建设工作。与此同时，冷热电综合能源服务是增量配电网经营模式发展的一个趋势，增量配电网企业在提供冷热电综合能源服务时如何通过技术手段，减少将来现货市场价格波动的风险是现阶段需要认真思考的问题。

（2）如何从技术上保障保底供电服务

增量配电网企业最大的责任和义务是要承担面向非市场用户的保底供电服务。由于不像大电网拥有公益性、调节性发用电计划电量，增量配电网投资主体需要考虑保底供电服务的电量问题，具体而言，包括保底供电服务电量从哪里来、电量能否保证稳定、电量价格是否合理等几方面问题，为减少对外部电网的各种依赖，应考虑如何通过内部技术手段进行解决。

（3）如何通过技术手段提高增量配电网供电的安全可靠性

保障用户的安全可靠供电是增量配电网投资主体需要重视的问题。供电的安全可靠性不仅取决于增量配电网自身的网架结构和运行方式，也与外部电网的连接方式和调度方式相关。增量配电网企业希望能够与外部电网进行强连接，并且希望迎峰度夏时调度能够优先保障增量配电网的供电，但这是一个全局协调的客观问题，不以增量配电网企业主观意志为转移。但至少增量配电网企业可以通过内部技术手段减少外部不确定性因素。

（4）如何通过技术手段提升增量配电网的经济价值和社会价值

毫无疑问，增量配电业务的投资和运营是一项社会公益事业，所谓公益事业，意味着增量配电网的投资是一项"微利"行为。但这并不妨碍增量配电网企业通过技术创新提高投资价值。《有序放开配电网业务管理办法》（发改经体〔2016〕2120号）明确指出配电网运营者可有偿为各类用户提供增值服务，例如发电、供热、供冷、供气、供水等智能化综合能源服务等。利用技术创新提供增值服务不仅有利于企业提高投资收益，也有利于降低用户用能成本，创造更大的社会价值。

工业园区增量配电的发展虽然面临一些难题，但协同智慧能源共同发展将是这些难题的有效解决方案。园区型智慧能源和增量配电网都主要服务于园区，园区型智慧能源的主要特点是清洁、高效、智能、共享，它可以有效解决增量配电业务在园区发展的难题。

（1）提升增量配电网企业对未来现货市场的适应能力

园区型智慧能源的本质是通过用户用能需求分析，结合外部能源交易价格，根据各类分布式供能系统的固有生产成本、能源转换效率，选择整个系统能源生产成本最低、用户用能成本最优的开机组合方式，以此满足用户的各类用能需求。因此智慧能源系统一个突出的特点就是可以根据外部价格信号做出调整，增量配电网企业利用智慧能源更能主动适应未来电力现货市场甚至油气现货市场，减少现货市场价格波动带来的运营风险。

（2）加强增量配电网保底供电的服务能力

依靠外部电网和外部电源解决增量配电网的保底供电问题虽然是最简单的解决方式，但是无论是保底电量稳定问题还是价格问题，拥有自己的电源无疑是最主动的解决方式。智慧能源符合国家产业政策，在增量配电网区域建设智慧能源，能够从技术上解决保底电量的来源问题、稳定性问题以及价格透明问题。

（3）提高增量配电网供电的安全可靠性

智慧能源不仅为增量配电网提供了外部电网故障时的备用，也在外部电网迎峰度夏发生限电等情况下为内部用户提供可靠的电力来源。同时智慧能源的储能单元也使得运行方式更加灵活，对于提高增量配电网供电安全可靠性具有重要作用。

（4）提升增量配电网建设的经济价值和社会价值

智慧能源最直接的经济价值在于投资分布式电源的投资效益，用户也能够通过与本地分布式电源的交易减少对外部电网资产的利用，节省外部电网部分的"过网费"。同时用户侧分布式电源的合理配置也可以优化增量配电网网架结构，降低增量配电网建设容量，以此减少配电网的投资成本。因此，智慧能源的建设对于增量配电网企业以及用户均具有更高的经济价值，全局而言则是社会价值的体现。

智慧能源通过技术创新改善了园区能源供给和消费模式，增量配电网与智慧能源的结合无疑是园区能源绿色、安全、低碳供应的有效保障。随着电力体制改革的深入，园区配售电与智慧能源协同发展也将凸显更大的社会价值，并推动我国能源革命健康发展[4]。

3.3.3　工业园区智慧能源典型供能方案

根据工业园区生产方式的特点，其消耗的能源品种主要为电能、热能与天然气，同时对于供电可靠性要求也比较高。目前受配售电改革开发程度的约束，多数园区型智慧能源方案仍然以传统配电网为基础。

（1）装机方案

考虑到工业园区负荷存在用电、用热、用冷等多种用能需求，且用能数量大、节能空间广，因此智慧能源机组方案应具有利用多能互补、源网荷储协同技术为工业园区提供能源整体服务的能力，以满足园区多样化的能源需求，提高供能质量，为用户节约用能成本。

典型多能互补综合能源系统的形态示意图如图 3-9 所示。它将电、气、热、冷、氢等多类型能源环节与信息、交通等其他社会支持系统进行有机集成，通过对多类型能源的集成优化和合理调度，实现多类型能源的梯级利用，提高能源利用效率，提升供能可靠性。同时，多能源系统的有机协调，对延缓输配电系统的建设，消除输配电系统的瓶颈，提高各设备的利用效率具有重要的作用。在紧急情况下，当电力或天然气系统受到天气或意外灾害的干扰而中断时，多能互补综合能源系统可以利用就地能源为重要用户提供不间断的能源供应，并为故障后能源供应系统的快速恢复提供动力支持。该方案的配电网既可采用传统配电网模式，也可采用增量配电网模式，就前者而言由于"隔墙售电"开放程度还不高，影响了系统内部电力与用户负荷的互动；就后者而言，可以通过增量配电网的组网让其成为"源网荷储一体化"单元协同优化。在实际应用过程中，需要根据具体的环境和需求进行综合考虑。

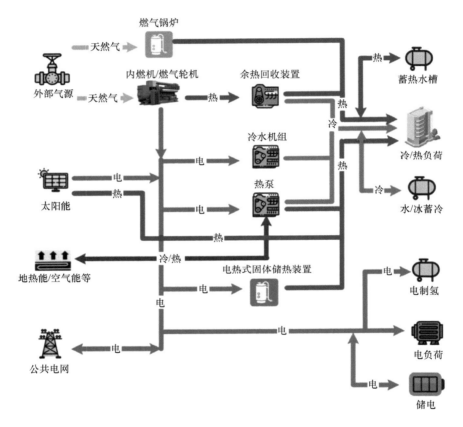

图 3-9　典型多能互补综合能源系统的形态示意图

（2）多能协同优化运行

工业园区智慧能源系统涵盖多种形式和特点的多能源环节，既包括可控性较强的能源环节，也包括控制难度较大的强间歇性能源环节；既包括容易存储和转换的环节，也包括难以大规模存储的环节；既包括底层设备的动态，也包括能源系统单元级别的动态，还包括多能耦合作用下的系统级别动态。本质上而言，从时间、空间和行为 3 个角度呈现多能流、多时标、高维数、大量非线性、多主体等极为复杂的形态特征[5]。

在具体建设时，综合考虑用户电价标准、燃气成本、设备造价和场地情况，以经济性为原则，因地制宜地优选屋顶光伏、内燃机、燃气轮机、余热回收装置、冷水机组、热泵、燃气锅炉、电热式高温固体储热装置、蓄冷蓄热蓄电等中的部分设备，组成冷热电多能协同供能设备，并以运营经济性最优的原则制定系统的开机运行方式，实现横向上"冷—热—电"协同供应、"光—储—燃—地热"互补运行，纵向上"源—网—储—荷"协同管控，分别如下：

1）"冷—热—电"协同供应：指供能系统或采用三联供机组实现冷热电的协同供应和化石能源的梯级利用；或者采用燃气、地热能、空气能、电能实现冷热的协同供应，采用燃机、屋顶光伏实现电力的生产供应。供能系统通过三联供机组、屋顶光伏、热泵、锅炉、储能等有机整合，组建多能协同供能系统，实现"冷—热—电"协同供应。

2）"源—网—储—荷"协同管控：指通过建设配电网、冷热管网，有机整合三联供、屋顶光伏、储能和负荷，并设立能量管理平台，组建微电网管控模式。微电网运营主体承担网内供电服务，对内组织分布式能源、储能和用户负荷之间的能源交易，建立购售双方自行协商的价格体系，构建冷、热、电多种能源市场交易机制，并通过统一协调、优化调度的手段，实现微电网内的自平衡；对外以整体形式与外部电网之间进行电力电量交易，并实现微电网与外部电网之间的网对网辅助服务。

3）"光—储—燃—地热"互补运行：指充分利用地热能的灵活装机方式，能够充分发挥能源品质间的可替代性/互补性，使得不同能源品种、不同设备之间能够灵活互补运行。如白天电力高峰期利用天然气供能，夜晚电力低谷期优先利用低谷电供能并蓄能；光伏、内燃机、地源热泵、储能协调运行，以平滑光伏出力，移峰填谷并削减尖峰负荷，通过设备的互补运行，保证系统运行的经济性。

3.3.4　园区型智慧能源发展建议

（1）企业先行先试，布局用户侧智慧能源供应

积极推进能源企业及其他社会资本先行先试，布局用户侧智慧能源项目。因地制宜实施传统能源与风能、太阳能、地热能、生物质能等能源的协同开发利用，优化布局电力、燃气、热力、供冷、供水管廊等基础设施，通过天然气热电冷三联供、分布式可再生能源和能源智能微网等方式实现多能互补和协同

供应，为用户提供高效智能的能源供应。

充分利用好国家和所在省、区、市在能源互联网、多能互补集成优化、分布式能源、微电网、增量配电业务、冷热电多联供、智慧能源城市建设等方面出台的相关政策，将智慧能源发展融入其中，探索用户侧智慧能源项目的落地。鼓励能源企业及其他社会资本对用户能源服务进行延伸，踏入能源需求侧末端服务领域，积极拓展增值服务，向创新型综合能源服务商转型进行探索。

（2）做好顶层规划，完善配套相关政策

加强工业园区智慧能源发展顶层设计。鼓励业务创新、管理创新、商业模式创新，建立推动智慧能源可持续发展的激励机制。引进和培养综合能源复合型人才，推动产学研结合，加强系统集成、优化运行等相关技术研发，推动技术进步和装备制造能力升级。

（3）跟踪项目情况，创新管理方式

定期跟踪重点项目建设进展和建成后运营情况，结合所在区域经济发展水平、可再生能源资源禀赋和消纳情况、节能减排目标等，针对不同的能源品种、协同互补技术等及其具有的创新意义，制定支持用户侧智慧能源项目建设和运营的配套政策措施。着重解决不同规划之间缺少协同、项目审批流程多、参与电力市场政策难以落实、财税及投融资方面缺少明确支持等问题，对于由相关政策性原因造成进展缓慢或运营困难的项目，协调推动解决共性问题。

（4）总结项目经验，推广新模式新业态

抓好重点项目建设，项目建成运营后，对项目的经济社会效益、技术创新性、运营机制创新性、商业模式创新性、项目技术水平和产业化前景进行总结。整合各类政策，因地制宜探索多能协同发展集成应用与管理体制、市场建设、价格机制改革等的结合，形成易于复制的有效模式，并在此基础上逐步推广。

参考文献

[1] 国家发改委，科技部，国土资源部，住房城乡建设部，商务部，海关总署公告. 2018 年版《中国开发区审核公告目录》[EB/OL].［2021-12-30］. https://www.ndrc.gov.cn/fggz/lywzjw/zcfg/201803/t20180302_1047056.html？code＝&state＝123.

[2] 商务部外资司开发区处. 2020 年国家级经济技术开发区主要经济指标情况［EB/OL］.［2021-12-30］.https://www.cadz.org.cn/index.php/news/info/id/34558.html.

[3] 中国能源研究会配售电研究中心与华北电力大学国家能源发展战略研究院. 2021 年度增

量配电发展研究白皮书 ［R/OL］.［2022-01-15］. https://energy. ncepu. edu. cn/zxdt/yjydt/18276a3db66c486185bd04b63f0a8bd0.htm.

［4］ 吴俊宏，冯俊其. 利用智慧能源解决增量配网发展的技术难题 ［N］. 中国能源报，2017-11.

［5］ 唐学用，赵卓立，李庆生，等. 产业园区综合能源系统形态特征与演化路线 ［J］. 南方电网技术，2018，12（03）：9-17.

乡村振兴战略下的
配售电重构

4.1　乡村振兴战略与碳中和战略协同发展的必要性

乡村振兴战略的实施将推动农村经济和乡村产业的发展，大力提升乡村用电负荷，这对传统乡村能源供应模式提出了很大的挑战。农村基础设施建设、生产经营、生活等用能将出现多种新需求和新特点，尤其是部分中心村规模逐年扩大，低压供电半径逐渐变长[1]，加之农村加工业、商贸业、服务业、特色优势产业逐步繁荣，用能终端电气化水平不断提升，带动农村用电量、用电负荷持续增长。如何与农村经济发展协调，是农网升级改造面临的新要求。

与此同时，我国双碳目标要求更大规模发展可再生能源，而可再生能源场地又大多集中在乡村地区。在乡村振兴和碳中和两大国策下，如果将乡村振兴战略下农村负荷的快速增长与碳中和目标下新能源的发展独立考虑，则会给两大国家战略同时带来难题：一方面，就乡村振兴战略而言，负荷增长的供电若仅依靠农村配电网的升级改造，将面临大量建设资金的压力，同时也会增加输电网向农村配电网供电的压力；另一方面，就碳中和目标大力发展可再生能源而言，如果乡村地区贡献了大片优质土地资源用于建设可再生能源，将使得乡村地区失去发展其他产业宝贵的土地资源，并且如果这些土地资源仅用于可再生能源发电而无法带来其他产出价值，也将降低乡村单位土地的亩产。更进一步考虑，如果乡村地区仅考虑可再生能源的发展而没有相适应的乡村振兴下的负荷增量，那么由于本地没有足够的负荷消纳，农村地区新增的可再生能源只能长距离送至主网，不仅增加了网损还将带来更大的电网调峰压力。

但是如果将乡村振兴与碳中和两大国策同时考虑，我们就会发现一个很完美的乡村能源转型与乡村产业耦合发展的解决方案，即以乡村振兴和双碳战略为指导，以新能源资源和土地为导向，因地制宜发展乡村产业，一方面在乡村地区大力发展了可再生能源，另一方面通过乡村产业负荷消纳这些新增的可再生能源。在农村配电网体系下实现源、荷的同步发展。

然而农村配电网源、荷最终能否实现互动与高效利用，还有一个体制机制的保障问题，即能否就近隔墙售电、能否有更积极高效的配电网提供保障。这些体制机制改革措施如果在乡村能够得到有效实施，那么我们就能够在新能源产出地直接消纳掉新能源，真正做到"源网荷"互动[2]，同时由于在电网末端源头就解决掉新能源与负荷的匹配问题，也减弱了新型电力系统面对新能源大力发展带来的输电网建设成本和调峰压力等相关难题。

与此同时，鼓励社会资本投入保障乡村振兴的能源基础供应领域，是解决乡村振兴农村配电网基础薄弱、农村能源转型压力的重要措施，也是解决碳中和战略下农村地区大量可再生能源发展消纳与送出问题的关键。中央已然认识到社会资本以及体制机制保障措施对于乡村振兴与碳中和战略的重要作用，2022 年 1 月，国家能源局、农业农村部、国家乡村振兴局联合发布的《加快农村能源转型发展助力乡村振兴的实施意见》明确指出，"引导企业、社会资本、村集体等多方参与，建设新能源高效利用的微能网，为用户提供电热冷气等综合能源服务。完善配套政策机制，推动增量配电企业发展综合能源服务，创新发展新能源直供电、隔墙售电等模式"[3]。由此可见，利用体制机制改革的契机实现"源网荷储一体化"发展，可对保障乡村振兴能源绿色、低碳、安全、高效供应发挥重要作用。

未来，乡村振兴下农村配电网的发展绝不仅是传统农村配电网改造满足负荷增量的问题，还将充分结合农业产业的土地复合利用、可再生能源发展与消纳、建设资金成本与收益、体制机制改革等问题共同发展。

4.2　新型农村配电网是实现乡村振兴的关键

习近平总书记在党的十九大报告中指出，农业农村农民问题是关系国计民生的根本性问题，必须始终把解决好"三农"问题作为全党工作重中之重[4]。2020 年 12 月，中央农村工作会议提出"要举全党全社会之力推动乡村振兴"。

在当前新发展格局下，全面推进乡村振兴具有战略性的意义。首先，城乡差距是我国发展不平衡、不充分问题的重要体现。虽然脱贫攻坚战已经打赢，消除了绝对贫困和区域性整体贫困，但相对贫困依然存在，解决好发展不平衡不充分问题，重点难点在农村。其次，乡村振兴与我国的粮食安全、生态屏障、能源安全等问题紧密相连[5]，应对国内外各种风险挑战，基础支撑在乡村，迫切需要稳住乡村基本盘。

农村能源革命与乡村振兴相辅相成，农村能源是乡村生产生活重要的物质基础，并作为必要的基础设施带动其他产业发展；农村生产生活发展亦将推动农村能源消费升级。电能在未来农村能源供应体系中处于中心位置，是农业生产发展、农民生活水平提高、农村环境改善的重要保障[6]。要推进农村能源消费升级，首先是完善农村能源基础设施网络，推动农村配电网改造升级，建设新型农村配电网。

然而，由于农村地区处于电力系统的末端，长期以来农网建设较为薄弱，农网容量和安全性不及城市配电网，农网全年利用率不高且网损大。在这种情况下，一方面农网电力无法完全保障农村更高质量生活的用电，比如电锅炉替代燃煤锅炉取暖；另一方面，农网电力也无法支撑乡村振兴国家战略下乡村产业经济发展。因此加快农村能源转型就迫在眉睫，因为它不仅是农村居民生活质量提高的基础，也是农村产业发展的基础[2]。在此背景下，2022 年 1 月，国家能源局、农业农村部及国家乡村振兴局联合印发了《加快农村能源转型发展助力乡村振兴的实施意见》，结合乡村振兴战略提出发展增量配电网、隔墙售电等模式创新，为乡村振兴战略下的负荷发展需求提供了充分、清洁、安全、低廉的能源保障，通过在末端"源网荷储一体化"发展模式减少整体电力系统投资成本和运行安全压力，同时在城市配售电改革陷入胶着状态下通过"农村包围城市"的战略进一步推动配售电改革。

4.3　我国农村配电网发展任重道远

4.3.1　"十三五"以来我国农村配电网加速发展

虽然自 1998 年以来，我国农村电网经过三轮升级改造，现代配电网络设施与服务体系的框架基本形成[7]，但农村配电网建设相比城市配电网仍然相对落后。2015 年国家发展改革委、国家能源局相继发布《国家发展改革委关于加快配电网建设改造的指导意见》和《配电网建设改造行动计划（2015—2020年）》，我国配电网建设快速发展[7]。2020 年，新一轮农网改造升级、"三区三州"和抵边村寨农网改造升级等配电网建设工程完成[8]。至此，我国已建成了规模大、覆盖面积广、受益人口多、供电质量高的农村配电网。

4.3.1.1　投资不断加大

2015 年以来，我国电网投资逐步向配网、农网倾斜。国务院部署实施的新一轮农网改造升级中共安排下达农网改造升级中央预算内投资 532 亿元，撬动企业自有资金、银行贷款等社会资金 1259 亿元，共完成 160 万口农村机井通电，涉及农田 1.5 亿亩⊖；为 3.3 万个自然村通上动力电，惠及农村居民 800 万人[8]。

⊖　1 亩 = 666.6m²。

4.3.1.2　网架结构不断优化

网架结构方面，110（66）、35kV 农网辐射式结构比例在 2015 年为 42.81%，至 2019 年降低 4 个百分点，主变压器、线路 N-1 通过率也提升了 4 个百分点以上。10kV 农网线路以辐射式架空网为主，联络率由 2015 年的 43.58% 至 2019 年提高了近 20 个百分点，线路 N-1 通过率也由 37.41% 提高至 55.74%[8]。

4.3.2　我国农村配电网当前仍然相对滞后

农村地区，特别是偏远脱贫地区，长期以来都是我国能源产业发展的监管盲区与技术推广应用滞后区，能源基础设施薄弱，用能质量和能源供给保障能力明显低于城市。当前农村配电网仍存在底子薄、历史欠账多、发展相对滞后、发展能力不足等问题，配电网发展不平衡不充分的矛盾仍旧突出[9]，供电质量不够高、配网结构与设备问题依旧突出。在双碳目标下农村能源和配电网发展已成为制约乡村振兴的重要瓶颈，有必要进一步改造升级。

4.3.2.1　供电质量还不够高

由于电网建设的历史原因和经济社会的快速发展，我国农村部分地区电力供需偏紧、末端电压质量低的情况时有出现。主要由于在农村电网建设刚刚起步时，我国经济还比较落后，人力、物力投入不足，农村电网的规划与建设只能局限于当时的需求水平，加之技术水平的局限性，存在着各种各样的问题，如变电站数量较少或布局不合理、变电站容载比偏低，导线截面小等[7]。虽然经历了几轮大的升级改造，但由于农村大多偏远分散，农村配电网涉及范围大，系统、设备复杂，系统、彻底地改造所需人员、资金、技术缺口都还较大，末端电压质量低的情况仍然没有得到根本解决。另一方面，随着农村城镇化建设和乡村在电气化的推进，农村生产生活用电量不断增长，尤其是农业生产季节周期波动大，在春灌秋收、逢年过节，特别是在天气干旱的抽水季节，用电负荷相对过于集中，易造成配电变压器负荷率不高或者过负荷运行的现象[10]。

4.3.2.2　发展不平衡问题突出

我国地域辽阔，区域经济发展不平衡问题仍然突出，东西部之间、城乡之间经济发展水平差距大，导致各地农村配电网发展目标、建设基础、政策环境、规划理念方面的差别。另一方面我国各地资源禀赋、气候环境差别大，导致能源消费需求、习惯与结构方面也存在诸多差异。由此带来发展差异大、区域不平衡问题。

4.3.2.3 网架结构与设备问题仍然突出

与前述问题类似，由于早期中压配电网发展规划落后，建设缺乏规范，网架被动跟随用户，导致网架结构复杂、供区相互交叉等问题突出，整体效率水平不高，不能满足高可靠性要求[11]。同时，受经济发展的影响，农村配电自动化水平还没有普及，设备技术水平整体不高。

4.3.2.4 精益化管理措施不到位和专业力量配置不足

一是规划过程精细度不够，难以实现精准投资，导致部分真正的配电网发展需求，不能转化为可落地的规划项目，甚至导致规划投资偏差较大。二是规划、建设、运行统筹不够，配电网需要电网公司及省、地市、县等各级规划管理部门与支撑力量通力合作，共同参与[12]。三是专业力量配置不足，由于经济发展与人才流动等因素，农村配电网普遍存在专业力量不够强、相关业务不够精、技术支撑手段不够强等问题[13]。

4.4 从国外实践来看农村配电网如何推动乡村发展

4.4.1 国外案例

4.4.1.1 美国

美国在 20 世纪 30 年代实施了农村电气化计划，在此之后，其政府一直在农村配电网建设方面起重要作用。美国的农村配电网发展主要是由私人投资建设，但其政府仍通过农业部下属的农村电气化局提供诸多支持，主要包括：财政支持、技术援助与法律援助，制定运行与管理规范、标准和提供适当的培训等[14]。

1935 年，美国通过了农村电气化法令，设立永久性机构农村电气化局，局长由总统直接任命，负责向农村电力合作社发放长期低息贷款，用于建设电厂、输电线路和配电线路[14]。1994 年农村电气化局改组为农村公共事业服务局，继续负责电力、通信等发展计划的实施与执行[15]。1942 年，各地农村电力合作社共同组建了全国性服务机构全美农村电力合作社协会，通过国会代表农村电力合作社及其所服务用户的诉求，是美国政府与农村电力合作社之间沟通的重要渠道[14]。1980 年，美国开始电力市场化改革，实施"厂网分离，竞价上网，政府（议会）定价"，并随后进行了输电的改革。1996 年联邦政府发布了 888 号法令，提出打破配、售环节的垄断经营，政府只对输电、配电环节的过网费进行控制，电力供应和销售根据市场需求通过市场竞争定价[16]。

4.4.1.2　法国

法国的农电管理体系自上而下设置得十分全面。在国家层面，由法国政府所有的法国电力公司负责农村电力设施的建设、更新、改造以及用电管理[16]。在农业部层面，设有专门农电管理部门负责农村电力设施的投资与管理。在地区层面，各地配电中心也设有农村电力管理机构，负责本地区的农电建设与管理[17,18]。除此之外，法国政府还设有农村电气化特别基金会，由法国电力公司与地方政府等负责资金的收取、管理和使用[14]。

4.4.1.3　日本

自 1902 年，日本开始向农村供电，主要目的是支撑灌溉和排水所需电力。至 1942 年，农村照明用电逐渐增加，并在农作物育秧、加工、畜牧业等生产活动中进行应用[14,17]。

日本在全国设立九家电力公司，在各公司内部设配电部，负责配电网的管理。各电力公司下设地区分公司管理一个地区的输、变配、用电，再下设营业所与电力所，营业所负责配电营销业务，负责农村电力网的建设、维护、改造和农民家用电器的安装，为用户提供供电方案、设计施工方案，开展安全用电宣传，参与本地区的经济开发、规划及环境建设等。电力所负责输变电运行、工程设计、设备检修等业务[14]。在农村设农村电力服务站，一般为退休老工人，主要负责抄表收费业务。

4.4.2　经验总结

作为电力产业链中连接电源与用户的关键环节和电力市场交易的重要平台之一[19,20]，农村配电网的发展一直是各国普遍关注的重要领域，在各国乡村发展过程中起到了重要的支撑作用。

在东亚乡村振兴中将减小城乡差距作为目标，其中以日本的造村运动和韩国的新村运动为主要代表[21]，日本通过运用财政支付大量投资，用于农村配电网等基础设施建设，改善农村生产生活环境；韩国重新规划、大规模修建配电网、桥梁道路等基础设施，提升水、电供应系统能力，并充分利用太阳能、风能等新型能源，进而改善乡村居住条件[22]。通过新村运动，韩国农村基本实现现代化。

西欧国家的乡村振兴较关注乡村的生态环境、景观保护以及文化条件等方面的建设，较典型的有德国的村庄更新、荷兰的农地整理、瑞士的乡村建设和法国的农村改革等[21]。以德国的村庄更新为例，政府将乡村建设和水、电网络等农村公共基础设施完善作为村庄更新的重要任务，实现政府对农村社会的改善。直到 20 世纪 90 年代，经济和科技进一步发展，德国的村庄更新开始融入科学生态发展元素，逐渐将乡村的文化价值、休闲价值和生态价值提升到与经济价值同等重要的地位[23]，同时，可再生能源逐渐受到重视。

在北美的乡村振兴建设中，追求城乡一体化，关注农村的经济、政治平衡发展，以美国的乡村小城镇建设和加拿大的农村协作伙伴为代表[21]。以美国为例，主张通过建设小城镇实现农村社会的发展，通过实施乡村公共基础设施支持多元化的投资计划为农村构建完善的公共服务基础设施和发达的交通条件，进而实现对大城市的人口分流。在乡村建设过程中，美国政府对乡村规划、布局严格要求，将给水通、排水通、电力通、电讯通、热力通、道路通、煤气通和场地平整作为重要的建设要求[24]。

在各国乡村振兴过程中，农村配电网作为重要的基础设施发挥了重要作用。同时，农村配电网供电的线路长、投资大、成本高，用户分散、消费量低、支付能力弱，经济效益较差，农村电气化工程的长期推进离不开政府的支持[22]。

另外，农村配电网是输配电体系的重要组成部分，其建设、发展需要纳入输配电体制改革统筹考虑；同时，农村配电网的发展与服务政策同农村基础设施建设和乡村经济发展紧密相关，在政策上也与国家农业政策的关联密切，因此也要与乡村发展统筹考虑，难以完全依靠市场机制解决农村配电网发展问题[19]。

总的来看，为了支撑农村配电网持续发展，满足农村生产生活用能需求，促进乡村振兴，各国采取的主要措施包括：

1）加强管理力度。如专门设立农电发展管理部门。

2）增加资金支持。积极推进农村配电网的市场化投融资，调动社会投资主体的积极性[25]。

3）因地制宜，因时制宜。结合各地区特点，以成本最低和电力普遍服务为原则，建立适应当地特点、适宜当前发展阶段的农村配电网体制。在通电率比较低的阶段，配电网建设的首要目标应是实现初步电气化；在初步建成基本通电后，逐步考虑升级改造，提高服务质量等[19]。

4）加强政策保障。为农村配电网发展专门立法，并提供金融政策、特殊电价政策、农村电力普遍服务补偿政策等一揽子支持、扶持政策[25]。从美国等农电发展比较好的国家经验来看，对农电的支持政策不仅仅起作用于农村电气化的初级发展阶段，而在此后农村发展的各个阶段也起着显著的推动作用[14]。

4.5 未来农村配售电体系发展建议

4.5.1 乡村配电网与新能源发展统筹规划

考虑到我国东西部区域之间、城乡之间配电网及相关经济社会等差异化现状以及农村配电网在电力系统、乡村振兴中的重要作用，农村配电网的规划、建设需要加强与区域总体规划、乡村总体规划和新能源、电动汽车等新型产业及相关基础设施规划的统筹衔接[7]，需要综合考虑各类投资主体的规划技术原则，需要开展农村新型配电网规划研究，因地制宜制定发展方案，统筹考虑农村配电网建设、更新，避免过度投资和无序建设，按需稳步推进农村配电网发展，发挥规划的引领作用，实现新能源等多种新型主体的有序建设和接入，并制定优化调整方案。通过统筹规划适应新型电力系统构建，适应单向无源网络向供需互动的有源网络演变，适应新能源的强随机性、间歇性带来的消纳问题。

4.5.2 加强供电能力助推乡村电气化

着力推动乡村电气化进程，提高农村生产生活用能质量。一是通过农村配电网发展支撑电能替代，提高终端用能电气化水平。推动以电代煤、以电代油、以电代气，构建以电力为中心的终端能源消费格局，挖掘各领域电能替代潜力，促进终端用能清洁化、便利化、高效化。全面拓展农业领域电气化市场，推动农业生产技术升级。二是通过农村电气化提升设备能效，提高能量利用效率。三是在具备条件的农村开展零碳乡村建设试点，建设以村、镇为单位的基于配电网的能源革命示范区，为未来乡村全面绿色转型积累经验。

4.5.3 协同发展多能互补与源网荷储一体化

我国农村土地空间广阔，具有丰富的风、光等新能源资源，同时用电负荷分布分散，采用集中的电力输配方式投资高、损耗大，宜建立分布式发电、就地消纳的电力模式，符合能源转型由化石能源向新能源，由集中生产转向全民参与的分布式产销结合的特征。未来将不断提高新能源在农村电源结构中的比重，实现规模化、多元化、市场化发展。加快发展推广屋顶光伏系统及分散式风电系统等分布式能源，在偏远农村地区推动"农光互补""林光互补"等新能源综合解决方案[26]。

农村配电网未来将承担多种能源在消费方式、转换利用等方面的多元化需求，需要积极推动多能互补的综合能源服务，发展以电为中心的综合能源服务体系，构建智能互动、开放共享、协同高效的现代乡村电力服务平台，满足各类分布式发电、用电设施接入以及用户多元化需求。通过以电能为核心，电、气、热、冷在农村配电网平台的多能融合互补，实现能源系统灵活性、可靠性与经济性。需求侧响应是提高电力系统灵活性的重要途径。通过发展有源负荷和用户侧储能，引导乡村新兴产业和村民等各类用户优化用电模式，释放用电弹性，增强针对随机性电源的灵活互动。依托电动汽车与电网互动、需求侧响应等技术，在农村配电网平台聚合各类用能终端、储能等设备，发挥可控负荷的集群规模效应，推动各类主体灵活互动，提升系统运行灵活性。

4.5.4　加强农村配电网体制与市场机制创新

随着乡村振兴战略的深入，农村地区将出现大量居民用电以外的用电负荷类型，包括一产、二产、三产用电，另外碳中和战略也将催生乡村地区大量的新能源项目。未来，乡村地区将涌现更多的市场主体。如何协调各市场主体协同发展，满足市场主体经济安全用电的同时高效消纳新能源是电力市场机制以及乡村地区配售电改革需要重视的问题。

"十四五"期间，需要加快破解各类市场机制障碍，通过电力市场机制、运行机制、价格机制的不断完善，发挥好市场配置资源的决定性作用和更好地发挥政府作用，加快建设适应新能源快速发展的统一开放、竞争有序的电力市场体系，农村配电网作为电力系统的重要板块，需要进一步加强市场机制创新，提升其中各类主体参与市场的积极性，推动新型技术和商业模式在乡村落地实施。

引导企业、社会资本、村集体等多方参与，建设新能源高效利用的微小电网，为用户提供电、气、热、冷等综合能源服务。加快推进以促进乡村振兴产业为目的的"隔墙售电"、增量配电网、微电网等业态形式，全面助力乡村振兴与碳中和战略发展。

参考文献

[1] 何丰伦. 农网改造遭遇新旧多重困境［J］. 瞭望，2017（38）：2.

[2] 韩逸飞，杨晓冉. 增量配网业务将成农村能源转型抓手［EB/OL］.［2022-02-09］.http://

paper.people.com.cn/zgnyb/html/2022-01/17/content_25899298.htm.

［3］中华人民共和国中央人民政府. 关于印发《加快农村能源转型发展助力乡村振兴的实施意见》的通知［EB/OL］.［2022-02-09］.http://www.gov.cn/zhengce/zhengceku/2022-01-07-content_5666809.htm.

［4］习近平：决胜全面建成小康社会夺取新时代中国特色社会主义伟大胜利——在中国共产党第十九次全国代表大会上的报告［EB/OL］.［2022-02-09］.http://www.xinhuanet.com/politics/19cpcnc/2017-10/27/c_1121867529.htm.

［5］张婷. 坚强电网支撑农业农村现代化——访中国农业大学文科讲席教授，国际发展与全球农业学院名誉院长李小云［J］. 国家电网，2021（04）：22-23.

［6］吴莺莺，谭雪，张玥，等. 振兴农村能源决战脱贫攻坚［J］. 国资报告，2020（06）：4.

［7］何强. 县域配电网建设面临的问题与发展前景［J］. 中国电力企业管理，2019（05）：2.

［8］赵冉. 配电投资连超输电网架结构迭代升级［EB/OL］.［2022-02-09］.http://www.cpnn.com.cn/shouye/yaowen/202102/t20210226_1348891.html.

［9］赵庆波. 电力体制改革逐步深入配电网发展进入新的历史时期面临着前所未有的机遇与挑战［EB/OL］.［2022-02-09］.https://epaper.sgcctop.com/201807/03/.

［10］冯虎，周海峰. 我国农村电网发展现状及问题研究［J］. 大众用电，2021，36（01）：47-48.

［11］赵庆波. 强化规划引领加快建设一流现代化配电网［EB/OL］.［2022-02-09］.https://epaper.sgcctop.com/201807/03/.

［12］王元东，彭朝德，王东亚. 论农村配电网存在的问题及解决方案［J］. 电工文摘，2014（04）：3.

［13］王关区，刘小燕，吴晶英. 内蒙古县域经济发展面临的问题及对策［J］. 北方经济，2013（15）：5.

［14］王抒祥，蒋莉萍，陈立斌. 国外农电管理经验及对中国的借鉴［J］. 电力技术经济，2003（05）：68-71.

［15］邹宝钦. 美国农电管理经验及对我国农电管理体制改革的借鉴［J］. 亚太经济，2004（05）：3.

［16］吴文清. 农村电力管理体制研究［D］. 杭州：浙江大学，2006.

［17］孙镇. 甘肃省农电体制改革方案设计［D］. 兰州：兰州大学，2011.

［18］袁建普. 深化农电改革发展有关问题的研究［D］. 保定：华北电力大学，2007.

［19］陈磊，郭铁民. 电力体制改革的国际比较与启示［J］. 福建论坛：人文社会科学版，2012（06）：4.

［20］朱成章. 国际电力体制改革的启示［J］. 中国电力企业管理，2012（04）：2.

［21］沈费伟，刘祖云. 发达国家乡村治理的典型模式与经验借鉴［J］. 农业经济问题，2016（09）：10.

［22］朱红根，宋成校. 乡村振兴的国际经验及其启示［J］. 世界农业，2020（03）：9.

［23］刘晓宇. 发达国家科技资源共享的经验与借鉴［J］. 实验室研究与探索，2014，33
（06）：5.

［24］赖福东. 科技创新为美丽乡村建设提供强大支撑［J］. 经济研究导刊，2014（09）：3.

［25］唐虹，奎伯勒. 瑞士财政平衡体制改革及其启示［J］. 经济社会体制比较，2014
（01）：7.

［26］王乾坤，徐珊. "十四五"电力投资如何布局？［J］. 能源评论，2021（08）：6.

配电定价机制重构

增量配电改革是我国新一轮电力体制改革的一大亮点，但当前的定价机制难以保障社会资本获取准许收益，导致改革进展缓慢。集"调、输、配、售"功能于一体的传统电网企业通过设置不合理的输配电价级差，挤压配电企业的盈利空间，迫使其退出市场竞争。本章将应用产业经济学和管制经济学理论，探索重构配电定价机制，对增量配电改革初期处于不对等竞争地位的市场主体可以设定"不对称"的权利义务，使新入配电网企业能够获取特许经营协议中约定的合理准许收益，市场主体得以开展适度有效竞争，从而推动配电环节实现激励规制目标和突破改革瓶颈。本章的研究思路对其他具有自然垄断属性的城市公用事业市场化改革也具有一定的借鉴意义。

5.1 研究背景及思路

"中发9号文"吹响了新一轮电力体制改革的号角，目的是建立以市场竞争机制、兜底服务机制、绿色发展机制和区域协调机制这四部分为支撑，以电力产业体系为基础和政府管理体制为保障的"六位一体"架构的我国现代电力市场体系。本轮电力体制改革的重要举措和亮点之一，便是以具有自然垄断属性的配电环节为切入点，向符合条件的市场主体放开增量配电网投资，以混合所有制方式发展增量配电网和售电业务。配电改革在促进提升供电服务水平和经营效率方面已初见成效。

配电是指拥有配电网运营权的配电公司向用户配送电能，并依法经营的配电网，原则上指110kV及以下电压等级电网和220kV（330kV）及以下电压等级工业园区（经济开发区）局域电网，是省级电网的向下延伸，是向用户供电及"最后一公里"。增量配电网投资业务可以从功能和产权两个维度分类。按照功能划分，增量配电网投资业务包括自供区配网、新建的供电范围清晰且相对独立的配电网络；按照产权划分，增量配电网投资业务包括非传统电网企业投资的存量配网、以混合所有制方式投资的新增配电网和增容扩建。电力体制改革"放开两头、管住中间"的所谓"中间"，就是具有自然垄断属性的输、配电网环节，其中配电网环节的垄断属性相对较弱，配电就是力图在此环节试点开展市场化改革。

配电和供电服务是配电企业的核心业务，通过收取配电服务费回收配电网投资成本和运营成本，配电价格机制则是保障配电服务费合理收取的关键。但由于现行输配电定价机制存在弊端，定价模型及成本监审办法受制于集"调、输、配、售"职能于一体的传统电网企业的强大市场力量，还在一定程度上受制于监管俘获，未能完全排除输配一体化下的交叉补贴，未能有效避免准许成本和有效投资的不合理计入，由此造成输配电价失真和级差设置不合理。导致配电企业难以获取合理投资收益，市场主体和社会资本的投资热情逐步降低，改革进程举步维艰。本章在国内外输配电定价和监管机制的研究基础上，具体分析我国当前的输配电定价方式，揭示其与配电改革的机制不相容性，基于不对称管制理论重构了一个适用于我国配电业务改革的新定价机制。

5.2　输配电价研究现状

输配电价是指电网企业提供接入、联网、电能输送和销售等经营服务的价格总称。只有核定合理的输配电价才能保证配电公司与输配企业的结算具有公平性和合理性，从而吸引社会资本参与配售环节市场化改革，打破现有垄断格局，充分发挥市场的资源配置作用，形成有效竞争机制，提高供电服务效率和质量。

电价的基础是成本，输配电价因相关环节具有自然垄断属性而需要管制，因此梳理国外输配电定价机制的研究，可归为成本分摊方法和价格监管机制两方面。在我国除了增量配电网和地方电网，总体上输配糅为一体，在国外输电价和配电价往往分开讨论，本节侧重于配电环节。

就配电成本分摊方面，英国对超高压和高低压配电网分别采取不同的成本分摊方法，超高压配电网采用 LRIC 模型，而在高压和低压配电网采用 DRM 模型，前者能体现用户的位置信息，后者能反映峰荷场景下用户对配电网的使用程度；美国、澳大利亚等国家都基于邮票法分摊配电成本，并根据用电时段和用户用电量等因素形成差异化的配电价格。

就价格监管方面，管制模型主要有两类，即成本加成管制模型（投资回报率管制模式）和激励性管制模型（基于绩效的价格上限和收入上限管制模式）。Stein 和 Borts 等，Thoma、Mirrlees-Black、Campbell、Avdasheva 和 Orlova 等国外学者分析了两种管制模型的优缺点，重点讨论了"A-J 效应"，以及成为被管制企业与监管者博弈焦点的效率因子 X。各国普遍对电网企业进行绩效奖惩考核，以激励企业提高运营质量，国外价格监管机制的对比分析见表5-1。

电价是配电改革乃至整个电力体制改革的核心，制定合理输配电价的重要性不言而喻。只有对电网的输配电成本的独立和规范运作彻底厘清，才能够有序放开竞争性环节电价，有序向社会资本开放配电业务。

表 5-1　国外价格监管机制的对比分析

国家	监管机制	主要思路	局限性	适用条件
英国俄罗斯	价格上限管制	事先限定企业不能超过的平均价格水平，并根据物价指数和企业的效率因子对电价进行调整	易造成企业为降低成本而降低服务质量；合理的价格上限水平难以确定，因此，通常需要同标尺竞争管制配合使用	对电网企业的成本信息存在不确定性时
美国法国	准许收入管制	通过规定电网企业的收益率，间接控制价格，保障企业的收入需求。并配合一系列绩效监管，激励企业提高服务质量	易造成 A-J 效应，即在规定的投资回报率下，企业为获得更多的利润，进行过多的资本投资；由于成本信息的不对称性，电网企业可能会虚报成本	鼓励电网企业投资建设时
澳大利亚巴西	收入上限管制	限定企业的最高收入，激励其降低成本使收益最大化	对基础数据要求较高，政府管制成本较大；不利于促进销售量的增长和同行业的竞争	对电网企业成本信息掌握充足时

我国输配电价经历了复杂的改革历程，如图5-1所示。目前我国的输配电价结构也正逐步过渡为跨区跨省专项工程输电价、区域电网输电价、省级电网输配电价和配电网及地方电网配电价格四级。"中发9号文"的配套价格文件对成本在不同层级间的分摊提出了明确的方法。在价格监管方面，张宗益、赵会茹、姚斌、杨娟、金东亚等国内学者对两种管制模型进行了相关分析和改进，试图构建适合我国实际情况的两阶段输配电价格综合管制模型。

具有鲜明中国特色的配电业务改革是输配体制改革的先导，健康的配电业务开展必须有合理的输配价格作为支撑。尽管国内外在输配电价方面已有较多研究，但由于国外没有相关配电情景，所以简单地将国际理论套用至中国必然水土不服。探索符合中国国情和配电改革实际的输配电价理论显得尤为重要。

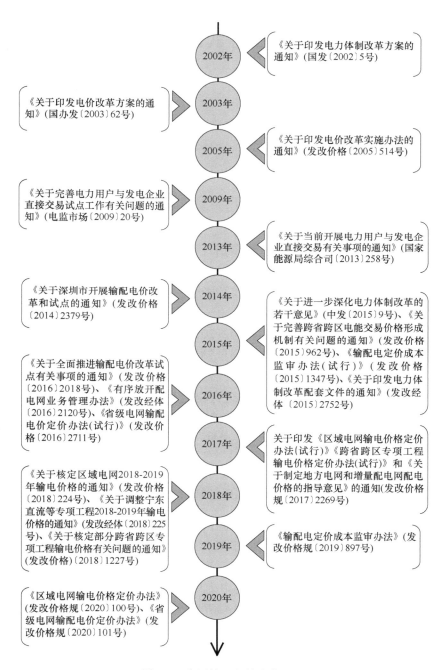

图 5-1　我国输配电价改革历程

5.3   现行输配电价定价方式及弊端

5.3.1   我国现行输配电定价方式

我国现行的基于"准许成本+准许收益"的准许收入价格管制模型，实质上就是国际上常用的投资回报率管制模型。目前我国对于跨区跨省专项工程输电价、区域电网输电价、省级电网输配电价均采用该模型。

该价格管制模型可以表示为

$$RR = C + InR = C + RB \times ROR \tag{5-1}$$

式中，RR 为电网企业年度总收入，每个监管周期（三年）核定一次总收入；C 为年度准许成本，包括折旧、运行维护费及税金等；InR 为年度准许收益；RB 为计算投资回报的基数，即有效资产；ROR 为准许投资回报率。

作为中国特色社会主义市场经济，我国输配电价也需要服务于国民经济的宏观调节职能。2018 年政府工作报告提出"降低电网环节收费和输配电价格，一般工商业电价平均降低 10%"的目标；2019 年政府工作报告也指出，深化电力市场化改革，清理电价附加收费，降低制造业用电成本，一般工商业平均电价再降低 10%。也就是说，实际上，我国输配电定价方式实行的是"投资回报率+行政指令"的并行模式。因此我国现行输配电价定价模型可以调整表示为

$$RR = C + InR = C + RB \times ROR + AC \tag{5-2}$$

式（5-2）在式（5-1）的基础上，增加了参数 AC，代表行政指令带来的收入变化，正负皆有可能。

5.3.2   现行定价机制与配电改革的逻辑不自洽

准许收入法中的准许成本和准许收益的核定是测算输配电价的关键。无论如何，配电在正常投资及经营下均应享有合理收益，但如果价格机制不合理造成配电企业的合理投资收益无法保障，就违背了该定价方式的初衷。配电企业获得的收益 A（配电服务费）取决于与电力用户的结算费用 B，向外部电网缴纳的结算费用 C 以及配电企业的成本 D，$A = B - C - D$，显然只有 $B > C + D$，才有可能实现正的收益。

但目前的实际情况是，各省市根据"用户承担的配电网配电价格与上一级电网输配电价之和不得高于其直接接入相同电压等级对应的现行省级电网输配电价"，即用户终端输配电价不得增加的基本原则，以及参考省级电网输配电价

与外部电网结算的原则，锁定了配电网获取配电服务费的最高价格空间。而这个最高的价格空间，根据大多数省份的输配电价表进行测算，不仅无法满足配电企业的合理收入，甚至还有不少差距。

显然，配电现行价格机制的逻辑不能自洽，一方面鼓励基于"准许成本加合理收益"的定价方式去制定配电价格；另一方面又把配电价格空间限制在无法达到合理收益的省级输配电网电压级差范围内。逻辑不自洽的原因在于，现行省级输配电价表的定价模型及未能完全排除输配一体化下的交叉补贴，未能有效避免准许成本和有效投资的不合理计入，同时成本监审又受制于集"调、输、配、售"功能于一体的传统电网企业对政府主管部门的监管俘获，由此造成省级输配电价表不能反映各电压等级的真实成本，且不同电压等级之间，尤其是配电网涉及的 110kV、220（330）kV 及以下的电价级差设置严重不合理，对配电企业有明显的针对性。

我们注意到，部分省市开始尝试突破配电网与上一级电网的原有结算费用方法，试图承认配电网的电网主体地位，但仍或多或少参考省级输配电价表，且未与配电企业的合理收益挂钩。例如河南省发展改革委《关于印发我省增量配电网配电试行价格意见的通知》（豫发改价管〔2018〕1000 号）文件要求："配电网与省级电网结算的电度电价按现行省级电网相应电压等级输配电价的电度电价执行，各自承担其供电范围内的线损。配电网与省级电网结算的基本电价标准按省级电网在该配电网所在市（县）域范围内对该配电网项目完成的专项投资占省级电网和配电网企业针对该配电网的输配电总投资比例确定"。此外，贵州省有类似的方法实践。

5.3.3 现行定价方式对配电改革造成的严重影响

5.3.3.1 影响了社会资本参与配电的投资热情

目前，社会资本方（指传统电网企业以外的投资方，包括国有资本和民营资本）对于配电的投资热情已经逐步消退，主要源于对配电项目投资的预期收益愈加模糊从而失去信心。虽然通过竞争性售电、综合能源服务等市场业务能够提升项目的投资收益，但对于配电网运营的监管性业务而言，如果没有任何收益甚至持续亏损，社会资本方很难有决心和信心去投资配电网，配电改革必将难以为继。

5.3.3.2 影响了配电建设方案的技术合理性

按照现有价格机制计算，配电网接入外部电网电压等级越高，就能享有越高的电价收入，因此为了让项目能够有收益或者能够提高收益，即便从技术角度不需要更高电压等级供电的项目，配电企业仍然会希望提高配电网的并网电压等级。这样造成的后果是，不仅配电项目本身造成了浪费，也造成了区域其他电网设备容量的浪费。极端情况是，在配电网接入与用户接入没有电压等级差的情况下，配电企业对于这类用户的供电服务将无法收取度电服务费。

5.3.3.3 影响了区域电网的和谐发展

在追求更高电压等级的诉求下，相关主体间的矛盾更加尖锐。传统电网企业以该电压等级不适合发展配电网为由阻挠增量配电网项目的推进，地方政府也不肯轻易放松电网企业对相关高压变电站的审批核准。这样不仅配电项目推进困难，也影响了区域电网的客观发展需求。

5.4 基于不对称管制理论的配电定价机制重构

5.4.1 不对称管制理论的主要内容和应用经验

"不对称管制"，又称为"不平衡管制""不均衡管制"，或称为"不对等管制"，指为打破自然垄断、培育市场竞争机制，在符合上位法的立法思想前提下，允许政府行业主管部门通过制定和实施特殊的经济性和社会性监管政策，在一定时期（一般是市场竞争初期），对垄断行业内市场力量悬殊的在位企业和新进入企业，即非对等市场竞争主体，实行设定"不平等"的强制义务和限制条件，"压强扶弱"，甚至对垄断行业强制实施横向或竖向分割重组，削弱在位企业市场势力，目标是形成长期性的有利于公平、有效竞争的市场结构。

20世纪70年代，英、美等西方发达国家开始在自然垄断行业进行市场化改革，Richard Schmalensee 提出在这些行业由垄断转向竞争的初期，应实施不对称监管。国内自然垄断行业市场化改革起步于20世纪90年代，王俊豪在国内较早研究自然垄断产业培育市场竞争机制，提出对在位企业和新进入企业实行"不对称管制"。在对自然垄断性产业进行针对改革和引入新进入者的过程中，通常由政府行业监管部门采用不对等的政策措施对居于市场支配地位的"强者"进行限制，对新进入市场的"弱者"予以扶持。不对等的管制政策是为了保护"弱小"竞争者，在一定时间内对"强者""弱者"实施不对等的经济性管制，有效遏制"强者"利用其强大市场势力对"弱者"进行排斥、打压。使新进入的"弱者"能在市场上生存下去，并逐步发展、壮大，最终达到"强者""弱者"公平、有效竞争的目的。

Takashi Shibata，Michi Nishihara 认为在自由化的垄断市场中，对在位者和新进入者进行的不对称监管应是暂时性的，而不是永久性的。池建宇将长期存在于我国一些行业的不对称管制的弱化看作一个冲击，通过设计模型分析了这个冲击的边际变动对市场结构的影响。从动态和长期的角度而言，在通过不对称强制管制逐渐把垄断性市场结构改造成为竞争性市场结构的过程中，应采用逐步放松进入管制政策即广义结构重组，最终形成竞争性市场结构。

国内外现有文献中对公用事业等自然垄断产业实施不对称管制的研究较多，但主要集中于油气、电信、铁路等行业。杨嵘运用规制经济理论，对中国石油产业的政府规制与改革进行了探讨，有涉及油气管网企业的策略性行为。程肖君、王俊豪重点分析了油气管网企业基于网络瓶颈采取的遏制接入行为，并结合两阶段博弈模型提出了针对管制机构的政策建议。李荣华、柳思维以中国电信、中国网通两大集团《合作协议》为例，提出了打破寡头合谋的路径选择之一是实行不对称管制。史强在总结电信产业不对称管制政策体系的基础上，分析了不对称管制的动态性问题。Ros 等使用两阶段最小二乘法（2SLS）和普通最小二乘法（OLS）经济计量技术，评估 2009 年哥伦比亚引入的非对称监管政策对移动通信需求的影响。Montero 认为由于欧洲铁路在 2020 年 12 月实现自由化，似乎不利于引入新来者，国家监管机构应通过引入不对称准入义务，以确保有效和广泛的竞争。

5.4.2　不对称管制理论在配电改革中的应用

目前对电力行业尤其是配电业务不对称管制的研究较少。慈向阳、赵德余通过建立收益模型来研究电力市场均衡问题的实质，提出应严格界定电网企业的功能，改善政府的监管模式。张翔、洪笑峰等初步研究设计了配电公司的不对称监管框架。纪国涛、展曙光提出对于配电改革而言，不对等的监管政策尤为必要。

配电改革即在配网市场引入社会资本，是此次电力体制改革的重要内容，以期打破传统电网企业对配网市场的垄断，配网投资及运维模式可能呈现多样化情形。配电不对称管制，旨在依据《电力监管条例》《中华人民共和国反垄断法》和《中华人民共和国电力法》，允许国家能源局及其派出机构、地方政府电力管理部门通过制定和实施特殊监管策略，在改革初期，对特定市场主体——传统电网企业和增量配电网企业，设定"不平等"的权利和义务。

对传统电网企业参与增量配电网业务实施区别对待，如强制要求其公开电网信息、提供接入方案，强制要求其服从限制性的参与规则、输配独立核算并防止交叉补贴，以遏制电网企业对配电项目在"准入、区域、接入、价格、信息、调度"等方面采取歧视或排斥行为的强烈动机。总之，旨在通过实施"依法+不对称"监管策略，打破配网领域形成的市场垄断，是切实推动市场在资源配置中起决定性作用和更好地发挥政府作用，创建依法监管、有效竞争的配网业务市场环境。需要强调的是，不对称管制只能适用于改革初期即过渡阶段，时间跨度视市场发育的速度，或短为 1 年，或长达数年不等。

垄断性产业价格管制模型中考虑的主要因素包括价格指数、合理利润等，为防治企业滥用垄断力量而进行政府管制的重点无疑是价格。因此，很有必要以价格机制为研究对象，分析锚定现行省级输配电价格表对配电项目获得准许收益之间的矛盾，就配电改革和不对称管制理论的结合进行探讨，提出基于特许经营协议且符合政府监管要求的投资回报率，以优先保障增量配电网项目获得约定的准许收益，从而建立新型的配电定价机制。

5.4.3 配电项目允许使用的定价方式

配电服务是配电的运营基础，也是分析配电项目收入的基础。配电服务收入与配电价格关系密切。目前已经出台的相关政策文件给出了配电网四种允许的配电定价方法：1）招标定价法；2）最高限价法；3）标尺竞争法；4）准许收入法。无论是哪种定价方法，其出发点均应反映配电网正常投资及经营下的合理收入。各类方法的主要特点如下所述。

5.4.3.1 招标定价法

招标定价法试图通过招标方式的充分竞争，发现项目的合理价格．但配电业务在投标阶段很难评估项目的负荷发展以及准确的投资规模，用绝对值价格投标只能是大多数项目非理性的赌徒式投标行为。有些地方提出基于省级输配电价表的折扣系数招标定价方式，但它的前提是我国输配电价体系已经进入一个较为合理的阶段，显然还不适用于现在。

5.4.3.2 最高限价法

最高限价法本质上是一种基于"准许成本加合理收益"的方法。这个最高限价本是参考"准许成本加合理收益"结果去推算确定的价格，但在某些地方被误解为基于省级输配电价表的最高限价，已经与方法设计的初衷差别较大。

5.4.3.3 标尺竞争法

标尺竞争法是一种较为先进的配电价格监管办法，其可以减少政府对于各个电网企业成本监审的难度和压力。但标尺竞争是在一个健康的、充分的市场中才具备合理性和使用价值，并且所参考的各个配电网配电价格针对其自身的投入产出本身也应是合理的，现阶段该方法尚缺乏可以实施的市场场景。

5.4.3.4 准许收入法

准许收入法是目前全世界范围内对电网企业输配电定价采用较多的一种方法，也是目前我国省级电网输配电价实际使用的定价方法。按照这一方法，总收入由准许成本和准许收益之和构成，其中准许成本由折旧费和运行维护费构成，准许收益为可计提收益的有效资产与加权平均资本收益率的乘积，总收入与输配电量之比即为相应的输配电价。该方法在对电网企业投资成本进行严格监管的同时，原则上也给予了合理收益的保障。

5.4.4 设计基于不对称管制理论的配电定价机制

配电企业作为新进入的"市场弱者"，也需承担一定的社会责任，但这种社会责任主要体现为电力普遍服务和保底服务，而非体现为割让其准许投资的"合理收益"。因此，为"鼓励社会资本投资配电业务"，需应用不对称管制理论，优先保障配电项目的"合理收益"，即配电项目特许经营协议中基于准许收入法核定的准许收益。为此，考虑将配电项目接入上一级电网和输出用户的两级电压输配电费的差额部分，由省级输配电价分担或由传统电网企业直接让利，以保证配电企业获取与式（5-2）逻辑一致的年度总收入 RR 和年度准许收益 InR。

配电网区域内电力用户的用电价格，由发电企业上网电价（或市场交易电价）、上一级电网输配电价（含线损和交叉补贴）、配电网配电价格、政府性基金及附加组成，配电业务各市场主体交易结算方式如图 5-2 所示。

按照国家发展改革委相关指导意见，用户承担的配电网配电价格与上一级电网输配电价之和不得高于其直接接入相同电压等级对应的现行省级电网输配电价。因此，现行省级电网输配电价成为配电企业的最高限价，上一级电网输配电价实质上决定了配电企业盈利空间，在这一条件下，若不突破配电网与外部电网的结算机制，即允许调整（降低）上一级电网输配电价，则意味着配电项目的准许收益将很难达到"合理"水平。

如果允许调整（降低）上一级电网输配电价来满足配电企业的准许收益，那么传统电网企业由此产生的收入缺口，可考虑由全省输配电价分担或由传统电网企业直接让利。因为传统电网企业均为央企或省属国企，有义务服从政府对资源和利益分配的宏观调控，可通过调整其与国资委签订的经营目标任务抵消收入缺口，也可以采取其他技术经济手段平衡收支，例如：1）通过调整资产

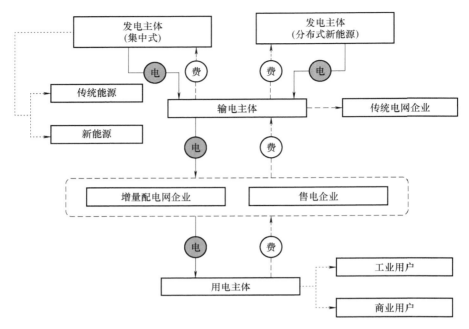

图 5-2　配电业务各市场主体交易结算方式

折旧年限以满足传统电网年度经营目标；2）通过多个监管周期之间的电价调节，在长周期里保障传统电网企业准许收益的收支平衡；3）通过其输配一体化纵向垄断实施传统电网企业输、配业务之间的交叉补贴。

　　为此，做如下假设：

1）配电网内电力用户结算电价锚定省级电网输配电价。

2）配电企业准许收益率采用项目特许经营协议中的允许投资回报率。

3）服从政府关于输配电价格的管制指令。

4）上一级电网输配电价可以浮动，收缴差额部分由全省输配电价分担或由传统电网企业直接让利。

　　综上，提出基于不对称管制理论的配电定价模型，可表示为

$$Cchg = CHG + Tchg + RR \tag{5-3}$$

式中，$Cchg$ 为配电企业年度经营总收费，也是用户结算电费，取决于用户用电价格即用户电压等级对应的现行省级电网输配电价；CHG 为发电企业结算电费，取决于发电企业上网电价或市场交易电价；$Tchg$ 为配电项目上一级电网输配电费，取决于上一级电网输配电价；RR 为配电企业年度总收入，服从式（5-2），依据项目特许经营协议中约定或核定的年度准许成本、有效资产、年度准许收

益和政府价格指令进行计算。

该模型的优点包括：

1）配电企业的年度总收入 RR 仍基于允许投资回报率模型，主管部门可通过核定准许投资和准许收益率实现对配电企业配电服务价格的控制，并尽可能减少"A-J效应"。

2）配电企业的年度总收入 RR 和准许收益 InR 优先得到保障，并未服从配电网所在电压等级（上一级电网）的输配电价表，充分体现了配电网的电网主体身份而非用户主体身份。

3）配电网内用户结算电价服从政府价格指令 AC，且符合国家发改委"不得高于相同电压等级对应的现行省级电网输配电价"的相关指导意见。

5.5　经济产业园案例分析

下面，以 A 省正在筹建中的某配电项目为例，对本章提出的基于不对称管制理论即保障准许收入的配电价格模型进行适用性分析和案例实证。为便于分析，对案例相关边界条件进行了适当简化。

5.5.1　案例基本情况

本案例规划区域位于某省经济产业园，项目规划面积为 5.1km²。

按照经公开招标后当地政府和投资方签署的特许经营协议，该项目分三期完成投资，项目投资年份分别为 2020 年、2026 年以及 2036 年，且负荷在 2036 年发展为饱和负荷，经营期至 2044 年。一期负荷水平考虑为 15.98MW，年用电量为10016.15 万 kWh；二期负荷水平考虑为 26.77MW，年用电量为 18509.1 万 kWh；三期负荷水平考虑为 73.77MW，年用电量为 50490.7 万 kWh。本项目负荷均考虑为 1~10kV 大工业负荷，配电网并网电压等级为 110kV。

为满足区域内负荷情况，案例需新建 3 台 50MVA 的主变及相关配套设施，项目建设规模及投资见表 5-2，该省输配电价表见表 5-3，案例分析项目基本参数见表 5-4。为方便案例分析，本案例不考虑融资，同时不考虑配电企业与用户让利。该案例中，2020 年主变 N-1 后，由相关 10kV 线路进行转供电，满足安全要求；2026 年主变 N-1 要求，相关 10kV 线路过载，故需要扩建一台 50MVA 主变。准许收益率与权益资本收益率、资产负债率等相关，为简化模型，假定本项目准许收益率为 6%。

表 5-2 项目建设规模及投资

序号	项目名称	型号	总规模	项目投资（万元）		
				2020 年	2026 年	2036 年
1	新建 110kV 变电站	—	1×50MVA	2800		
2	扩建 110kV 变电站	—	1×50MVA		700	
3	扩建 110kV 变电站	—	1×50MVA			700
4	新建 110kV 线路	架空线	18.3km	877.5	1026	
5	新建 110kV 线路	电缆线	1.09km	234	747	
6	10kV 架空长度	—	38.58km	200	130	441.6
7	10kV 电缆长度	—	9.67km	270	90	510.3
8	柱上开关	—	77 台	210	42	287
9	分段开关数量	—	39 台	84	28	161
10	联络开关数量	—	24 台	42	14	112
11	配电自动化投资	—	22 套	32.7	10.9	76.3
投资合计（万元）				9826.3		

资料来源：参考该经济产业园配电网规划数据，结合经验分析得出。

表 5-3 该省输配电价表

用电分类	电度电价（元/kWh）					基本电价	
	不满 1kV	1~10kV	35kV	110kV	220kV	最大需量	变压器容量
						元/千瓦·月	元/千伏安·月
单一制单价	0.1993	0.1855	0.1717				
两部制电价		0.1919	0.1769	0.1619	0.1469	38	28

资料来源：于该省公开发布的输配电价表。

表 5-4 项目基本参数

项 目	数 值	项 目	数 值
电费增值税率	13%	固定资产残值率	5%
城市建设维护税	7%	所得税税率	25%
教育费附加率	5%	福利及保险系数	40.70%
盈余公积	10%	材料费	0.50%
其他运营费用	2%	维护修理费用	0.90%
进项抵扣综合增值税率	9%	职工薪酬	6.5383 万元

（续）

项　目	数　值	项　目	数　值
职工定员（一期）	8 人	职工定员（二期）	10 人
职工定员（三期）	13 人	准许收益率	6%

资料来源：参考《输配电工程经济评价导则》（DL/T 5438-2019）相关参数取值标准及最新税率要求。

5.5.2　配电企业实际收入和准许收入测算比较

目前国内大多数省份的配电企业配电服务费收入依据省级输配电价表电压等级价格差。在该规则下，本案例每度电收益应为 1~10kV 大工业负荷的输配电价 0.1919 元/kWh 与配电网并网电压等级 110kV 的 0.1619 元/kWh 价格差，即每度电收益为 0.03 元/kWh。同时，虽然配电企业面向用户收取两部制电价，但收取的用户容量费与外部电网如何分配目前并没有统一的解决方案，大多数地方仍然采用外部电网全额收缴用户基本容量费的模式。本案例也按此解决方案，即将用户容量费全额缴纳给外部电网考虑，则项目经营期内配电收入及相关数据见表 5-5。

另外，在准许收入的原则下，根据式（5-2）及相关文件要求，本项目经营期内准许收入测算相关数据见表 5-6。

根据表 5-5 的计算结果，本项目经营期内的内部收益率（税前）为 0.32%，远小于其合理收益率要求（合理收益率水平可参考本案例设定的准许收益率 6% 的水平）。同时结合表 5-6 对项目经营期内准许收入的测算，配电在相同成本条件下以及不考虑税金的情况下，运营期内的静态值收入 18307.65 万元小于静态值准许收入 21389.75 万元（未考虑资金时间价值）。同时，从表 5-5 和表 5-6 分析，当考虑资金的时间价值后，配电收入实际折现值相比于准许收入的折现值将会差距更大。

表 5-5　项目经营期内配电收入及相关数据

年度	配电收入/万元	配电价格/千瓦时	配电量/万千瓦时	营业成本/万元	材料费/万元	修理费/万元	其他费用/万元	职工薪酬/万元	折旧费用/万元	利润总额/万元
2020	0	0.03	0	0	0	0	0	0	0	0
2021	266	0.03	10016	446	24	43	95	74	211	−180
2022	266	0.03	10016	444	24	42	94	74	211	−179

（续）

年度	配电收入/万元	配电价格/千瓦时	配电量/万千瓦时	营业成本/万元	材料费/万元	修理费/万元	其他费用/万元	职工薪酬/万元	折旧费用/万元	利润总额/万元
2023	266	0.03	10016	442	23	42	93	74	211	−176
2024	266	0.03	10016	440	23	41	91	74	211	−174
2025	266	0.03	10016	437	22	40	90	74	211	−171
...										
2035	491	0.03	18509	645	34	62	137	92	320	−153
2036	1340	0.03	50491	672	34	62	137	120	320	668
...										
2044	1340	0.03	50491	854	45	80	179	120	430	487
合计	18308	—	—	15982	840	1513	3362	2364	7903	2326

表 5-6   项目经营期内准许收入测算相关数据   （单位：万元）

年度	准许收入	准许成本	材料费	修理费	其他费用	职工薪酬	折旧费用	准许收益	价内税金
2020	0	0	0	0	0	0	0	0	0
2021	731	446	24	43	95	74	211	285	0
2022	714	444	24	42	94	74	211	269	0
2023	695	442	23	42	93	74	211	253	0
2024	676	440	23	41	91	74	211	236	0
2025	656	437	22	40	90	74	211	219	0
...									
2035	827	645	34	62	137	92	320	182	0
2036	835	672	34	62	137	120	320	163	0
...									
2044	942	854	45	80	179	120	320	88	0
合计	21390	15982	840	1513	3362	2364	5408	0	0

注：第一年是建设期，不考虑准许收入；准许收入逐年变化是由于折旧因素影响；为简化分析，暂不考虑线损、价内税金等情况。

5.5.3　基于重构模型的上一级电网输配电费测算

基于不对称管制理论的配电价格模型即式（5-3），根据上述边界条件测算配电网与上一级电网输配电费的结算费用，同时比较基于省级输配电价表结算时上级电网结算费用差值。增量配电网企业与外部电网结算费用表见表5-7。结果显示，配电企业的实际收入将基本等于对配电企业管制的准许收入。

另外，通过与基于省级输配电价表结算比较发现，在配电网运营前期，外部电网关于配电的结算收入（即省级电网关于配电网的输配电费收入）将低于参考省级输配电价表的结算收入，而在运营后期，外部电网关于配电的结算收入将高于参考省级输配电价表的结算收入。

表 5-7　增量配电网企业与外部电网结算费用表　　（单位：万元）

年度	配电企业向用户收取的电费总额	度电收入	基本电费收入	项目准许收入	上一级电网输配电费结算费用	配电企业实际收入	按照省级输配电价表结算的外部电网收费	电度电费	基本电费	上级电网结算费用差值
2020	0	0	0	0	0	0	0	0	0	0
2021	2782	1922	860	731	2051	731	2481	1622	860	431
2022	2782	1922	860	714	2068	714	2481	1622	860	413
2023	2782	1922	860	695	2087	695	2481	1622	860	395
2024	2782	1922	860	676	2106	676	2481	1622	860	375
2025	2782	1922	860	656	2126	656	2481	1622	860	355
…										
2035	4992	3552	1440	827	4165	827	4437	2997	1440	272
2036	13658	9689	3969	835	12823	835	12144	8174	3969	−679
…										
2044	13658	9689	3969	942	12716	942	12144	8174	3969	−573

注：1. 相比省级输配电价表结算上级电网结算费用：差值为正时说明省级电网企业收取费用少于参考省级输配电。

　　2. 价表结算费用：差值为负时说明省级电网企业收取费用多于参考省级输配电价表结算费。

5.5.4 计算结果分析

计算结果分析如下所述：

1）若采用基于省级输配电价表价格差的管制模型，配电企业的收入管制将与配电网的成本监审脱钩，且其仅与配电网内负荷和省级输配电价表相关，无法反映配电企业真实的准许收入；若按照本章提出的基于不对称管制理论的输配电价管制模型时，配电企业的实际年度收入将基本等于配电项目的准许收入，既没有额外收取，也没有减少，将保障配电特许经营协议中准许的合理投资收益。

2）用准许收入法测算的配电企业收益，符合政府关于输配电企业获得准许收益的监管要求。当然，既然该模型保障了配电企业的准许收入，就应同时加强对配电企业的成本监审，以体现合理性、公平性。

3）配电网内用户承担的购电费用及终端电价没有增加，为省级电网输配电价表中的用户终端输配电价，符合国家发展改革委关于用户终端电价的监管要求。

4）配电网内用户和其他传统电网内用户一样，公平公正地享有或承担交叉补贴的权利义务，且与配电企业的准许收入之间可以实现耦合共存。

5）配电项目与外部上一级电网的结算立足于网与网之间的结算，而非用户与电网之间的结算，结算依据配电企业的准许收入，而非配电网所接入的上一级电网电压等级对应的输配电价表，充分体现了配电企业的电网主体身份而非用户身份。

6）省级电网企业虽然获得的结算费用在项目前期有所减少，但在项目后期有所增加。这符合配电项目负荷客观发展规律，也符合不对称管制相关理论，即在改革初期对于新进入者的扶持强度较大，后期强度应逐渐减弱乃至逐步取消。

7）省级电网企业准许收入的核定是基于其在监管周期内全省输配电的年度总收入，由于目前存在交叉补贴和成本计算方法不合理等因素，具有一定的弹性，理论上具备向配电企业的阶段性让利的空间。

5.6 结论与政策建议

我国输配电价的监管思路是"准许成本+合理收益"，对于配电项目仍然适用。为鼓励社会资本投资配电业务，使配电企业在非对称市场竞争中能够与传统电网企业开展公平博弈，应优先保证配电企业获取符合输配电价管制的准许收入，从而保障其投资的"合理收益"。然而在传统电网企业强势垄断的环境下，现行办法却是优先保障传统电网企业的"合理收益"，在不增加用户输配电成本的基础上，按用户接入电压等级对应的省级电网输配电价扣减该配电网接入电压等级对应的省级电网输配电价，再加上传统电网企业将政府价格调控指令转嫁至输配电环节，配电网企业的准许收入就更难以保证。因此，本章提出基于不对称管制理论的输配电价格机制，试图重构配电定价机制，以配电网的准许收入为其与外部上一级电网的结算依据，优先考虑配电项目的"合理收益"，差额部分由全省输配电价分担或由传统电网企业直接让利。通过上述研究及案例分析，提出以下建议。

5.6.1　强调配电网享有公平的电网主体地位

依据"发改价格规 2269 号文"总体要求第三条："增量配电网与省级电网具有平等的市场主体地位"。"发改经体 27 号文"第二十八条："增量配网并网运行时，按网对网关系与相关电网调度机构签订并网协议。增量配电网项目业主在配电区域内拥有与电网企业在互联互通、建设运营、参与电力市场、保底供电、分布式电源和微电网并网、新能源消纳等方面同等的权利和义务"；第十条："增量配电业务试点项目规划需纳入省级相关电网规划，实现增量配电网与公用电网互联互通和优化布局，避免无序发展和重复建设。具备条件的，还应与分布式电源、微电网、综合能源等方面的发展相协调，允许符合政策且纳入规划的分布式电源以适当电压等级就近接入增量配电网"等文件精神，应强调增量配电网在其配电区域内与省级电网为网间互联的关系，强调增量配电网在其配电区域内作为公用电网的功能定位，强调接入符合政策且纳入规划的各类电源的接入权利；在改革初期即过渡阶段，建议实施"依法+不对称"管制策略对配电企业进行扶持，使配电企业逐步发展、壮大，最终达到其与传统电网公平、有效竞争的目的。

5.6.2　持续完善省级电网输配电定价及监审方法

输配一体化的传统电网企业由于存在输、配业务之间的交叉补贴，以及准许成本和有效投资的不合理计入，造成现行输配电价虚高且电价级差不合理，因而存在向配电企业让利的可能空间。需持续完善省级电网输配电定价及监审办法，厘清输配电因交叉补贴所形成的价格扭曲。

持续完善网间电量电价交易路径及结算机制。2020 年 9 月 28 日国家发展改革委下发的《关于核定 2020～2022 年区域电网输电价格的通知》（发改价格规〔2020〕1441 号）（以下简称"发改价格规 1441 号文"）和《关于核定 2020～2022 年省级电网输配电价的通知》（发改价格规〔2020〕1508 号）（以下简称"发改价格规 1508 号文"）文件，明确了区域电网间的电量、容量交易结算价格，明确了本轮监审周期内的各省输配电价。从广义上看，省级电网就是国家电网网架下的区域电网、增量配电网应视为省级电网网架下的区域电网。遵循公平负担、平等交易的原则，增量配电网与省级电网间的电量、容量交易不应采用电网与用户间的交易模式及价格。建议增量配电网与省级电网网间电量电费、容量电费交易结算按照"发改价格规 1441 号文"中区域电网间结算价格标准结算。国家部委文件及前述中已多次明确增量配电网与省级电网具有平等的市场主体地位，享有电网企业平等的权利和义务，增量配电网或区域电网不应视为电力用户，不应采用"发改价格规 1508 号文"中对于电力用户计收的容量电费标准全额或折扣收取增量配电网容量电费；网间结算的电量电费，应由增量配电网向上游发电企业依据上网电价或市场交易电价进行交易结算，由增量配电网向省级电网结算节点输配电价。

统筹考虑省级范围内的交叉补贴及综合线损。增量配电网与省级电网按照相同的原则和标准承担交叉补贴，同时，根据电网网架物理属性，配电网同样存在相关线损。上述因素在"发改价格规 2269 号文"中未能充分考虑。建议在省级范围内统筹考虑省级电网、增量配电网的交叉补贴、综合线损的核定及结算。

5.6.3　不对称管制力度应随市场化改革进展动态调整

当前处于改革初期，应优先保障配电企业的准许收入。价格机制是配电改革的关键，运用不对称管制理论中的价格策略，优先保障社会资本的合理收益，是助力配电改革成功破局的重要政策工具。保障增量配电网企业的准许收益即合理赢利空间，应基于特许经营协议且符合政府监管要求的有效投资、准许投资回报率，而不能因为受制于现行省级电网输配电价表的电压级差影响增量配电网获得准许收益。

鼓励配电企业为用户提供用电规划、智能用电、节能增效、用电设备运维、综合能源服务等增值服务，不断拓展盈利空间。值得注意的是，随着配电企业不断发展壮大，逐步具备与传统电网企业对等竞争的能力，不对称管制力度应随之降低甚至取消。

参考文献

[1] 王鹏，张朋宇，解力也. 中国现代电力市场体系研究 [J]. 财经智库，2019，4（06）：119-139，144.

[2] Ofgem. Modification Proposal to Use of System Charging Methodology：Implementation of Long Run Incremental Cost（LRIC）and Distribution Reinforcement Model（DRM）methodologies [R/OL]. 2006.https//www.ofgem.gov.uk/publications/wpdwales-uosooza-modification-proposal-use-system-charging-methodology-implementation-long-run-incremental-cost-lric-and-distribution-reinforcement-model-drm-methodologies.

[3] PJM. 20130322-er13-198-000 [R/OL].2013.https://www.pjm.com/-/media/documents/ferc/orders-preduplicate/20130322-er13-198-000.ashx.

[4] AVERCH H，JOHNSON L L. Behavior of the Firm under Regulatory Constraints [J]. The American Economic Review，1962，52（05）：1052-1069.

[5] THOMAS S. Evaluating the British Model of Electricity Deregulation [J]. Annals of Public and Cooperative Economics，2004，75（03）：367-398.

[6] MIRRLEES-BLACK J. Reflections on RPI-X regulation in OECD countries [J]. Utilities Policy，2014，31：197-202.

[7] CAMPBELL A. Cap prices or cap revenues? The dilemma of electric utility networks [J]. Energy Economics，2018，74：802-812.

[8] AVDASHEVA S，ORLOVA Y. Effects of long-term tariff regulation on investments under low credibility of rules：Rate-of-return and price cap in Russian electricity grids [J]. Energy Policy，2020，138：111276.

[9] 张宗益，杨世兴，李豫湘. 电力产业激励性管制机制 [J]. 重庆大学学报（自然科学版），2002，25（11）：1-4.

[10] 赵会茹，刘祎，李春杰. 输配电价格管制中投资回报率水平的确定 [J]. 电网技术，2005，29（21）：61-66.

[11] 姚斌. 输配电价形成机制研究——以华东地区为例 [D]. 济南：山东大学，2006.

[12] 杨娟，刘树杰. 我国输配电价格改革研究 [J]. 经济纵横，2017（09）：30-42.

[13] 金东亚. 配电网的激励性管制模型与定价方法 [D]. 北京：华北电力大学，2018.

[14] 吴俊宏. 配电发展亟需完善价格机制 [J]. 电力决策与舆情参考，2019（27）：5-8.

[15] RICHARD S. A Note on Monopolistic Competition and Excess Capacity [J]. Journal of Political Economy，1972，80（03）：586-591.

[16] 王俊豪. 管制经济学导论——基本理论及其在政府管制实践中的应用 [M]. 北京：商务印书馆，2001.

[17] 王俊豪，李阳. 中国特色政府监管机构理论体系及其改革思路 [J]. 中国行政管理，2020（10）：6-13.

［18］SHIBATA T, NISHIHARA M. Effects of Temporary Regulation of Asymmetric Access Charges in Telecommunications［J］. Managerial and Decision Economics, 2017, 38（03）: 1-21.

［19］池建宇. 不对称管制的弱化对市场结构的影响分析［J］. 经济问题, 2010（01）: 19-22.

［20］王俊豪, 程肖君. 网络瓶颈、策略性行为与管网公平开放——基于油气产业的研究［J］. 中国工业经济, 2017（01）: 117-134.

［21］李荣华, 柳思维. 我国电信产业寡头垄断合谋研究——以中国电信、中国网通两大集团〈合作协议〉为例［J］. 重庆邮电大学学报（社会科学版）, 2008（03）: 32-37.

［22］史强. 中国电信产业战略重组与不对称管制［J］. 经济论坛, 2009（18）: 77-80.

［23］ROS A J, UMANA D. The demand for mobile services in Colombia and the impact of asymmetric mobile regulation［J］. Info, 2013, 15（03）: 54-65.

［24］MONTERO J J. Asymmetric regulation for competition in European railways?［J］.Competition and Regulation in Network Industries, 2019, 20（02）: 184-201.

［25］慈向阳, 赵德余. 中国电力市场的非均衡研究——制度偏好差异的视角［J］. 工业技术经济, 2010（03）: 71-74.

［26］张翔, 洪笑峰, 黄国日, 等. 配电公司的不对称监管框架设计［J］. 中国电力, 2019, 52（11）: 159-166.

［27］纪国涛. 不对称管制、市场份额转移与中国移动通讯市场降价博弈［J］. 工业技术经济, 2012（06）: 54-62.

［28］展曙光. 推进配电业务改革, 亟需践行不对称管制.［EB/OL］.［2021-12-30］.https://www.thepaper.cn/newsDetail forward 4877826.

［29］王俊豪. 我国垄断性产业管制价格模型探讨［J］. 中国物价, 2008（11）: 12-16.

售电新理念新视角

6.1 发展变革中的我国电力市场

我国电力体制改革起始于 2002 年，国务院以"国发〔2002〕5 号文件"下发《电力体制改革方案》，提出"政企分开、厂网分开、主辅分离、输配分开、竞价上网"的电力工业改革方向。但随着东北、华东区域电力市场改革试点的暂停，此次电改几乎陷于停滞。时隔 13 年后，新一轮电力体制改革再次启动，"中发 9 号文"明确了此次电改的重点和途径："按照管住中间、放开两头的体制架构，有序放开输配以外的竞争性环节电价，有序向社会资本放开配售电业务，有序放开公益性和调节性以外的发用电计划；推进交易机构相对独立，规范运行；继续深化对区域电网建设和适合我国国情的输配体制研究；进一步强化政府监管，进一步强化电力统筹规划，进一步强化电力安全高效运行和可靠供应。""中发 9 号文"的发布标志着我国新一轮电力体制改革的启动。

6.1.1 以中长期交易起步的电力市场设计

我国目前的电力市场设计是区域市场+省级市场的两级市场架构，跨省跨区的电量交易在起步阶段未向售电公司放开（银东直流电量例外）。2015 年 11 月，国家发展改革委和国家能源局下发《关于同意重庆市、广东省开展售电侧改革试点的复函》（发改办经体〔2015〕3117 号），批复同意广东省开展售电侧改革试点，广东省售电业务开始起步。

2016 年，广东市场化交易电量额度为 420 亿千瓦时，其中年度双边协商（以下简称"长协"）额度为 280 亿千瓦时，月度集中竞争交易（以下简称"月度竞价"）额度为 140 亿千瓦时，约占全年社会用电量的 8%。2016 年 3 月 25 日，广东电力交易中心开展了 3 月份的月度竞价交易，共有 36 家发电企业、13 家售电公司和 81 家电力用户参与了这次交易，竞价规模为 10.5 亿千瓦时，这是全国范围内首次有售电企业参与集中竞争交易，标志着我国市场化售电业务正式拉开序幕。

在起步阶段，售电业务主要以政府组织的简单中长期电量交易为主，并逐步过渡到市场自发的中长期合约交易+现货市场交易。简单中长期电量交易一般先组织年度交易，交易一整年（或多月）的中长期电量，参与市场化的电厂、售电公司和大用户会根据电量预测，将大部分的电量（一般在80%以上）在年度交易中完成，其余部分的中长期电量会在每月举行的月度交易中完成。常见的成交机制如下：

1）年度双边协商交易：由交易中心组织，大用户、售电公司和发电企业参与，于当年年底之前完成下一年度双边直接交易总电量、电价（差）及月度分解电量的协议签订，并以此协议作为下一年度双边电量交易的依据。很多省份还组织了年度挂牌和竞价交易作为年度双边交易的补充。

2）月度集中竞争交易：由交易中心组织，大用户、售电公司和发电企业参与，双向报价、量，按照各省规定的交易规则每月进行集中竞价撮合，并最终形成成交对象、成交电量和成交电价（差）。

3）月度双边协商交易：由交易中心组织，大用户、售电公司和发电企业参与，每月就下月的双边直接交易电量、电价（差）进行协商，并在交易中心完成协议签订，以此协议作为下月双边电量交易的依据。

4）年度（或月度）挂牌交易：由交易中心组织，符合条件的用电用户和发电企业将需求电量、可供电量的数量和价格等信息对外发布要约，由符合资格要求的另一方提出接受该要约的申请，最终形成交易结果。

其中双边协商交易在交易中心之外由供需双方自主谈判完成（但需要在交易中心备案）；其他交易品种在交易中心内定期开展，并按照一定规则撮合成交。

由于电能无法大规模存储的特殊性质，因此售电公司在开展批发购电业务之前，一般先与用电用户达成销售意向，并通过签订"电力零售合同"的形式，与用户明确售电期间、售电量和售电价格（或价差分成模式）等关键信息。常见的电费套餐分为以下4种：

1）固定价差模式：售电公司与用电用户约定，全部交易电量按固定的电费价差结算。

2）直接分成模式：售电公司与用电用户约定，全部交易电量按照一定比例或分成价格对电费价差进行分成。

3）保底或分成模式：售电公司与用电用户约定，电费价差收益在某一额度之下时，采用固定价差的结算方式；电费价差收益在该额度之上时，采用直接分成方式。

4）保底加分成模式：售电公司与用电用户约定了保底的电费价差收益，当电费价差收益小于或等于保底额时，按保底价差结算；当电费价差收益大于保底额时，保底额之上的部分按照价差分成模式结算。

6.1.2　以现货驱动的电力系统运行方式

简单中长期交易仅仅是电力市场的一种过渡形式，其本质是发电权来源的一种改良，未能改变电力系统传统的"三公调度"模式，不能促进电力系统运行方式以更经济、高效和低碳的模式运行，而 2019 年出现的电力现货市场试点给电力系统的运行带来了颠覆性的变化。

电是一种无法大规模储存的商品，电力的生产和消费必须实现毫秒级的精确平衡，如果这一平衡被打破，轻则电能质量出现问题，重则导致电力系统的崩溃。在电力现货市场的设计中，往往通过频繁（每 15min 甚至每 5min）出清的现货电能量市场来保证电能供需的大致相等，且较为准确地得出由供需关系得出的电力价格，电网调度根据实时市场的交易结果，安排发电出力和电力输送，实现电力交易与电力物理交割的对应。此外，在现货模式的电力市场顶层设计中还包括配套的辅助服务市场，使电网调度获得保证电网瞬时平衡的足够资源，为电能量的顺利交割保驾护航。

在集中式的电力市场中，中长期交易电量仅决定电费结算，不作为调度执行依据，（传统方式发电的）发电机组是否能多开机、多发电，由其在现货交易中的报价并综合考虑物理约束后决定，这将促进变动成本较低的发电机组获得更多的发电量，从而实现电力系统的经济、高效和低碳运行。

由于现货市场中每 15min 会出清一个电价，不同出清时段的电力供需关系可能差别很大，因此不同时段的电力现货价格分化明显、波动剧烈，所以相较于简单中长期交易的市场模式，电力现货市场显然对市场主体提出了更高的交易技术和风险管理能力的要求。

6.2　现货模式下的售电公司交易策略

随着电力现货试结算的持续开展，我国的电力体制改革逐步向深水区迈进，电力市场对交易技术和风险管理能力的要求不断提升。除了现货市场中的物理电量交易外，在广东省 2019 年 10 月的现货试结算中，还首次开展了电力差价合约交易，这标志着金融电量交易开始出现在我国的电力市场，在多个先行省份已经开始的现货连续结算试运行模式中，金融电量交易将变得更加活跃和重要。电力交易员在这样一个全新的市场中，可以有怎样的作为和操作呢？

和其他存在现货与金融交易的大宗商品交易市场一样，电力市场将出现三类不同目的的交易者——对冲者、投机者和套利者。对冲者通过各类交易，减小市场价格变化给自身经营带来的风险；投机者对市场价格走势下赌，追求超级利润；套利者通过对相同或相近的标的，进行相互抵消的两个或多个交易来锁定盈利。

6.2.1 风险对冲者的交易策略

由于现货市场中的节点电价波动剧烈，售电公司从平稳经营、规避风险的角度，更希望能获得稳定的、可预期的利润，而不是任由现货市场的价格摆布，这就需要在多个市场中进行交易对冲操作，提前锁定部分电量的购电成本。在我国各省的试点中，大部分是"全电量现货+中长期合约"的集中式市场模式，现货市场一般包括日前市场和实时市场；中长期合约市场一般包括年度、月度和周的合约交易，可以买卖一年、多月和多周的合约电量。

6.2.1.1 现货市场价格波动的原因与对比

既然要对冲现货市场的风险，那么首先需要搞清日前市场和实时市场中哪个市场的价格波动最大、风险（不确定性）最高，以及原因是什么。由于受技术条件的限制，电能尚无法低成本、大规模地储存，因此电力的生产、输配和使用是瞬时完成和实时平衡的。在现货试结算中，电网调度根据实时市场的交易结果，安排发电出力和电力输送，实现电力交易的物理交割，在交割过程中有可能遇到一些意外（例如：机组跳机、电网故障、负荷激增等），当意外出现时实时市场中就可能出现极端价格，这是因为电网调度必须紧急征调各类发电或负荷响应资源，保证电力系统的发用实时平衡，这类资源有可能价格高昂。

日前市场是根据对第二天机组、电网和负荷情况的预测，交易次日的电力，其价格由相对稳定的供需关系决定。日前市场一般只决定次日的机组启停，不涉及实际的电力交割，因此价格不受意外影响。但由于受到机组启停、机组爬坡和电网阻塞等一系列的物理限制和安全约束，即使供需关系可以基本准确预测，在不同的物理位置和负荷水平下，可供电网调度的资源充裕度也会出现很大的差别，因此日前市场的价格同样会有较大的波动。总而言之，日前市场和实时市场的价格都会出现大幅波动，但实时市场的价格波动可能会更剧烈，不确定性也更高，多省的现货试结算已经证明了这一点，山西省 2022 年 1 月电价波动示意图如图 6-1 所示。

6.2.1.2 电力市场中的两种风险对冲

基于上述分析，出于风险对冲目的，交易员在现货市场中应该通过日前市场交易，对冲风险更高的实时市场。不过根据现货结算规则，用户侧日前市场报量如果少于实际用电量，不足的部分将在实时市场进行结算；如果日前市场

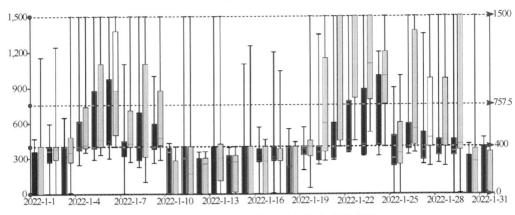

图 6-1 山西省 2022 年 1 月电价波动示意图

报量多于实际用电量，多出的部分将以实时市场的价格反卖回实时市场。总而言之，日前市场报量多于或少于实际用电量的部分，都将暴露在价格更加不确定的实时市场中。因此用电侧交易员在现货市场的对冲操作也十分简单，即将负荷预测的电量不多不少地报价进入日前市场即可，负荷预测越准确，电量暴露在实时市场的风险也就越低。

如 6.2.1.1 小节所述，日前市场价格的波动虽小于实时市场，但仍然比较剧烈，显然仅仅通过日前市场交易对冲实时市场，远不能达到平抑风险、锁定收益的目的，还需要通过中长期市场的合约交易来对冲日前市场。现货市场体系中的两种风险对冲：金融对冲和物理对冲，如图 6-2 所示。在集中式电力市场中，中长期合约的本质是金融性质的差价合约，合约电量将与日前市场价格进行差价结算，公式为：日前电费=日前中标电量×日前上网节点电价+合约电量×（合约电价-日前合约交割节点电价）；有些省的交易规则中采用另一种表达方式：日前电费=合约电量×合约电价+日前上网节点电价×（日前中标电量-合约电量）+合约电量×（日前上网节点电价-日前合约交割节点电价）。上述两种表达方式在数学上等价。根据第一种表达方式，可以这样理解差价合约的作用：合约双方针对合约电量进行了价格承诺，当日前市场价格高于合约价时，卖方向买方返回多出的差价电费；反之，当日前市场价格低于合约价时，买方向卖方支付不足的差价电费。换言之，被合约覆盖的电量价格不随现货市场波动，在双方订立合约时就被提前锁定了，而且根据目前的交易规则，所有合约均强制由交易中心居中结算，不存在违约风险。现货与中长期电量的结算关系如图 6-3 所示。

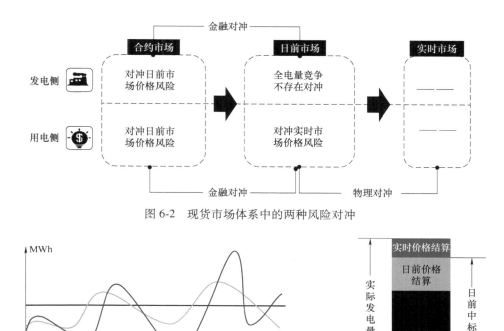

图 6-2　现货市场体系中的两种风险对冲

图 6-3　现货与中长期电量的结算关系

6.2.1.3　合约对冲的基本原理

显而易见，差价合约的上述特性可以起到提前锁定电量价格，对冲日前市场价格波动的作用。例如某售电公司想把 1000MWh 电量价格提前锁定在 350 元的水平，只需在中长期市场中买入价格为 350 元/MWh 的 1000MWh 合约电量即可。当然，在实际操作中事情要远远复杂得多。

首先要弄清楚什么时候该卖出合约电量，什么时候该买入合约电量。与物理电量交易不同，只要不违反净合约电量、累计合约电量和履约保函等约束，不管是发电侧还是用电侧均可以卖出或买入合约电量。既然这是一种金融电量的交易，先普及一些基本的金融学原理，在金融术语中，买入合约电量可被称作"多头头寸"，卖出合约电量可被称作"空头头寸"。如果现货价格上升时会盈利，下降时会亏损，则市场主体应选择空头头寸（卖出合约电量）对冲；反之，现货价格下降时会盈利，上升时会亏损，就选择多头头寸（买入合约电量）对冲。基于这样的原理，在一年的中长期市场开始时，发电企业应该用空头头寸（卖出合约电量）建立合约仓位；售电公司（或大用户）应该用多头头寸（买入合约电量）建立合约仓位。

6.2.1.4 对冲者的合约交易策略要点

随着现货市场的开启，现货价格及其预期在不断变化，合约价格与现货价格（包括合约交割周期内的现货价格预测值）的价差也在增加或者减少。合约价格与现货价格之差，在金融术语中被称为"基差"，如果基差过大就会产生"基差风险"。基差增大时，对持有空头头寸者有利，对持有多头头寸者不利；反之，基差减小时，对持有多头头寸者有利，对持有空头头寸者不利。而且对于售电公司而言，如果基差变化不利于自己时，可能还需要向交易中心补充履约保函。此外，由于电力特殊的物理属性，发电企业和售电公司事前并无法准确地知道在合约交割期间内，自己会生产或消费多少电力，因此在合约签订时也就无法准确地测算出对冲所需的最佳合约量，从而产生合约电量与现货中标电量间的"量差风险"。当交易员发现头寸的基差和量差趋势可能对自己不利时，就需要减仓：售电公司通过空头头寸（卖出合约电量）减仓。为了便于大家理解，下面用一组算例来印证上述原理。

假设某售电公司认为某月现货价格的均值将在 0.35 元/kWh 上下波动，并要求交易人员通过对冲操作锁定该价格。为防止现货价格上升对购电成本造成影响，交易员在中长期市场交易中买入 0.35 元/kWh 的全天平均曲线合约电量，该头寸在某日的日前市场结算结果见表 6-1。

表 6-1 该头寸在某日的日前市场结算结果 （单位：元/kWh）

时　　段	峰　　时	平　　时	谷　　时
用户侧统一结算点电价	0.4	0.35	0.25
合约价格	0.35	0.35	0.35
日前中标电量	4000	3000	2000
合约电量	3000	3000	3000
现货电费	1600	1050	500
差价电费	-150	0	300
综合电费	1450	1050	800
合计			3300
电费均价			0.37

该算例为简化计算过程，将现货结算时段合并为峰、谷、平三个部分，通过比对现货电费（日前中标电量×用户侧统一结算点电价）和价差电费[合约电量×（合约价格－用户侧统一结算点电价）]，可以发现它们之间是反向相关的关系，现货价格上升时，多头头寸较好地对冲了现货电费的上升，保护了购电成本。

在上述算例中合约的基差和量差不大，接下来假设一种不利的情况，该交易员在中长期交易中买入的是 0.35 元/kWh 的谷时合约电量，该头寸在某日的日前市场结算结果见表 6-2。

表 6-2 该头寸在某日的日前市场结算结果 （单位：元/kWh）

时　　段	峰　　时	平　　时	谷　　时
用户侧统一结算点电价	0.4	0.35	0.25
合约价格	0.35	0.35	0.35
日前中标电量	4000	3000	2000
合约电量	0	0	9000
现货电费	1600	1050	500
差价电费	0	0	900
综合电费	1600	1050	1400
合计			4050
电费均价			0.4

由表 6-2 可以看到，由于是谷时段合约，基差和量差仅与谷时段有关，其绝对值比上个算例明显增大且对多头头寸不利，提升了持有者的购电成本。因此对于交易员而言，如能提前预测到大致准确的基差和量差趋势，应该在此合约交割（结算）之前用空头头寸将其平仓。

以上就是以平抑风险为目的对冲者，在电力市场中的典型操作和交易策略中要考虑的要点。实际上对冲者并不追求必须让合约电量产生正的效益，而是通过交易空头或多头头寸，使整体的购电成本稳定在可以接受的范围内。

6.2.2　市场投机者的交易策略

与对冲者追求四平八稳不同，投机者对现货与中长期合约的价格走势下赌，利用"基差"（合约价格与现货价格之差）和"量差"（合约电量与现货电量之差）获取额外利润。其基本原理并不复杂，基差增大时，对持有空头头寸者有利，对持有多头头寸者不利；反之，基差减小时，对持有多头头寸者有利，对持有空头头寸者不利。而当头寸的基差有利时，其与现货之间的量差（合约电量−现货电量）越大越好。下面将通过算例来说明。

6.2.2.1 投机者的合约交易策略

假设我国某省现货试结算中，一家名为"爱拼"的售电公司在 X 日预计用电量为 10 万 kWh，其中峰段（6h）用电量占 50%，即 5 万 kWh。经过推算，爱拼售电公司预计峰段现货平均电价将在 0.45 元/kWh 以上，但目前市场上峰段曲线合约价格为 0.4 元/kWh，因此爱拼售电公司满仓购入峰段合约，X 日分解电量 10 万 kWh。表 6-3 显示了爱拼售电公司在 X 日峰段平均现货价格处在不同水平时的日前市场电费和合约盈利情况。

表 6-3   爱拼售电公司在 X 日峰段平均现货价格处在不同水平时的日前市场电费和合约盈利情况

预计用电量/kWh	100000		峰段电量/kWh		50000
日前现货	合约交易		日前市场电费/元		
峰段电价/（元/kWh）	分解电量/kWh	电价/元	无合约	有合约	合约盈利
0.35	100000	0	17500	22500	−5000
0.45	100000	0	22500	17500	5000
0.55	100000	0	27500	12500	15000
0.65	100000	0	32500	7500	25000
0.75	100000	0	37500	2500	35000
0.85	100000	0	42500	−2500	45000
0.95	100000	0	47500	−7500	55000
1.05	100000	0	52500	−12500	65000

通过表 6-3 可以发现，因为爱拼售电公司购入的是峰段电量合约，因此全部合约电量均分解到峰段，合约电量超出峰段预计用电量的一倍。从目前的交易规则来看，净合约电量上限约束的是整月合约电量的总数，并不限制某天、某时段合约电量超出某天、某时段的用电量。当售电公司的合约电量超出日前申报电量的部分，将自动以日前市场的价格反卖回日前市场。这些合约电量起到了两个作用：1）提前锁定了峰时段 5 万 kWh 用电量的购电价格，如果日前价格超过合约价格，显然可以起到降低购电成本的作用；2）将多出的 5 万 kWh 合约电量反卖回日前市场，如果日前价格超过合约价格，这笔买卖就是盈利的。因此可以看到当日前电价高过 0.8 元/kWh 后，电费出现了负数，也就是说爱拼售

电公司在这个电价水平下买电不仅没有花钱，还挣了钱，如图 6-4 所示为在不同的日前电价水平下，合约的度电盈亏情况。

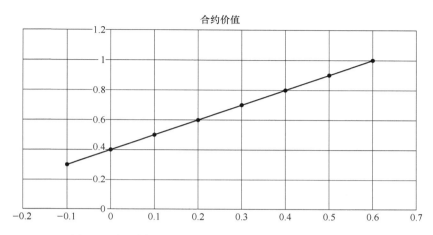

图 6-4　在不同的日前电价水平下，合约的度电盈亏情况

6.2.2.2　基差对于投机操作的价值

当现货电价高企也就是基差较小（出现较大的负值）时，大多数售电公司将面临亏损，而爱拼售电公司由于重仓持有多头头寸，反而更加盈利。但必须明白盈亏同源的道理，如果价格走势的判断失误，基差较大（出现较大的正数）时，爱拼售电公司将面临大额亏损。假设爱拼售电公司的零售电价为 0.4 元/kWh，并暂时忽略实时市场与日前市场的电量偏差，其持有多头头寸和不持有时的利润对比见表 6-4。

表 6-4　爱拼售电公司的零售电价为 0.4 元/kWh，其持有多头头寸和不持有时的利润对比

预计用电量/kWh	100000	峰时段电量/kWh	50000	零售价格/元		0.4	
日前现货	合约交易			日前市场电费/元		售电毛利/元	
峰段电价/（元/kWh）	分解电量/kWh	价格/元	无合约	有合约	合约盈利	无合约	有合约
0.30	100000	0.40	15000	25000	−10000	5000	−5000
0.35	100000	0.40	17500	22500	−5000	2500	−2500
0.40	100000	0.40	20000	20000	0	0	0
0.45	100000	0.40	22500	17500	5000	−2500	2500

在表 6-4 中会看到一个有意思的现象，当现货电价为 0.3 元/kWh 时，没有合约可盈利 5000 元，持有合约时不仅使售电利润归零（没有批零差），还造成了 5000 元的亏损。这是因为多头头寸存在量差的原因，合约电量比日前申报电量正好多出一倍，而多出的合约电量要反卖回现货市场，这给多头头寸的盈亏效果加了一倍的杠杆。当基差不利时，不仅提高了物理电量的购电成本，还造成了合约电量的高买低卖。通过图 6-5 可以更加清晰地看到量差的杠杆效果。

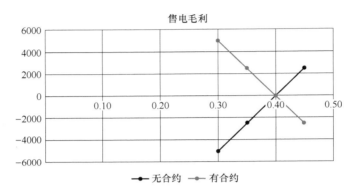

图 6-5   在量差杠杆效果的售电毛利（单位：元）

6.2.2.3   投机操作的风险考虑

通过上述分析，可以明白利用头寸的基差和量差进行投机的风险是很大的——潜在的盈利和亏损数额均较大。当投机者下赌时，必须考虑两个关键问题：1）赢面，即赌赢的可能性，对于多头头寸而言是指基差<0，对于空头头寸而言是指基差>0；2）能接受的亏损数额，即赌输后亏损额可在自己承受的范围内，这不仅与基差相关，也与量差相关。具体到电力现货市场而言，赢面是通过长期地对现货电价进行观察和概率统计推算出的；可能的亏损数额是基于赢面和量差推算出来的，售电公司是对用户负荷进行预测，然后基于市场上的合约价格行情，结合风险价值模型，计算出合理头寸的数量。

总之，投机者与对冲者最大的不同在于：对冲者是通过头寸稳定购电成本，因此并不追求合约与现货之间产生很大的基差或量差，即使这样做可能有利可图；而投机者则要通过头寸获取收益，因此会对基差趋势下赌，并人为地扩大量差获得头寸的投机效果以扩大利润，但风险也将随之上升。

6.2.3   现货套利者的交易策略

电力市场中套利者通过对相同或相近标的，进行相互抵消的两个或多个交易来锁定盈利。对冲、投机和套利这三类操作之间，并没有可以泾渭分明的界限，尤其是套利和投机操作都是为了扩大收益，区别在于套利操作并不长期持有购入标的，一般在24h之内就会进行相反的操作将其平仓、完成套利（例如在日前市场多购入的电量会在第二天的实时市场自动卖出）。因此收益和风险都比投机操作低。

6.2.3.1 现货市场日前-实时套利原理

接下来将用广东2021年5月现货结算试运行的实际电价数据，介绍一下套利者的典型操作——日前-实时市场价差套利，即用电侧的交易员基于对日前市场和实时市场的节点电价大小的判断，预测日前电价高时，通过少报电量让更多实际用电量在相对便宜的实时市场结算；或预测实时电价高时，进行相反操作，来达到利用日前-实时电价进行套利、降低购电成本的目的。

但在我国广东省的现货试结算中，由于用电侧的报量数据并不参与日前市场出清（被替换为调度负荷预测数据），机组组合和日前市场也并未分开，这会导致日前市场价格被电网调度人为控制，从而与实时市场价格产生较大偏离（在没有极端天气、机组跳机和电网故障等意外时，正常情况应该是日前市场和实时市场价格相差不远），使套利者面临较大的风险（当然潜在收益也会提升），这让日前-实时价差套利操作看起来更接近于投机。但笔者希望、也相信此规则会改善，因此仍将其归入套利操作。下面将以广东2021年5月现货试结算为背景，来详细介绍一下这个操作该如何进行。

6.2.3.2 用于套利的数据模型

由于日前市场的出清、交易结果仅用于结算，无须实际执行，其本质就是电网调度基于对第二天负荷等市场边界条件的预测，运行市场仿真程序，算出出清电量和价格，用于提前锁定第二天市场中的大部分电费。如果有市场主体发现电网调度公布的市场边界预测数据在某些时刻出现较大偏差，这将大概率使日前和实时价格出现令套利者满意的价差空间，从而引发套利操作。

如果读者分析过广东现货试结算的市场边界数据，不难发现这样的时刻屡见不鲜，接下来进一步推论由于日前市场出清和机组组合没有分开，电网调度很可能故意调整预测后的数据以影响日前市场价格和机组组合。客观上来讲，这为套利者提供了便利，但要求其具备较强的负荷预测、电价预测等能力，而具备这种能力需要拥有大数据技术和平台。

目前，广东市场中绝大部分市场主体并不拥有这样的能力，对于独立售电公司而言更是如此，这是否意味着这种套利操作与独立售电公司无缘呢？在这里给大家介绍一下赌场中普遍使用的凯利公式。凯利公式（也称"凯利方程式"）是一个在期望净收益为正的独立重复赌局中，使本金的长期增长率最大化的投注策略。该公式于 1956 年由约翰·拉里·凯利（John Larry Kelly）在《贝尔系统技术期刊》中发表，可以用来计算每次游戏中应投注的资金比例。由于这个公式是基于统计学中的概率理论，即使没有大数据平台来预测负荷和电价，也一样可以使用。接下来结合广东现货试结算的实际情况，讲解一下如何将这个公式用于日前-实时市场价差套利。

凯利公式本身十分简洁：投注比例 $= \dfrac{获胜概率 \times 赔率 - 失败概率}{赔率}$，但其证明过程十分复杂，本章不进行介绍。如果将其应用于日前-实时市场价差套利，实际上就是用这个公式算出用于套利的电量。那么如何根据日前和实时市场的情况，得到这个公式所需的已知条件呢？既然知道这个公式的原理是统计学里面的概率理论，所以首先要先设置一段时间的观察期，用于产生足够的样本进行统计、分析。由于目前现货试点阶段，价格走势并不稳定，所以观察期不要太长，个人经验以 3~5 天为宜。如果参加或者关注了广东 2021 年 5 月的现货试结算，相信应该同意这样的说法：无法用 2021 年 5 月第一周的电价情况去推断 2021 年 5 月最后一周的电价情况，而且日前和实时价格的高低胜率很可能在 5、6 天后就会开始反转。本章以 3 天作为观察期。

6.2.3.3 日前-实时市场价差套利实例

为了让案例尽量真实，本小节模拟出了一家售电公司的 2021 年 5 月电量情况，姑且称其为"慧套利"售电公司。由于有 3 天的观察期，2021 年 5 月 1 日至 5 月 3 日的日前市场和实时市场电价情况见表 6-5。

表 6-5　"慧套利"售电公司 2021 年 5 月 1 日至 5 月 3 日的日前市场和实时市场电价情况

时刻	日前均价/元	实时均价/元	日前高次数	实时高次数
0:00	389. 2009333	310. 4004333	2	1
1:00	361. 1569333	293. 7241667	2	1
2:00	355. 6727667	273. 7959	2	1
3:00	356. 8704667	250. 4076	2	1
4:00	324. 7981667	240. 4489333	3	0
5:00	316. 4405	240. 5532667	3	0
6:00	333. 483	280. 3712	3	0

（续）

时刻	日前均价/元	实时均价/元	日前高次数	实时高次数
7:00	334.0080333	282.1310667	3	0
8:00	353.8353	287.207	2	1
9:00	392.1703333	260.0417	3	0
10:00	365.8115	240.4702333	3	0
11:00	408.9202667	266.3461	3	0
12:00	350.8807	260.9145333	2	1
13:00	415.7897333	288.3417	2	1
14:00	452.0535667	285.1233	2	1
15:00	422.4475	267.8600333	2	1
16:00	370.6854667	259.0961667	2	1
17:00	325.8647333	284.8832	2	1
18:00	326.0508	271.9953667	2	1
19:00	377.0235333	283.0942667	2	1
20:00	374.2847333	307.0963	2	1
21:00	362.3999333	300.9887667	2	1
22:00	416.3272	302.6269333	2	1
23:00	390.0330333	288.8429667	2	1

　　根据上述观察，可以统计出每个时刻日前价格高或者实时价格高的胜率及败率，见表6-6。

表6-6　"慧套利"售电公司2021年5月1日至5月3日每个时刻
日前价格高或者实时价格高的胜率及败率

时刻	方向	获胜概率	失败概率
0:00	日前高	0.667	0.333
1:00	日前高	0.667	0.333

（续）

时刻	方向	获胜概率	失败概率
2:00	日前高	0.667	0.333
3:00	日前高	0.667	0.333
4:00	日前高	1	0
5:00	日前高	1	0
6:00	日前高	1	0
7:00	日前高	1	0
8:00	日前高	0.667	0.333
9:00	日前高	1	0
10:00	日前高	1	0
11:00	日前高	1	0
12:00	日前高	0.667	0.333
13:00	日前高	0.667	0.333
14:00	日前高	0.667	0.333
15:00	日前高	0.667	0.333
16:00	日前高	0.667	0.333
17:00	日前高	0.667	0.333
18:00	日前高	0.667	0.333
19:00	日前高	0.667	0.333
20:00	日前高	0.667	0.333
21:00	日前高	0.667	0.333
22:00	日前高	0.667	0.333
23:00	日前高	0.667	0.333

　　获胜和失败概率统计出来以后，接下来要开始估算赔率（也叫盈亏比），这个就是期望盈利和可能亏损的比例。在一场赌局中期望盈利一般是规定好的，

比如押 10 元赔 20 元,这个 20 元就是期望盈利。在日前-实时市场价差套利中,每押一度电的盈利是日前和实时之间的价差,那么可以以将观察期中每时刻日前或实时套利的均值近似地认为是期望盈利,而可能亏损也可以近似地认为是观察期中每时段套利损失的最大值。有了赔率、胜率和败率这些条件以后就可以利用凯利公式计算投注的资金比例了。除此之外,还要根据胜率和赔率估算出期望值(获胜概率×赔率-失败概率),也被称为"赢面",如果某个时段赢面太小(负值),则不值得下注,见表6-7。

表 6-7 日前-实时市场价差套利中"赢面"情况

时刻	押注方向	胜率	败率	期望套利	可能损失/(元/兆瓦时)	赔率	期望值	下注资金(%)
0:00	押日前高	0.667	0.333	135.32845	34.2554	3.951	2.3	0.582
1:00	押日前高	0.667	0.333	120.704	39.1097	3.086	1.724	0.559
2:00	押日前高	0.667	0.333	140.6681	35.7056	3.94	2.293	0.582
3:00	押日前高	0.667	0.333	160.8134	2.2382	71.849	47.566	0.662
4:00	押日前高	1	0	84.34923333	0.001	84349.233	84349.233	1
5:00	押日前高	1	0	75.88723333	0.001	75887.233	75887.233	1
6:00	押日前高	1	0	53.1118	0.001	53111.8	53111.8	1
7:00	押日前高	1	0	51.87696667	0.001	51876.967	51876.967	1
8:00	押日前高	0.667	0.333	99.9728	0.0607	1646.998	1097.666	0.666
9:00	押日前高	1	0	132.1286333	0.001	132128.633	132128.633	1
10:00	押日前高	1	0	125.3412667	0.001	125341.267	125341.267	1
11:00	押日前高	1	0	142.5741667	0.001	142574.167	142574.167	1
12:00	押日前高	0.667	0.333	149.3288	28.7591	5.192	3.128	0.602
13:00	押日前高	0.667	0.333	195.40355	8.463	23.089	15.059	0.652
14:00	押日前高	0.667	0.333	261.3054	21.82	11.975	7.65	0.639
15:00	押日前高	0.667	0.333	237.1786	10.5948	22.386	14.591	0.652
16:00	押日前高	0.667	0.333	176.49655	18.2252	9.684	6.123	0.632

（续）

时刻	押注方向	胜率	败率	期望套利	可能损失/（元/兆瓦时）	赔率	期望值	下注资金（%）
17:00	押日前高	0.667	0.333	86.5527	50.1608	1.726	0.817	0.473
18:00	押日前高	0.667	0.333	101.3309	40.4955	2.502	1.335	0.533
19:00	押日前高	0.667	0.333	150.9867	20.1856	7.48	4.653	0.622
20:00	押日前高	0.667	0.333	125.06825	48.5712	2.575	1.383	0.537
21:00	押日前高	0.667	0.333	118.6589	53.0843	2.235	1.157	0.518
22:00	押日前高	0.667	0.333	193.24085	45.3809	4.258	2.505	0.588
23:00	押日前高	0.667	0.333	179.0301	54.49	3.286	1.857	0.565

这时已经知道了每次下注的资金比例，但是仍面临一个问题——用来下注的是电量不是现金，所以还需要一个转换：由于广东现货试结算中的日前-实时市场价差套利电量偏差容忍比例是 50%，也就是说最多将日前预测电量的 50% 用于押注（为简化算例，先忽略预测和实际电量的偏差），再根据观察期内的每时刻日前或实时均价就可以将电量和资金进行互相转换。

观察期结束后就要开始下注了，这里需要注意的是，慧套利售电公司无法在观察期结束后的第二天就下注，实时市场的电价一般在 D+2 日公布，为了产生 3 天的统计样本，实际上需要等待 5 天时间。也就是说慧套利售电公司要用 2021 年 5 月 1 日到 5 月 3 日的统计结果指导 2021 年 5 月 6 日日前申报，用 2021 年 5 月 2 日到 5 月 4 日的统计结果指导 2021 年 5 月 7 日的日前申报……以此类推。

慧套利售电公司代理用户的 5 月用电量约为 480 万千瓦时，由于篇幅所限，不可能将其 2021 年 5 月 6 日至 5 月 31 日所有时刻的套利结果贴在文章中，在这里仅公布最终结果：26 天中慧套利售电公司下注电量为 1202.31MWh，套利总额为 38084.24 元，其中最大单笔套利为 3451.13 元，最大单笔亏损为 2100.98 元，加权平均度电套利为 3.17 分。

需要进一步说明的是，通过观察每天的套利结果，会发现慧套利售电公司并不是每天都套利成功，甚至有连续几天套利亏损的情况。这给我们两个启示：1）基于统计概率的凯利公式需要有足够长的时间才能显现出威力；2）如果想提高套利成功的概率仍需要大数据模型的参与。

6.3 新型售电业务的预期与展望

电力现货市场的出现，既颠覆了电力系统传统的运行方式，也颠覆了售电业务，随着现货试点的推进，市场主体必须利用新理念、新技术重构售电业务。可以预见，在不久的将来量化交易等新型交易技术将普遍运用于电力交易业务中。而电力市场的分工也将进一步细分，以交易技术和风险管理能力擅长的市场主体可能演化为做市商，帮助发电企业和售电公司应对现货价格波动风险。在相对稳定的价格预期下，社会资本将更加大胆地进入重资产的清洁能源发电和综合能源服务项目，从而推动我国双碳目标的顺利实现。

6.3.1 量化交易在电力现货交易中的作用

电力市场是无法被很好地预测和量化的，我国起步阶段的电力现货试点更是如此。但越是这样的市场，反而更需要量化交易模型的辅助，这就好像进入一个风险未知的战场，能存活下来的一定是对风险察觉能力更强的人。通过量化交易模型，不仅能够更好地察觉风险，还能够获得风险溢价的好处——当市场主体明白了风险所在，制定了更加谨慎的交易策略和价格红线，当风险发生时，其损失将低于其他竞争对手；而风险未发生时，则可能获得更多的利润。

对于售电公司而言，现货市场中最典型的风险莫过于用户的用户曲线不能与购入的中长期电力曲线匹配造成的风险：在现货市场结算时，如果中长期电量少于日前申报电量，不足部分将以日前市场该时刻的价格结算，此时日前价格越高，售电公司的购电成本越高；反之，如果中长期电量多于日前申报电量，多出部分将以日前市场该时刻的价格反卖回日前市场。此时，日前价格越低，售电公司的购电成本越高。

如前面的章节所述，对冲者交易中长期电量的目的是为了减少电价的不确定性，当用户的用户曲线不能与购入的中长期电力曲线匹配时，这种不确定性反而增加了，从而给交易者带来更大的风险。而规避这一风险既涉及中长期的交易策略，也涉及零售套餐设计策略。

在中长期交易中，需要量化在现货高价格时段中长期电量不足有可能造成的电价上升，和现货低价格时段的中长期电量过多造成的反卖亏损。这可以通过现货价格预测进行量化，也可以利用对历史现货价格的统计分析进行测算——前者需要电网和交易中心公布足够的数据后，用市场仿真系统实现；后者则需要积累足够长的历史数据。

在零售侧的套餐设计中，需要明确哪些电量可以走固定价格（包括一口价和分时价格），哪些电量按照事后统计的市场价格进行浮动。由于现货市场的价格波动巨大，固定价格的电量和定价显然需要与售电公司购入的中长期电量对应。为避免前文所述的中长期电量曲线与用户电量曲线不能匹配的风险，显然需要对用户的用电稳定性进行测度来确定固定价格的电量规模，剩余电量则要按市场价格进行浮动。需要注意的是，所谓市场价格往往是市场均价或统一出清价，由于用户的电量曲线各异，其实际的购电价格一般会偏离市场价格。在套餐设计中，交易中心一般会允许售电公司在一定范围内设置一个调整系数来修正这种偏离。而为每个用户制定调整系数，显然又需要对用户的电量曲线和市场价格的高低对应关系进行测算。

此外，量化交易模型还是测度市场情绪的有效工具，当市场上的电力价格（包括批发价格和零售价格）与历史正常价格出现较大偏离时，往往意味着市场上出现了狂热或恐慌的情绪，当情绪消散后市场价格将逐渐回归正常，而这正是前文所述的投机者对趋势下赌的最佳时机。

6.3.2 虚拟电力交易与做市商

量化交易模型除了能帮助市场主体觉察风险并获得风险溢价外，还可以协助获得流动性溢价。一般而言，中长期电量流动性越差其价格越低。这是因为，当交易者发觉手中的中长期电量需要减仓时（比如用户减产），流动性较好的中长期电量更容易转让出去，而流动性通常又与电量的大小和电量曲线的分解相关。比如电量规模不大的标准峰段中长期电量，流动性一般要好于电量规模较大的非标准曲线中长期电量，而做市商的核心价值就是让原本流动性不强的中长期电量频繁流动，从而获得利益。

做市商本身既无电源，也无负荷，所以也被称为虚拟交易商，其在某些交易中购买的电量，必然在其他交易中如数卖出，然而这种零和游戏却是成熟的电力市场中不可或缺的一部分。做市商机制允许其同时与发电企业和售电公司（包括大用户）进行交易，如同现在的售电公司将若干中小电量的用户打包与发电企业交易一样，做市商也可以将发电企业的中长期电量集中在自己手中，再切割后转卖给售电公司，以获得风险和流动性溢价。

如果站在我国现行电力市场的角度，很可能会对做市商的行为和作用产生怀疑，凭空增加的交易环节推高了电价，如果有"资本大鳄"进行投机，很可能通过垄断中长期电量来打压发用两侧的市场主体，获取超额利润。但一个成熟的市场设计显然不会允许上述事情发生，当中长期价格被做市商推到严重偏离现货价格的程度，则不可能发生交易。如果价格过低，发电企业则不会售卖中长期电量，而将电量保留到现货市场中结算；同理，价格过高时售电公司也不会购买中长期电量。所以，做市商只可能利用不同市场主体不同的交易目的、风险偏好和价格涨跌的不同看法，促使中长期电量来回买卖，赚取有限的利润。

事实上，做市商的存在反而促进中长期电价和现货市场电价的趋同。例如，当中长期电量的价格明显低于市场对现货价格的普遍预期时，做市商必然会大量购入，使中长期电量价格上涨，从而缓解了与现货价格差距过大给市场主体造成的风险。新能源发电企业对于这类风险最有体会，由于新能源发电的随机性、波动性和间歇性特点，其售出的中长期电量经常不能自己发电交付，而需要在现货市场购入电量进行金融交付，如果中长期电量价格远低于现货价格，这种金融交付将导致其面临巨额亏损。

因此，在电力市场引入做市商，能够通过促进交易标的的流动，缓解不同交易间的价差，稳定市场价格预期，降低市场交易风险。

6.3.3 售电业务助力推进"双碳"目标

在电力领域实现"双碳"目标，不仅是在供给侧提升清洁能源发电的占比，消费侧的革命可能更加重要。目前阶段处于我国发电绝对主力的燃煤发电机组无法灵活启停，因此不能采用让煤电机组暂时关机的办法来给新能源让路，彻底关停火电机组则对电力系统的安全隐患更大。这就需要挖掘电力消费侧的需求响应能力，促进新能源的消纳。

从我国近年来的电力现货试点来看，所有新能源占比较高的省份，均出现了新能源大发时现货价格较低的现象，这显然可以通过售电业务的价格信号引导，使用户改变用电习惯，让负荷向新能源大发的时段集中。

但是并不是所有用户的负荷都具有足够的柔性，可以任意地随着市场价格信号转移、调节。对于用电体量较大的工业和商业用户，改变用电行为是牵一发而动全身的事情，这不仅考验用户自身的管理能力，往往还需要通过建设节能改造、分布式发电、储能和多能互补等综合能源服务项目才能实现。而这类项目往往投资巨大，这既需要电力现货中不同时段的较大价差来保证项目收益，也需要通过中长期交易（包括电力期货和其他金融衍生品）协助加强不同时段的电价规律性，从而降低项目风险。

可以预见，随着电力现货试点的推进，售电业务的作用和价值绝不仅仅是使发电企业和售电公司（包括大用户）获得合理的电费收益，更是优化整个电力系统运行的关键一环，是促进我国双碳目标实现的重要推手。

参考文献

［1］张骥. 电力市场中的对冲者，投机者和套利者［J］. 中国电力企业管理，2021（22）：8.

［2］吴玮，周建中，莫莉，等. 基于套利定价理论的发电商最优交易组合策略［J］. 华北电力大学学报，2007（03）：90-96.

［3］夏雪. 电力现货市场下的市场风险及其金融衍生工具研究［D］. 北京：华北电力大学，2021.

［4］叶泽. 电力市场的逻辑起点与本质特征——"无现货、不市场"的解释及相关政策建议［J］. 中国电力企业管理，2021（13）：64-69.

［5］赵克斌. 新能源参与电力现货市场"避亏"指南［J］. 新能源科技，2021（02）：31-32.

［6］雒雷雷. 电力现货环境下新能源中长期市场机制研究［J］. 中国电力企业管理，2021（22）：55-57.

［7］杨建军. 基于 VaR 模型的关联交易风险量化研究——以 X 发电为例［J］. 当代经济，2018（07）：32-33.

治理转供电推动
配售电重构

转供电在我国普遍、大量存在，主题多样，分布广泛，情况复杂，带来了收费高、收费不透明，令国家降电价优惠政策红利被蚕食等问题。近些年，在推动一般工商业降电价的过程中，转供电问题得到了充分暴露，我国也不断推动对转供电不合理加价的治理。未来，转供电治理的不断深入也将推动配售电重构，转供电将成为配售电的重要方面。

7.1 关于转供电

7.1.1 转供电的概念

在《供电营业规则》（1996 年 10 月 8 日电力工业部令第 8 号公布）中，转供电指的是"在公用供电设施尚未到达的地区，供电企业征得该地区有供电能力的直供用户同意，可采用委托方式向其附近的用户转供电力"。

在《电力供应与使用条例》（1996 年 4 月 17 日中华人民共和国国务院令第196 号公布，根据 2019 年 3 月 2 日《国务院关于修改部分行政法规的决定》第二次修订）中，转供电指的是"在公用供电设施未到达的地区，供电企业可以委托有供电能力的单位就近供电"。

当前的实际情况是，绝大部分转供电行为并不是供电企业正式委托的，供电企业也没有按照《供电营业规则》承担相应责任。

当前"转供电治理"语境下的转供电概念，最权威的是国家发展改革委2018 年印发《关于清理规范电网和转供电环节收费有关事项的通知》（发改办价格〔2018〕787 号）（以下简称"发改办价格 787 号文"）提出的："转供电行为是指电网企业无法直接供电到终端用户，需由其他主体转供的行为"。

这个"转供电"概念涉及以下两类主体：

1) 转供电主体：转供电主体主要指公用电网未到达区域或电网企业未直供到户，在未违反与供电企业签订的《供用电合同》的情况下，利用其自用配电设施供电的主体。转供电主体向电网企业缴纳电费，向内部终端用户供电，并收取电费。转供电主体一般多为商业综合体、产业园区、物业、写字楼等。

2) 转供电终端用户：指的是通过转供电主体的配电设施供电，未直接和电网企业发生供用电关系的终端用户。转供电终端用户由转供电主体直接供电、电费交给转供电主体。转供电终端用户一般多为中小微企业、店铺、个体工商户等。

7.1.2　转供电的现状

2019 年初，我国非电网直供的一般工商业用户有 3400 多万户，转供电主体用户有 40 万户左右[1]。随着经济的发展，这些数字还在增加。

转供电情况非常复杂。转供电主体类型多样、分布广泛，在市区、郊区、城乡等商业聚集区域的商业综合体、楼宇、工业园区、批发市场、火车站、体育馆、企事业单位等都有不同形式的转供电情形。转供电主体的终端用户少的仅有 1 户，多则达数万户。一些转供电还存在多级转供现象。个别居民也有转供电行为。

7.1.2.1　转供电主体的主要类型

根据"发改办价格 787 号文"，转供电行为是指电网企业无法直接供电到终端用户，需由其他主体转供的行为。根据不同的转供电区域（如开发区、商业综合体、大型投资工程的电力配套设施等），转供电主体多是转供电区域业主方的物业公司、产业公司或能源中心等。

根据调查统计，我国主要的转供电区域类型包括[2]：

1）历史遗留的老企业和旧的居民小区。

2）政府投资平台管理的产业园区。

3）民营企业投资管理的产业园区。

4）非电网企业投资管理为大型终端用户服务的专用配电网。

5）大型国有企业内部工业园区。

6）大型民营企业内部工业园区。

7）商业地产企业投资管理的商业综合体，含商场、写字楼。

8）商业地产企业投资管理的商业大卖场，含建材城、家具城、各种批发和零售市场。

9）管理住宅区商业配套设施的物业企业。

10）大型建设配套工程的配电项目投资企业。

11）农村小城镇自建配电网。

7.1.2.2　转供电主体的现状特点

转供电主体的现状特点如下所述：

1）转供电主体基本都是与供电企业直接结算电费的，行使着基层供电营业所的主要职能，但是却不属于我国电力管理体系环节之内。

2）转供电主体电网的公网接入点与终端用户电力接入点之间的配电设施是

由转供电主体投资建设的。

3）转供电主体用电费用的计量与结算由供电企业负责，而通常情况下终端用户用电费用的计量和结算由转供电主体负责。供电企业一般是按照两部制电价（基本电价+电量电价）向转供电主体收费，转供电主体一般是按照一部制电价（电量电价）向终端用户收费。转供电主体向终端用户收取的用电费用中一般会摊销损耗、运行维护成本费用以及预期收益，以保证转供电主体的利益。相对转供电主体，终端用户没有对电价的议价能力，处于弱势地位。

4）由于转供电主体承担了转供电区域内的配电网投资、建设和运营的职能，大部分转供电主体在对终端用户收取电费的过程中存在不合理的加价现象。大部分转供电主体通过收取电费的方式搭车收取物业管理费和其他服务费，但是所开具的发票却不是电费发票。

5）转供电主体的配电网项目有清晰的供电区域范围。部分转供电主体属于为大型建设项目配套工程的配电项目。很多转供电主体符合非电网企业存量配电项目的特征。

6）2018 年绝大部分转供电主体实现了降价 10% 甚至以上的目标，但是还是有相当数量的转供电主体的电价仍然高于当地政府核定的终端销售目录电价。

7.1.3 转供电带来的问题

转供电泛滥带来的问题有很多，其中最受诟病的是收费高、收费不透明，令国家降电价优惠政策红利被蚕食[3]。常见的收费问题包括：

1）变更电价：大部分转供电主体是按自己的定价收取电费，而不是按照国家目录电价收取电费。

2）变更用电量：也有不少转供电主体会以"公共设施用电量""损耗电量"等名义，在用户的用电量上加上分摊电量。

3）搭车收费：部分转供电主体会以电力设备管理费、公摊能耗费、空调费、消防泵房费、电梯费以及峰谷差、电损线损、公用照明、人员服务费用等名义，搭车收费。

7.2 我国近年来的转供电治理

7.2.1 本轮转供电治理的背景

随着我国经济发展进入新常态，推进供给侧结构性改革是当前经济发展和经济工作的主线，而降低实体经济企业成本是供给侧结构性改革的重要任务。降低企业成本负担，能有效提高企业竞争力，增加经济潜在增长能力，保障经济平稳健康发展。

为了贯彻落实中央经济工作会议关于降低企业用能成本的部署，国家发展改革委从 2018 年开始采取各种措施来实现一般工商业电价连续两年平均下降 10%的目标。

在推动一般工商业降电价的过程中，转供电问题得到了充分暴露：大量转供电终端用户承担着更高的电价，而且无法享受到降价红利。

7.2.2　国家层面出台的政策

为了确保国家降电价政策得到落实，国家发展改革委连续发文，推动对转供电不合理加价的治理，见表 7-1。

表 7-1　国家发展改革委对转供电不合理加价的治理发文

发文时间	发文单位	文号	标　题	主　要　内　容
2018 年 3 月	国家发展改革委	发改价格〔2018〕500 号	关于降低一般工商业电价有关事项的通知	要求重点清理规范产业园区、商业综合体等经营者向转供电用户在国家规定销售电价之外收取的各类加价；明确商业综合体等经营者按销售电价向租户收取电费，其他相关费用协商解决，或将向电网企业缴纳电费向所有用户按各分表电量公平分摊
2018 年 7 月	国家发展改革委	发改价格〔2018〕787 号	关于清理规范电网和转供电环节收费有关事项的通知	要求全面清理规范转供电环节不合理加价行为；要求电网企业主动服务具备一户一表改造条件的电力用户实现电力直供；明确对于不具备改造条件，由转供电主体落实降价政策至终端用户；要求省级价格主管部门要会同电网企业采取有效措施加强清理规范工作

（续）

发文时间	发文单位	文号	标　题	主　要　内　容
2018 年 11 月	国家发展改革委	发改办价格〔2018〕1491 号	关于切实做好清理规范转供电环节加价工作有关事项的通知	要求加快转供电摸排清理工作进度、提高降价政策传导的可操作性、进一步加大降价政策宣传力度、配合做好第三方评估等工作切实推进一户一表改造、进一步强化责任担当
2019 年 5 月	国家发展改革委、工业和信息化部、财政部和人民银行四部委	发改运行〔2019〕819 号	关于做好 2019 年降成本重点工作的通知	要求加大对转供电环节以及其他领域降费政策落实情况的监督检查
2019 年 5 月	国家发展改革委	发改价格〔2019〕842 号	关于降低一般工商业电价的通知	要求认真清理规范商业综合体、产业园区、写字楼等转供电环节不合理收费、不及时传导等问题，将降价红利传导至终端用户

进入 2020 年以来，为了减轻新型冠状病毒肺炎疫情对中小企业的影响，国家发展改革委进一步推动降低企业用电成本，同样也重点强调了转供电传导降价红利，见表 7-2。

表 7-2　2020 年以来国家发展改革委关于转供电发文

发文时间	发文单位	文号	标　题	主　要　内　容
2020 年 2 月	国家发展改革委	发改价格〔2020〕258 号	关于阶段性降低企业用电成本支持企业复工复产的通知	要求各地价格主管部门要积极配合当地市场监管部门，切实加强商业综合体、产业园区、写字楼等转供电环节收费行为监管，确保降价红利及时足额传导到终端用户，增加企业获得感
2020 年 6 月	国家发展改革委	发改价格〔2020〕994 号	关于延长阶段性降低企业用电成本政策的通知	要求各地价格主管部门积极配合当地市场监管部门，创新方式方法，切实加强商业综合体、产业园区、写字楼等转供电环节收费行为监管，确保降价红利及时足额传导到终端用户

7.2.3　各省区出台的政策

为了落实《关于降低一般工商业电价有关事项的通知》（发改价格〔2018〕500 号），各地都出台了关于清理转供电环节加价的政策文件，见表 7-3。

表 7-3　各地出台关于清理转供电环节加价的政策文件

省区	发文时间	文号	标题
天津	2018 年 8 月	津发改价管〔2018〕526 号	关于清理规范电网和转供电环节收费有关事项的通知
	2018 年 9 月	津发改价管〔2018〕645 号	关于进一步明确转供电价格政策有关事项的通知
	2018 年 12 月	津发改价管〔2018〕857 号	关于进一步做好清理规范转供电环节加价工作有关事项的通知
河北	2018 年 8 月	冀价管〔2018〕100 号	关于完善转供电环节电价政策有关事项的通知
	2018 年 11 月	冀发改价格〔2018〕1601 号	关于切实做好清理规范转供电环节加价工作有关事项的通知
山西	2018 年 8 月	晋发改商品发〔2018〕539 号	关于清理规范电网和转供电环节收费有关事项的通知
	2018 年 11 月	晋发改商品函〔2018〕813 号	关于不折不扣完成好清理规范转供电环节加价工作的紧急通知
内蒙古	2018 年 7 月	内发改价字〔2018〕844 号	关于贯彻落实清理规范电网和转供电环节收费有关事项的通知
	2020 年 11 月	内发改价费字〔2020〕1076 号	关于进一步清理规范转供电环节加价有关问题的通知
辽宁	2018 年 8 月	辽价发〔2018〕51 号	关于降低一般工商业电价清理转供电环节收费的补充通知
	2018 年 8 月	辽市监联〔2018〕23 号	关于印发辽宁省转供电终端用户暨 5G 基站用电成本专项整治工作方案的通知
吉林	2018 年 8 月	吉省价〔2018〕148 号	关于清理规范电网和转供电环节收费有关事项的通知
	2020 年 8 月	吉发改价格联〔2020〕668 号	关于进一步明确转供电收费政策强化行为监管有关工作的通知

（续）

省区	发文时间	文号	标题
黑龙江	2018 年 7 月	黑价格〔2018〕112 号	关于转发《国家发改委办公厅关于清理规范电网和转供电环节收费有关事项的通知》的通知
上海	2018 年 8 月	沪价管〔2018〕29 号	关于清理规范电网和转供电环节收费有关事项的通知
江苏	2018 年 7 月	苏价工〔2018〕109 号	关于清理规范电网和转供电环节收费有关事项的通知
	2018 年 11 月	苏发改工价发〔2018〕1175 号	关于进一步做好清理规范转供电环节加价工作有关事项的通知
浙江	2018 年 7 月	浙价资〔2018〕109 号	关于进一步清理规范转供电环节不合理加价行为的通知
安徽	2018 年 7 月	皖价商〔2018〕87 号	关于清理规范电网和转供电环节收费有关事项的通知
	2019 年 11 月	皖发改价格〔2019〕652 号	关于进一步清理规范转供电环节加价行为的通知
福建	2018 年 5 月	闽价商〔2018〕94 号	关于进一步规范电网企业非直抄用户用电价格政策的通知
	2020 年 3 月	闽发改商价〔2020〕130 号	关于印发进一步清理规范转供电环节收费行为工作方案的通知
江西	2018 年 7 月	赣发改商价〔2018〕680 号	关于贯彻落实国家清理规范电网和转供电环节收费工作有关事项的通知
	2018 年 9 月	赣发改商价〔2018〕851 号	关于进一步做好清理规范转供电环节加价工作的通知
山东	2018 年 8 月	鲁价办发〔2018〕103 号	关于清理规范电网和转供电环节收费有关事项的通知
河南	2018 年 7 月	豫发改价管〔2018〕72 号	关于开展清理规范电网和转供电环节收费工作的通知

（续）

省区	发文时间	文　号	标　题
湖北	2018 年 12 月	鄂发改办发〔2018〕50 号	关于切实做好清理规范转供电环节加价工作有关事项的通知
湖南	2018 年 9 月	湘发改电〔2018〕11 号	关于进一步清理规范转供电环节加价有关事项的通知
	2018 年 11 月	湘发改函〔2018〕264 号	关于对转供电终端一般工商业用电价格实行最高限价的函
	2020 年 6 月	湘发改价调〔2020〕420 号	关于进一步清理规范转供电环节加价行为有关问题的通知
广东	2018 年 8 月	粤发改价格〔2018〕375 号	关于进一步清理规范电网和转供电环节收费有关事项的通知
	2019 年 11 月	粤发改价格〔2019〕337 号	关于降低 5G 基站用电成本有关问题的通知
	2020 年 10 月	粤发改价格函〔2020〕1827 号	关于进一步清理规范转供电环节加价有关问题的通知
广西	2018 年 7 月	桂价格〔2018〕73 号	关于清理规范电网和转供电环节收费有关事项的通知
	2019 年 11 月	桂发改价格函〔2019〕2438 号	关于做好降低一般工商业电价落实工作的通知
海南	2018 年 8 月	琼价价管〔2018〕467 号	关于清理规范电网和转供电环节收费有关事项的通知
重庆	2018 年 7 月	渝价〔2018〕101 号	关于开展清理规范电网和转供电环节收费工作的通知
四川	2018 年 8 月	川发改价格〔2018〕395 号	关于清理规范转供电环节收费有关事项的通知
	2018 年 10 月	川发改价格〔2018〕468 号	关于明确清理规范转供电环节加价有关事项的通知
	2020 年 7 月	川发改价格〔2020〕422 号	关于进一步明确转供电环节电价政策有关问题的通知

（续）

省区	发文时间	文　号	标　题
贵州	2018 年 8 月	黔发改价格〔2018〕939 号	关于转发《国家发展改革委办公厅关于清理规范电网和转供电环节收费有关事项的通知》的通知
云南	2018 年 8 月	云价价格〔2018〕101 号	关于贯彻落实清理规范电网和转供电环节收费有关事项的通知
	2019 年 7 月	云发改价格〔2019〕570 号	关于进一步明确转供电主体电费收取行为有关问题的通知
陕西	2018 年 7 月	陕价商发〔2018〕71 号	关于清理规范电网和转供电环节收费有关事项的通知
甘肃	2020 年 5 月	甘发改价格〔2020〕347 号	关于进一步明确转供电收费政策规范转供电主体收费行为有关工作的通知
青海	2018 年 7 月	青发改价格〔2018〕489 号	关于贯彻落实清理规范电网和转供电环节收费有关事项的通知
宁夏	2018 年 7 月	宁价商发〔2018〕18 号	关于清理规范电网和转供电环节收费有关事项的通知
	2018 年 12 月	宁发改价格〔2018〕786 号	关于切实做好清理规范转供电环节加价工作有关事项的通知
新疆	2018 年 8 月	新发改能价〔2018〕820 号	关于清理规范电网和转供电环节收费有关事项的通知
	2018 年 9 月	新发改能价〔2018〕880 号	关于进一步推进清理规范转供电环节加价行为的通知
西藏	2019 年 3 月	藏发改价格〔2019〕154 号	关于进一步清理转供电加价和规范趸售区域电价工作的通知
	2020 年 4 月	藏市监〔2020〕45 号	关于进一步做好清理规范转供电加价工作的通知

　　尽管各地都出台了政策文件，但基本上大部分是照抄了国家发展改革委的相关政策措施，如鼓励一户一表改造实现直供、产业园区自愿移交电网直供

或改制为增量配电网、转供体收取电费不高于向电网缴交电费、降价红利不允许截留等。部分省区也结合当地实际情况，提出了更细致、更具体的要求：

1）损耗率：湖北、四川、吉林和甘肃分别制定了损耗率的上限，分别是7%、6%、10%和10%。

2）最高限价：湖南对转供电价明确规定了最高限价。陕西和甘肃则对转供电加价进行了限制。

3）预售电价格限制：天津、山东、湖南、四川、吉林、甘肃和新疆提出了预售电价的限制政策，大部分是以一般工商业不满1kV峰段或平段价格为上限。

4）市场化价格传导：河北和四川要求对转供体参与电力市场形成的价差收入全额传导。

5）一户一表改造成本疏导：河北、河南、四川、新疆、海南明确，将一户一表改造增加的折旧和运维等成本纳入输配电价疏导。

7.2.4　政策执行的成效

经过两年密集政策的出台、宣传、督促、检查，转供电环节加价的清理工作获得了阶段性的成功：

1）一般工商业电价降价红利得到了传导：根据工业和信息化部《2019年度全国降低一般工商业电价政策落实效果第三方评估报告》，在参与调查的10694户转供终端用户中，有7097户缴纳的度电单价降幅达到了10%，占比66.4%；2334户缴纳的度电单价有所下降但降幅未达到10%，占比21.8%。

2）转供电主体的收费行为得到了规范：通过调查发现，绝大部分转供电主体都根据政策要求公示了电价和电费收取、分摊情况，超高加价的情况也比较少见了。

7.2.5　政策执行中暴露的问题

在落实各项政策的过程中，也充分暴露了许多实际问题：

1）清理加价：政策要求"清理规范国家规定销售电价之外收取的各类加价"，未明确如何保障转供电主体的合法权益与利益，实际执行起来困难重重。由于电网企业未正式委托转供电主体，也未承担相关资产的费用和损耗，转供电主体将这部分成本以合同方式分摊转嫁给用户，是否属于违规加价行为，其法律依据不足。

2）"一户一表"改造：政策要求"对于具备改造为一户一表条件的电力用

户，电网企业要主动服务，尽快实现直接供电，并按照目录销售电价结算"，但由于电网缺乏积极性，且转供电往往牵涉复杂的产权关系，而政策又未明确改造前对原有资产的收购或补偿方式，鲜有实际落地的案例。

3）移交或改制：政策建议"产业园区经营的园区内电网，可自愿选择移交电网企业直接供电或改制为增量配电网"。对于移交，由于拟移交的资产的价值不同，园区和电网企业的意愿会有很大差距，难以成交；对于改制为增量配电网，当前也很难行得通，因为增量配电网也同样面临成本无法回收的问题，甚至更严重。

4）通过其他方式收费：政策要求"商业综合体等经营者应按国家规定销售电价向租户收取电费，相关公用设施用电及损耗通过租金、物业费、服务费等方式协商解决"。这项措施通过转移"加价"到别的名目，能降低转供电终端用户的"名义电费"，但无法降低其"实际用电成本"，对于交、收款双方而言总费用没变，因此各方都没有积极性。此外，即使要执行，在实际中操作难度也非常大。首先既然是"协商"，有一家谈不成就可能整体搁浅；又比如调增租金、物业费、服务费等，还需修改租赁合同，而且调增费用是变量数字。

7.3 转供电问题的深度剖析

7.3.1 转供电问题的形成

7.3.1.1 涉及转供电问题的主要法规政策

目前涉及转供电问题的主要规章是 1996 年 10 月 8 日由原电力工业部颁发的《供电营业规则》（电力部令〔1996〕第 8 号）（以下简称《营业规则》）。2016年 1 月，为贯彻落实党中央、国务院关于推进"放管服"改革要求，国家发展改革委将《营业规则》列入拟修改的规章目录，目前尚未完成相关修改工作。

《营业规则》第十四条对转供电的规定如下：

用户不得自行转供电。在公用供电设施尚未到达的地区，供电企业征得该地区有供电能力的直供用户同意，可采用委托方式向其附近的用户转供电力，但不得委托重要的国防军工用户转供电。委托转供电应遵守下列规定：

1）供电企业与委托转供户（以下简称转供户）应就转供范围、转供容量、转供期限、转供费用、转供用电指标、计量方式、电费计算、转供电设施建设、产权划分、运行维护、调度通信、违约责任等事项签订协议。

2）转供区域内的用户（以下简称被转供户），视同供电企业的直供户，与直供户享有同样的用电权利，其一切用电事宜按直接户的规定办理。

3）向被转供户供电的公用线路与变压器的损耗电量应由供电企业负担，不得摊入被转供户用电量中。

4）在计算转供户用电量、最大需量及功率因素调整电费时，应扣除被转供户、公用线路与变压器消耗的有功、无功电量。

5）委托的费用，按委托的业务项目的多少，由双方协商确定。

7.3.1.2 《营业规则》的实际执行情况

《营业规则》的实际执行情况如下所述：

1）自《营业规则》发布以来，我国经济快速发展，进入 20 多年的基建热潮，导致《营业规则》中所谓的公用供电设施尚未到达的地区比比皆是。而经济发展不能等待供电企业建设好配电网之后再启动，于是出现了政府投资平台、企业自行投资、个人自建配电设施等多种社会配电网投资方式，有力地支撑了经济快速发展。

2）根据《营业规则》第十四条第 2 款规定，应该由供电企业为被转供户提供所有用电服务。而现实情况是，绝大多数被转供户并未享受到供电企业提供的服务，这也是造成转供电主体相关成本居高不下的主因之一。

3）《营业规则》第十四条第 3 款尤其执行不好，基本上向被转供户供电的共用线路与变压器的损耗电量都不是由供电企业承担。这也极大地增加了转供电主体的负担与成本。

4）经过去年对转供电问题的调研，发现转供电主体普遍负担偏重，所投资的电力配套设施几乎难以收回成本，在现有法规条件下，向被转供户转嫁成本只能是唯一可行的选择。

7.3.1.3 转供电主体的形成

转供电问题是电力公用基础设施的建设速度和长达二十多年的经济建设高速发展的矛盾所造成的。除了电力行业快速发展为全社会做出了巨大的贡献之外，社会资本也为使用电力付出了巨大的投资。近年来，供电企业开始将电力设施建设到用户用地红线作为服务目标。在此之前，更多的供电企业只是将电力基础设施建设到变电站，变电站之后的绝大多数配电设施投资由社会资本投入，从而形成了大量的转供电主体。

7.3.2 转供电大量存在的根本原因

转供电在世界各国都存在。其根本原因是，电网企业通常不会建设和运维园区、商场、办公楼等内部的配电设施，也不会直接面向各租户提供供电服务（计量、收费及相关服务）。在这种情况下，转供电主体就需要向各租户提供转供电服务。

《电力供应与使用条例》第二十条规定："在公用供电设施未到达的地区，供电企业可以委托有供电能力的单位就近供电"。《营业规则》第十四条规定："在公用供电设施尚未到达的地区，供电企业征得该地区有供电能力的直供用户同意，可采用委托方式向其附近的用户转供电力。供电企业与委托转供户应就转供范围、转供容量、转供期限、转供费用、转供用电指标、计量方式、电费计算、转供电设施建设、产权划分、运行维护、调度通信、违约责任等事项签订协议"。从这些规定可以看出，转供电的产生于法有据，但需要供电公司和转供电单位之间签订委托协议。然而在实际当中，鲜有签订委托协议，加之市场经济的快速发展、电力企业的改制以及电力供应的特殊性等原因，擅自转供电情况已是司空见惯了[4]。

按照有关规定，建设单位拥有产权的相关供电设施和配电线路可以移交供电公司管理和经营。但由于部分建设单位不想移交，或达不到移交标准，或双方之间就移交费用等问题没有达成一致等多方面原因，导致转供电大范围长时间实际存在。

综上所述，转供电的存在是有其必然性与合理性的。然而，在主要国家中，只有我国出现了转供电泛滥的情况。这种局面有着复杂的历史原因，但究其根源，还是得追溯到交叉补贴政策。转供电原因剖析图如图7-1所示。

我国主要存在以下三类交叉补贴：

1）省（自治区、直辖市）内发达地区用户对欠发达地区用户的补贴。

2）高电压等级用户对低电压等级用户的补贴。

3）大工业和一般工商业用户对居民和农业用户的补贴。

其中后两项正是导致转供电泛滥的主要原因。由于存在高电压等级用户对低电压等级用户的补贴，电压等级间的输配电价差被人为压缩了，这直接导致了配电设施的投资无法正常通过输配电价回收（顺便提一下，这也是近年来增量配电网业务改革连续五批试点但始终难以真正落地的根本原因），电网企业就会缺乏投资配电设施的动力。由于急需用电，各园区只能自行投资建设配电设施，形成了对园区内企业的转供电。大型工业用户也是类似的情况：自行建设配电设施，然后对周边急需电力又没有条件接入公用电网的其他工商业用户形成了转供电。

除了交叉补贴问题，我国现行的输配电价中存在的一些其他问题也加重了

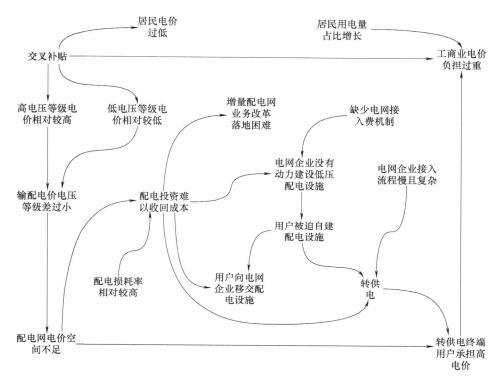

图 7-1　转供电原因剖析图

转供电问题：

1）输配电价中损耗没有区分输电和配电，更没有分电压等级核定。相对于高电压输电，低电压配电的损耗率高得多。这进一步恶化了配电设施的投资收益率。

2）输配电价只有电网设施使用费，没有接入费机制。电网企业为大型用户新建的输电线路，不属于公用供电设施，因此无法通过输配电价回收；由于缺少接入费或类似机制，也无法向大型用户直接收回投资。这就造成了电网企业不会投资建设接入线路，大型用户只能自行投资建设。建设完成后，由于线路走廊资源有限、成本等问题，附近的其他电力用户通常会通过大型用户转供电。

7.3.3　转供电加价存在的根本原因

转供电本质上是一种市场行为。转供电主体和转供电终端用户之间是一种契约关系。

转供电主体承担的成本和费用包括：

1）配电设施折旧。

2）配电设施运维费用。

3）电能损耗。

4）垫付电费的财务成本。

作为一个市场主体，先不说利润，转供电主体的成本和费用至少是需要能够收回的。

收回上述成本，基本上只有两种可行的路径：

1）向电网企业收取。

2）向转供电终端用户收取。

我国现行的《供电营业规则》明确规定："在公用供电设施尚未到达的地区，供电企业征得该地区有供电能力的直供用户同意，可采用委托方式向其附近的用户转供电力"。《供电营业规则》还明确规定了电网企业承担的责任，委托转供电应遵守的规定详见7.3.1.1小节所述。

如果真正依照《供电营业规则》执行，转供电企业承担的绝大部分成本将由电网企业承担。然而，由于种种原因，此类规范的转供电极为少见，转供电主体实际上无法通过这个渠道收回前述成本和费用。既然无法从电网企业回收成本，那就只能从终端用户收回了。

由于转供电一般存在电压等级差，而低电压等级的输配电价比高电压等级的输配电价高，因此，在理想情况下，转供电主体的上述成本和费用是能够在不额外加价的情况下收回的。

然而，由于交叉补贴严重扭曲了当前的输配电价，严重压缩了各电压等级之间的价差，再加上损耗也未按电压等级核定，最终导致转供电业务（以及所有的配电业务）按照规定的输配电价收费就无法回收前述的成本和费用。也就是说，转供电主体不得不向转供电终端用户额外收费。向终端用户额外收费，最自然的是附加在电费上。这就是所谓的电费加价。

因此，在当前政策环境下，转供电的电费加价是必然存在的。如果政策强制不允许电费加价，转供电主体就不得不以其他方式（如加收各种服务费、提高物业管理费或租金等）向转供电终端用户额外收费。

7.3.4　转供电相关突出问题

7.3.4.1　配电资产管理体制不顺

转供电主体虽然不是电力主体，但是行使着电力基层营业所的管理职能。

公用电网目前的管理触角仅仅只到转供电主体的围墙以外，甚至有的局限在转供电主体并网接入变电站间隔。如果说电网企业是按照专业化和规范化管理的标准来管理配电网，那么这种管理到了转供电主体的范围就成了脱缰之马，既没法做到配电网的专业化和规范化管理，更谈不上依规对用户进行电费的结算。这种现象意味着，我国配电管理体制长期以来处于不完善、不规范、不专业的状态，难以高质量地使用电力和最优化地降低能耗[5]。

目前从整个电力产业管理链条来看，电网的"最后一公里"居然游离于整个电力行业管理机制之外，这直接造成了转供电主体日积月累的不规范行为，同时新的转供电主体还在不断地诞生。

7.3.4.2　企业投资回收模式不顺

从转供电主体的特点可以看出，企业是真金白银地投资了转供电区域内的配电设施。而且这些电力设施由于特殊原因，经常出现高于转供电主体实际使用容量的情况，使得绝大部分转供电主体出现了"大马拉小车"的现象，大大增加了电力设施投资的成本，也使得转供电主体的度电过网成本难以下降。

由于转供电配电网游离于电力行业管理之外，企业又认为既然自行投资了配电网，那么从投资回收的角度出发，向终端用户转嫁投资成本、运营成本和配电网的损耗是"天经地义"的。而从电力运营和电价管理机制来说，这部分配电网不属于管制性业务的范畴，也难以纳入经信或者价格管理部门的工作范围。因此造成了转供电主体的投资机制缺乏监管和政策依据。

7.3.4.3　准垄断下收费机制不顺

转供电主体作为事实上的基层供电营业所，其性质已经具备准垄断企业的特点。对于终端用户，转供电主体在收费权上与电网是处于同等地位的。用户一旦进入转供电主体的供电范围，就处于弱势地位，很难把控电价的高低。因此在这种准垄断下，转供电主体必然不受监管地向终端用户收取所有自行认为应该摊销的成本和损耗。更有的转供电主体还加收若干管理费，把转供电变成了一种敛财行为。

7.3.4.4　被转供企业缴费方式不顺

在清理一般工商业用户电价过高的过程中，发现很多被转供的用户出现了电费和物业费难以区分、用电量和损耗难以确认、公摊电量和自用电量难以厘清、直接电费成本和电力设施运营管理费等混淆不清的缴费方式。这使得相当一部分被转供用户的度电支出超过国家规定的终端销售目录电价30%以上，从而大大增加中小企业的创业和生产成本。

7.3.4.5　市场监管组织体系不顺

从这次转供电主体价格检查和清理不合理收费的过程中，反映出了电力配电网监管存在对转供电主体（事实上的基层供电营业所）的"死角"。虽然目前能源、经信、价格等部门对电网企业的监管力度日益加强，但是转供电主体的管理问题也就是因为这次特殊原因突显出来，一旦清理运动结束，这种纯行政行为，由于缺乏市场驱动、系统监管和政策制约，也只能治标不治本。

7.4　转供电治理的原则

7.4.1　正视转供电存在的必然性及其独特价值

第7.3.2小节中分析了转供电大量存在的根本原因。在输配电价体系和交叉补贴得到理顺之前，转供电必然会继续大量存在，甚至会继续增加。不解决根源问题，不消灭转供电泛滥的土壤，出台再多的清理政策也不能根除转供电。

从另一个角度来看，转供电也不应一刀切地根除，毕竟电网企业的主要业务是建设和运维公共供电设施。然而由于商场、办公楼等场所内配电设施通常和冷热电三联供、通风空调等设施相互交织，供电业务通常和物业管理业务难以分开，租户的变化也比较频繁，因此，由物业管理公司转供电是一个更自然、更合理、有利于电网企业降低成本，也有利于转供电主体发挥协同优势，创新服务业态，在提升服务质量的同时降低总体成本[6]。

7.4.2　允许转供电业务回收合理成本

转供电配电设施的建造成本比较大，其形成的资产只能作用于电力配送而无法另作他用，因此，收回成本是资本的必然选择。

近两年国家层面出台的转供电治理政策，也是明确要求"全面清理规范转供电环节不合理加价行为"；在第十三届全国人民代表大会第四次会议上，李克强总理在政府工作报告中提出的也是"进一步清理用电不合理加价，继续推动降低一般工商业电价"。也就是说，在转供电环节中，真正需要清理的是"不合理加价"，"合理加价"是允许的。那么哪些加价是合理的呢？主要有以下四项：

1）配电设施折旧。

2）配电设施运维费用。

3）电能损耗。

4）垫付电费的财务成本。

另外，还有相关的税费，以及合理的利润，这些都属于"合理加价"的范畴，应当允许转供电主体通过电价加价回收。当然，第1）项和第2）项加在电价上是否合理，是可以探讨的，但如果不加在电价上，就需要加在物业管理费或者租金中，最终还是由终端用户承担。

那么哪些加价是不合理的呢？最重要（也是最不能接受）的有以下两项：

1）截流降价、优惠等政策红利。

2）重复收费（在电费加价中收取物业管理费、租金等收费中已经包含的费用）。

这些才是转供电治理应该抓住的核心。此外，还有处于合理与不合理之间灰色地带的收费，比如共用设施（如空调、照明、电梯等）的用电。共用设施的用电费用每个月不固定，放到物业管理费或者租金中并不十分合适，将其分摊到电费中有一定的合理性。

7.4.3　允许转供电业务获得合理收益

获得收益也是投资的基本要求。我国现行的《中华人民共和国电力法》明确规定："电力事业投资，实行谁投资、谁收益的原则"。

实际上，一些特定的转供电服务，如港口为船舶提供岸电服务、充电站为电动汽车提供充电服务等，一直都是允许通过收取服务费来获利的，这些业务也支撑了大量能源服务公司的发展。

一些地方出台的政策文件中规定"转供电主体不得通过转供电服务获利"，这种提法值得商榷，因为它不仅与《中华人民共和国电力法》的精神不符，实际上也很难界定转供电主体是否通过转供电服务获利。

7.4.4　坚持责权对等原则

前面已经分析过，转供电泛滥以及转供电加价难以根治的根本原因是被交叉补贴扭曲了的输配电价体系。在当前的输配电价体系中，高电压用电的收费比实际供电成本高，而电压等级之间的价差不足以覆盖转供电的成本。也就是说，在当前的输配电价体系下，如果电网企业不降低对转供电主体的结算电价，转供电加价是无法解开的死结。

根据责权对等原则，既然电网企业向转供电主体收取了比实际供电成本更高的电费，就应该承担起相应的责任，比如承担供电损耗、补偿转供电设施的折旧和运维成本等。或者反过来，如果电网企业不承担这些责任，就应该降低其收费，使得转供电主体有足够的空间来承担这些责任。

7.4.5　坚持政府监管原则

和所有的供电、供水等业务一样，转供电业务也具有自然垄断属性和社会公益属性。因此，政府有必要对转供电业务进行监管和干预，规范电网和转供电主体的行为，保护电力用户的利益，保障市场竞争的有效性。

7.4.6　正视转供电问题的复杂性及其治理的长期性

转供电问题的形成有其深刻的历史背景。当前所面临的转供电问题不仅数量庞大、分布广泛，而且由于靠近末端，几乎每个案例都涉及模糊的资产权属、繁杂的服务和收费，以及复杂的利益格局。

治理转供电是一个复杂的系统工程，应遵循问题导向、先"治标"再"治本"的原则，逐步推进各项措施，最终妥善解决转供电加价问题。

（1）临时性措施

临时性措施的目标是，在尽可能短的时间内，解决转供电中最严重、最突出的问题。

目前，各地已经出台了一些临时性措施，如限制最高损耗率、最高预收费价格、最高转供电价格、"转供电费码"等。这些措施的针对性比较强，也容易操作落地，对在短时间内解决转供电的突出问题起到了积极作用。

（2）过渡性措施

过渡性措施的目标是，在现有法律法规的框架下，在输配电价体系得到完善之前，合理分配政府、电网企业、转供电主体、转供电终端用户的责任和利益，使转供电业务得到进一步规范。

潜在的过渡性措施包括大力推进"一户一表"改造，在电网企业和转供电主体之间建立正式委托关系等。

（3）长效性措施

长效性措施的目的是，通过进一步深化电力体制改革以从根本上解决转供电相关问题，并消灭滋生转供电问题的土壤。

潜在的长效性措施包括完善市场机制，将转供电纳入供电监管范围，以及完善输配电价体系等。

7.5　发达国家转供电治理的实践

转供电在世界各国都存在。一些发达国家已经形成了完善的转供电业务治理政策。

在美国，一些房车营地、码头及住宅楼实际上存在转供电。尽管这在美国大部分州是不合规的，但只要它们没有在公用事业公司账单分摊之外额外收费（也就是没有电费加价），一般会被默许存在[7]。

在英国，当前约有50%的居民小区和商业楼宇由一类被称为IDNO（独立配电网运营商）的公司合法地开展转供电。居民小区或者商业楼宇往往将其配电资产无偿移交（或者低价销售）给IDNO，由IDNO提供专业的运维服务[5]。IDNO受到国家天然气和电力市场办公室的监管，一般来说，它们向租户的收费不能高于所在配电网的其他小区/商业楼宇的价格。

在澳大利亚，住宅小区和购物中心等建筑的内部配电设施一般也都是自建的，且通常会指定一类被称为ENO（嵌入网络运营商）的公司合法开展转供电，即计量、收费和租户服务[8]。ENO须在国家电力市场监管局正式注册（对于小于10个租户且不是以转供电为主要业务的转供电主体，并不需要实际办理注册手续），其收费是受监管的。

7.6　推动转供电治理与配售电重构的同步发展

7.6.1　合力推动转供电治理

7.6.1.1　明确转供电收费及相关责任

1）转供电区域的共用设施的用电及损耗，经转供电主体与转供电终端用户协商，可以通过租金、物业费、服务费等方式解决，也可以采用电量分摊的方式解决。

说明：共用设施的用电及损耗不应通过在电价上加价来回收。如果调整租金或者物业管理费确实有困难，可以将该部分电量（包括损耗电量）分摊到各转供电终端用户，电价保持不变。

2）转供电主体应与每个转供电终端用户签订转供电协议，明确电价及其构成、电量计量方式、其他分摊内容及分摊方式、电费缴纳方式，以及双方的权利和义务。

说明：转供电价格问题正是由于转供电主体僭越了电网企业的职权，阻断了电网企业与终端用户的联系。因此，强制要求电力转供合同的订立是规范化转供电、保障公平交易的重要手段。

7.6.1.2　鼓励电网企业适当支持转供电主体

1）电网企业适当放宽转供电主体电费缴清期限。

说明：转供电主体对转供电终端用户的抄表通常比电网企业抄表迟几天，而且抄表往往需要几天到一两个星期的时间，因此，大部分转供电主体都需要先垫交电费给电网企业，造成了资金压力和财务成本负担。电网企业资金实力更雄厚，而且通常会有不少企业是预缴电费的，适当放宽转供电主体的缴费期限不会造成明显的负担。

2）鼓励电网企业将智能电表安装到转供电终端用户，实现统一集中抄表，并及时将抄表数据发送给转供电主体。

说明：电网企业将智能电表直接安装到转供电终端用户处对各方都有好处：对转供电终端用户来说，计量更权威更可信；对转供电主体来说，省去了每个月抄表的工作量，而且也避免了抄表不同步带来的结算麻烦；对电网企业来说，在增加成本不多且可控的情况下，能更准确地获取辖区内电力用户的用电数据。

7.6.1.3　推动降低获得电力成本

1）鼓励电网企业将其业扩投资界面前移到用户红线内，指导电网企业采用合理的方式接收用户投资的外线工程。

说明：电网企业将其业扩投资界面前移到用户红线内，用户将不再需要自行建设变电站或者环网柜，仅需提供相应场地即可。对于用户已经投资建设的外线工程，经第三方机构评估后，电网企业应公平接收。这些措施可以显著提升供电质量、降低转供电企业的负担，有利于改善营商环境。

2）鼓励多方共同筹集资金，推进"一户一表"改造。

说明：推进"一户一表"改造转供电主体的供配电资产改造费用巨大，单靠某个主体承担较难完成。改造费用可由转供电主体、电网企业和地方财政共同筹集：转供电主体可以由物业维修基金筹集[9]；电网企业可根据规划安排向当地价格主管部门提出改造申请，将每年的改造费用纳入输配电价成本，并通过输配电价回收；各级政府可根据财政实际，给予适当的补贴。

7.6.1.4　鼓励社会资本参与转供电治理

1）支持有实力的社会资本通过托管、收购等方式对转供电资产进行重组、优化，并开展集约化的运营。

说明：英国和澳大利亚在转供电管理方面的经验表明，专业机构开展转供电业务，通过专业化的管理，不仅能提高供电质量和服务质量，也更容易实现规范化的收费。

2）可以采取"地方政府引导，当地企业主体，引入外部优质合作伙伴"的方式，建立城市配电资产管理公司，实现对配电资产（包括转供电资产）的盘活与规范化运营管理，并贴合电力用户的实际需要开展多元化服务，达到提高资产利用效率、改善政府与相关企业的负债状况、降低园区企业获得电力成本的目的。

7.6.2　将转供电治理融入配售电重构

7.6.2.1　进一步规范化转供电

1）鼓励电网企业与符合条件的转供电主体依据《供电营业规则》签订协议，委托其开展转供电业务，并同时加强转供电指导，规范转供电行为。

说明：《供电营业规则》对转供电协议的内容有明确的规定，而且还详细规定了损耗的承担方式、最大需量和功率因素调整电费的处理方式[10]。电网企业与转供电主体签订转供电协议，是最有效解决转供电问题的方式。

2）对于符合条件的转供电主体，如果电网企业暂时无法与之签订委托转供电协议的，电网企业应参照趸售模式，以批发电价和转供电主体结算。批发电价应比目录电价优惠10%以上[11]。

说明：批发电价在目录电价上的优惠，是为了补偿转供电主体的资产折旧、运维费用以及损耗等。

7.6.2.2　进一步规范化转供电收费

1）转供电终端用户按照转供电电价向转供电主体支付电费。转供电电价不得超过目录电价的110%。

说明：当前转供电电价采用的是高峰时段的一般工商业目录电价。这种收费方式的问题是，如果大部分转供电终端用户都是在高峰时段甚至尖峰时段用电，转供电主体一定会亏损；如果大部分转供电终端用户在平段甚至低谷时段，转供电主体又会获得超额利润。转供电电价在目录电价上浮动一定比例更符合转供电的成本构成，能保护各方的利益，同时也便于操作和监管。

2）在转供电主体与电网企业签订委托转供电协议（或者按批发电价结算）之后，转供电主体必须严格按照目录电价向转供电终端收取电费。

说明：转供电主体与电网企业签订委托转供电协议，或者按批发电价结算，即可认为转供电主体的成本以及转供电损耗已转嫁到了电网企业，转供电主体不能再向转供电终端用户加收电费。

7.6.2.3 配合电力市场改革

1）符合条件的转供电终端用户可以参与电力市场交易（直接参与，或者通过售电公司代理参与），转供电主体不得剥夺转供电终端用户的选择权。

说明：随着电力市场建设的逐步推进，更多的一般工商业用户将能够参与电力市场交易。转供电一体化的电力供应需要逐渐转换成配售分离模式，即转供电主体将其配电业务和售电业务分开，向所有的售电企业放开配电网。

2）在差价模式下，转供电主体与终端用户结算时，应将差价传导给转供电终端用户；在顺价模式下，转供电主体与终端用户结算时，应只收取配电费用。配电价格由价格管理部门统一核定并公布。

7.6.2.4 优化政府对转供电的监管方式

1）将转供电业务纳入配电业务监管体系。

转供电业务是配电业务的最末端环节，其业务性质和配电业务没有区别。因此，可以将转供电业务纳入配电业务的监管体系，对其供电范围、供电质量、服务质量、价格进行监管。

对于转供电的价格，可采用"准许成本加合理收益"的监管模式，也可以考虑最高限价、标尺竞争等激励性的监管模式。

2）定期委托第三方机构对转供电开展专项检查，确保国家和地方各项价格调整政策落实传导到位。

说明：转供电业务非常复杂。借助专业机构和专业人员的能力，借助大数据分析技术，政府能更准确地把握转供电的实际情况，更有针对性地制定政策措施。

参考文献

[1] 彭立斌，尹明. 转供电问题的形成、现状和解决原则 [J]. 电力决策与舆情参考，2019（12）：9.

[2] 曾伟民. 转供电治理与配电综合发展的思考 [J]. 中国电力企业管理，2019（19）：5.

[3] 姚金楠，朱妍. 谁拿走了 3400 万商户的降电价"红包" [EB/OL]. [2022-02-09]. https://shupeidian.bjx.com.cn/html/20190403/972603.shtml.

[4] 于学利. 转供电环节加价问题浅议 [EB/OL]. [2022-02-09]. http://www.chinapower.com.cn/nd/jslw/20200426/16928.html.

[5] 彭立斌，韩文德，杨迪，等. 转供电机制规范化改革思路 [J]. 中国电力企业管理，

2019（19）：5.

［6］许粤涛. 关于清理规范转供电环节不合理加价行为探析［J］. 中国价格监管与反垄断，2019（07）：3.

［7］沈贤义. 配电业务监管基础知识：美国的配电业务及其监管［EB/OL］.［2022-02-09］. https://zhuanlan.zhihu.com/p/47030981.

［8］朱月星. 企业降低成本的途径［J］. 职业，2013（33）：1.

［9］陈文. 规范转供电主体收取电费问题的研究［J］. 企业科技与发展，2020（09）：2.

［10］吴胜寒. 中国转供电法律问题研究［D］. 上海：华东理工大学，2020.

［11］杨大森，陈金荣，沈玉忠. 转供电价格政策执行现状与建议［J］. 中国价格监管与反垄断，2020（05）：2.

盘活配电资产推动
配售电重构

8.1 用户侧配电资产

8.1.1 配电资产的概念

根据配电资产的性质、功能和投资方的不同，可以分为电网侧配电资产与用户侧配电资产两大类。

8.1.1.1 电网侧配电资产

电网侧配电资产（又称为电网侧配电网）是指由电网企业（国家电网、南方电网等）投资、运营管理的配电资产。根据《配电网规划设计技术导则》（DL/T 5729—2016），配电网是指从电源侧（输电网、发电设施、分布式电源等）接受电能，并通过配电设施就地或逐级分配给各类用户的电力网络。其中，110~35kV 电网为高压配电网，10（20、6）kV 电网为中压配电网，220/380V 电网为低压配电网。

8.1.1.2 用户侧配电资产

用户侧配电资产（又称为用户侧配电网）是指由地方政府平台公司或社会资本（非电网企业）投资、运营管理的配电资产，可以说，用户侧配电资产就是政府及社会资本投资的配电资产总称。用户侧配电资产主要以开发区配电资产、大型工程项目的配套配电资产、商业综合体配电资产等形式存在。例如，增量配电网中的工业园区（经济开发区）类配电网以及转供电配电资产，就是重要的用户侧配电资产类别。

用户侧配电资产主要是由于我国电力工业尤其是电网的发展速度难以跟上社会经济发展速度所形成的。初步估计，全国用户侧配电资产规模总量预计超过 8 万亿元，超过国家电网、南方电网资产规模的总和[1]。

8.1.1.3 两类配电资产的比较

电网侧配电资产与用户侧配电资产的比较见表 8-1。

用户侧配电资产尽管在保障微观工商业活动中发挥着极其重要的作用，但目前绝大多数处于沉淀状态，价值未被充分体现。这既会恶化地方政府或相关企业的资产负债情况，影响后续必要投资，又可能影响微观具体工商业活动的经济性和产品竞争力[1]。

表 8-1　电网侧配电资产与用户侧配电资产的比较

	电网侧配电资产	用户侧配电资产
投资方	现有的电网企业（主要是国家电网、南方电网等）	地方政府、非电网企业的国有企业、民营企业等
功能定位	公用电网。在中观层面上，主要依托区域经济社会总体规划，保障上级电网向不同类型供电区域（主要由行政级别和未来负荷发展情况确定）的供电	局域电网。在微观层面上，主要依托地区产业规划，保障特定开发区规划限定区域内的特定类型用户或用户群组的用电
用户关系	用户关系较弱，主要体现为： 1. 以供电区域为直接服务对象，用户话语权较轻 2. 配电资产不进入"用户围墙"，不直接与终端用电设备等连接	用户关系较强，主要体现为： 1. 以特定区域的用户（群）为直接服务对象，用户话语权重 2. 配电资产分布在"用户围墙"内，直接与终端用电设备等连接
核心理念	1. 强调高中低压配电资产的整体规划及协调配合 2. 将提高供电可靠性作为配电网建设改造的核心目标 3. 以经济性换取可靠性，按照最大负荷配置，依赖资产规模增加，偏好高新技术使用	1. 兼顾限定区域内的用户用电与接入区域外部电网约束 2. 兼顾限定区域内供电可靠性与区域外部电力可获得性 3. 兼顾经济性与可靠性，偏好采取需求侧管理等综合手段
投资回收	有通过输配电价回收的正式渠道	没有正式的回收渠道
管理体制	在我国现行电网管理体制内，其规划、设计、建设、运营、退役等都有较完整的管理规范	在我国现行电网管理体制外，缺乏相应的管理规范
服务形式	供电区域内的供电服务	有限区域内的电、热、气、冷、水的综合能源服务

8.1.1.4　城市配电资产

　　城市配电资产专指城市用户侧配电资产，是在一个城市行政区域范围内的用户侧配电资产的总称，是相对于由电网企业投资运营的城市电网侧配电资产而存在的。据调研，我国城市配电资产规模差异较大，多在数十亿元到数百亿元之间。城市配电资产发展受当地的主体功能定位、经济发展程度、产业结构和生态环境容量等因素影响。

　　按照服务对象的不同，城市配电资产的主要类型主要分六大类，分别是：

1）园区类：地方政府或其他投资方在规划区域内为进行招商引资、产业链条延伸而投资、建设、运营管理的配电资产。

2）特定用户配套：为大型建设项目或大型用电企业投资建设的配电资产。

3）商业配套：为商业、服务业、物流业等投资、建设的配电资产。

4）政府及公用配套：为政府机构、公共服务设施供电的配电资产。

5）居民生活配套：为居民小区、农村居民等提供生活用电的配电资产。

6）另外，根据投资方的不同，城市配电资产可以分为地方政府投资、国有企业投资、民营企业投资三大类。

8.1.2 盘活用户侧配电资产的意义

8.1.2.1 背景

（1）经济转向高质量发展阶段

党的十九大报告明确指出，我国经济已由高速增长阶段转向高质量发展阶段，正处在转变发展方式、优化经济结构、转换增长动力的攻关期。我国经济发展正在从"重视数量"转向"提升质量"，从"规模扩张"转向"结构升级"，从"要素驱动"转向"创新驱动"。城市是国家主要经济活动的聚集地，是国家超过 80% GDP 的创造地，是国家创新动力的策源地。我国经济的高质量发展，离不开城市经济的高质量发展。同时，城市的运转与发展也离不开城市配电资产的电力保障。

（2）盘活存量资产成为"挖潜"主攻方向

近年来，中央对地方政府和国有企业的债务状况提出了严格"去、降"要求，盘活存量资产成为各地"挖潜"主攻方向[2]。2017 年以来，中央政府与各省份先后印发多个文件，支持国有企业盘活存量资产优化债务结构，盘活闲置资产，提高存量资产使用效率。2018 年 9 月，中共中央办公厅、国务院办公厅印发《关于加强国有企业资产负债约束的指导意见》，提出："支持国有企业盘活存量资产优化债务结构"。2019 年的政府工作报告明确提出：地方政府也要主动挖潜，大力优化支出结构，多渠道盘活各类资金和资产。

（3）降低获得电力成本是良好营商环境的重要一环

按照世界银行的有关定义，"获得电力"指标反映的是企业获得电力供应的难易程度，主要测评一个企业获得永久性电力连接的所有手续，包括向供电企业提出申请并签订合同、从其他机构办理一切必要的检查和审批手续，以及外部的和最终的连接作业。"获得电力"评价指标包括办电程序环节数、接电时间、费用成本占国民收入比重、供电可靠性和电费透明度。

降低获得电力成本已成为优化我国营商环境、促进经济高质量发展的需要破解的关键难题之一。多年来，由于电力企业内部管理环节多、要求多，加之信息不透明，对用户办理业务形成了很多隐形障碍，耽搁甚至耽误了用户企业的生产计划或投资扩产计划，极大地增加了企业获得电力成本。2019 年 3 月 26 日，李克强总理在国务院常务会议上把降低获得电力成本的问题跟税收、施工许可、获得信贷以及公司改制并列为提升营商环境的五大要素之一。这意味着政府已经把降电价要求提升到降低全社会获得电力整体成本的目标。可以预见，未来一个较长时期内，将降低包括电价、电网工程投资和运营费用等电力全寿命周期成本，并将降低成本红利高效传导给下游的终端用户，将成为我国经济政策中的一个重要方向。

（4）降低企业使用电力成本是支撑实体经济发展的关键

对于企业或园区而言，企业使用电力成本除了包括获得电力成本外，还包括企业对配电资产的资本性投入及固定资产折旧、对配电资产的运行维护费用（材料费、修理费、人工费和其他营运费用）以及配电损耗。当前，企业或园区政府投资的配电资产处于电力管理体系之外，缺少合法、规范的成本回收渠道，增加了企业使用电力成本，压缩了相关企业经营资金获取空间，增加了企业资金成本和生产成本，严重影响了实体经济的发展。企业和园区政府非常需要专注于配电资产投资和运营的专业机构，从企业和园区政府配电资产投资替代和配电资产专业化、规范化运营以及优化电源结构与融资方案等方面，降低企业使用电力成本。现在，企业用户专变和专线代建代营、融资租赁等产融深度融合的业务需求日渐旺盛，也从另一个侧面反映了企业对降低使用电力成本的迫切需求。

8.1.2.2　意义

用户侧配电资产盘活与改制工作，完全符合供给侧结构性改革"三降一去一补"的要求，完全符合近些年政府工作报告中提出的"深化电力市场化改革""加快垄断企业网运分离""鼓励地方政府通过各种方式盘活资产"的精神要求[2]。开展用户侧配电资产盘活与改制，能够对地方政府、企业用户、电网公司和经济社会产生多重积极意义。主要包括以下几个方面。

（1）对地方政府的意义[2,3]

1）盘活政府在需求侧配电端沉淀的大量资金，提高政府资金利用效率[2]。

2）采取市场化方式，减轻政府每年用于公共建筑、政府建筑等的用能费用财政负担。

3）彻底解决转供电相关问题，完成降电价任务。

4）创造以用户侧配电资产及其用户为核心的新业态、新业务，增加城市就业与 GDP。

（2）对企业用户的意义[3]

1）盘活企业存量沉淀资产，优化企业资产结构和债务结构。

2）实现用户侧配电资产专业化、规范化发展，降低用能用电损耗。

3）开展用户侧配电资产技改与优化，减少不合理的基本电费（即座机费）支出。

4）通过资产证券化等方式，发行配电网建设专项债券，为地方经济发展注入资金活力。

5）以市场手段而非行政命令促使转供电主体减轻负担，降低成本，完成国家要求的降低电价的任务。

（3）对电网公司的意义

1）园区类配电资产盘活是园区配电资产的专业化管理——通过配电资产剥离与重组，形成配电资产管理公司模式。该模式为电网公司拓宽了进入园区配电资产的更加合规合法的市场化渠道，只要能与其他资本方同样采取资产的市场价值即可。

2）园区配电资产管理公司取得园区内企业的用电收费权和向电网公司的缴费权，形成"一口对外"，减少了电网公司分别向各个企业收取电费的成本和电费不能及时回收的风险。

3）企业配电资产盘活同样也不会直接影响电网公司的利益，反而能够为电网公司进入用户侧配电资产领域提供更加合规合法的市场化渠道。

（4）对经济社会的意义

1）开展用户侧配电资产盘活与改制，有助于降低全社会获得电力所付出的投资及运营成本，提高当地工商业的产品服务竞争力。

2）有助于降低城市尖峰用电，挖掘城市配电网的调峰潜力，减少城市配电网的无效投资。

3）有助于因地制宜发展当地清洁能源，支撑城市绿色低碳发展。

4）有助于按照"多规合一"要求，开展城市规划与建设，促进城市经济、能源、电力、生态协调发展。

8.1.2.3　配电资产盘活改制前后企业情况对比

配电资产盘活改制将给企业在资产状态、资产管理模式、资金使用、获取低价电源等方面带来多方面的利益，配电资产盘活改制的影响见表 8-2。

表 8-2　配电资产盘活改制的影响

内容	盘活改制前	盘活改制后
对资产状态的影响	资产不独立，非经营性资产，不产生现金流	资产独立，经营性资产，产生现金流
对资产管理模式的影响	以动力厂或能源科的内部机构存在，不独立核算，不是独立法人，非专业化管理	以配电资产管理公司形式存在，独立法人，独立核算，专业化管理
对企业资金的影响	企业自己投资配电资产，大量资金投于沉淀资产，减少了营运资金，削弱了盈利能力	专注于配电资产的资本投资，企业需承担合理的利息，但增加了营运资金，提高了盈利能力
对运行维护费用的影响	资产大多投运长，健康运行水平低，用电损耗大，材料、维护和人工费用较高	首先要进行资产优化，提高资产健康水平，用电损耗小，材料、维护和人工费用能有效控制
对获得低价电源的影响	主要是直购电、趸售电方式	可开发配电区域内的分布式光伏、分散风电，水电"点对网"直供，直购电等多种方式
对基本电费的影响	作为大用户，按照省级电网基本电价向电网公司缴纳	近期可收取配电区域内用户的基本电费，再以折扣方式向电网公司缴纳。未来形成网网互联，可进一步减少向电网公司缴纳的基本电费
对能源效率的影响	以主业生产为核心的能源保障，很难实现高能源效率	兼顾主业生产与用能效率，通过用能诊断、能源大数据等手段，可实现高水平的能源效率
对获得电力的影响	一般以用户身份与电网公司打交道，办电程序环节多、接电时间长、配电资产投资成本高、不能及时供电，电费透明度差	自身就是电网企业，可以更好地服务园区企业，提供简便、及时、成本合理的服务，用电成本通常经过成本核算或是采用市场公平价格

8.2　用户侧配电网的投资

8.2.1　投资价值分析

投资价值是指在一般情况下，经盘活后的标的资产产生现金流的可能性与规模大小。

从盈利的角度看，各类城市配电资产的投资价值不尽相同。其投资价值的大小与所服务的用户产业和用电情况、资产投资规模、资产的技术标准要求、资产设备质量与运营管理水平等多因素相关。城市配电资产的主要类型及投资价值（分为高、较高、一般、低四个等级）预估情况的一般规律见表 8-3。

表 8-3　城市配电资产的主要类型及投资价值预估情况的一般规律

大　　类	序号	细 分 类 别	投资价值
园区类	1	政府投资平台管理的产业园区	高
	2	民营企业投资管理的产业园区	较高
	3	大型国有企业内部工业园区（产业链园区）	高
	4	中小型国有企业	较高
	5	大型民营企业内部工业园区（产业链园区）	较高
	6	中小型民营企业	一般
特定用户配套	7	大型建设配套工程的配电资产	高
	8	非电网企业投资管理为大型终端用户服务的专用配电网	较高
商业配套	9	商业地产企业投资管理的商业综合体，含商场	高
	10	成片区写字楼	较高
	11	商业地产企业投资管理的商业大卖场，含建材城、家具城、批发和零售市场配电资产	较高
	12	含住宅区的商业配套设施中的配电资产	低
政府及公用配套	13	政府的办公设施和公用设施建筑的配电资产	高
居民生活配套	14	小城镇及农村自建的配电网	低
	15	含居民小区供电的老企业配电资产	低

8.2.2　投资方

从资金实力、电力行业运营管理经验以及在各地园区经济中的重要性及资源丰裕度等角度综合考虑，建议选择 1 家资金实力雄厚的金融机构、1 家具备电力业务运营能力的大型国有企业、1 家拥有较大规模配电资产的本地大中型国有企业作为项目的主要投资方。另外，由于项目主要是通过盘活现有沉淀的电力基础设施，在不需要地方政府和社会资本投资的情况下，鼓励和支持原有配电网的投资主体以经过评估后的有效资产占有股份。

8.2.3 合资方式

除了投资方，合资公司的主要股东建议还包括政府投资平台公司。其中，政府投资平台公司以配电资产方式入股，其他投资方可以"资产+现金"或全现金方式入股。考虑到以后开展配售电业务可能的电量规模，建议合资公司的注册资本金至少为 2 亿元。后续随着投资规模的增大可再增资本金。

8.2.4 投资方式

合资公司将在对各类用户侧配电资产进行价值评估的基础上，采取合适的投资方式拓展业务。主要投资方式包括：资产并购、资产租赁和资产托管。

（1）资产并购

资产并购是指一个公司（通常称为收购公司）为了取得另一个公司（通常称为被收购公司或目标公司）的经营控制权而收购另一个公司的主要资产、重大资产、全部资产或实质性的全部资产的投资行为。被收购公司的股东对于资产并购行为有投票权并依法享有退股权，法律另有规定的除外。按支付手段的不同，具体分为以现金为对价受让目标公司资产（即资产式并购）和以股份为对价受让目标公司资产（即股权式并购）两种资产并购形式。

这两种资产并购形式的区别在于：

1）交易的标的不同：股权式并购的交易标的是目标企业股权或者类似权利，包括股权、股份等；资产式并购的交易目标是目标企业的资产或财产，包括设备、厂房、土地使用权、知识产权，甚至债权债务等。

2）并购交易的对方当事人不同：股权式并购交易的对方当事人是目标企业的股东，并购方是从目标企业股东手中购买目标企业的股权或认购其增资；资产式并购交易的对方当事人是目标企业，即并购方从目标企业手中购买资产或财产。

3）目标企业的地位变化不同：股权式并购完成后，目标企业变成并购方的子公司；而资产式并购完成后，若目标企业将其全部资产出售给并购方，则其主体消灭。

4）并购方承担的风险和责任不同：股权式并购中，由于资信机制不健全，并购方须承担目标企业的或然债务和不确定负担，具有高风险；资产式并购则由于并购的是目标企业干净的资产，目标企业的或然债务和不确定负担不会转移到并购方。

当用户侧配电资产对于城市配电资产成网影响大时，资产持有方与合资公司可发挥协同作用，企业用电量规模大且较长时期内有保障的情况下，可以采用资产并购的形式。

（2）资产租赁

资产租赁是指在不改变资产所有权的情况下，由资产所有者与承租者订立契约，在一定时期内，对资产的占有权、使用权实行有偿出租和承租者自主经营的一种经营方式。资产租赁是实现租赁对象价值的一种形式。资产出租者要收取租金，以满足其所期望的经济利益。承租者必须交纳租金，以此取得对租赁对象的使用权。同时，承租者要有一定数量的财产作为抵押。

当前，租赁已成为企业借以减轻税负的重要方式。对承租人来说，租赁可以获得双重好处，一是避免因长期拥有机器设备而要承担的负担和风险，二是可以在经营活动中以支付租金的方式冲减企业的利润，减轻税负。对出租人来说，租赁一方面可以轻而易举地获得租赁收入，另一方面租金收入要比一般经营利润收入享受较为优惠的税收待遇。

对于配电资产状态较好、资产关系较清晰、企业用电规模较大且未来一个阶段用电需求有保障的情况，可以采取资产租赁方式。

（3）资产托管

资产托管是指拥有资产所有权的企业、单位，通过签订契约合同的形式将资产有偿托管给专业的托管公司，由托管公司进行综合的资产调剂，并最终实现资产变现的一种经营方式。

托管经营在形式上体现为一种契约行为，在内容上则体现为一系列权利义务的分配，它是一种以契约保障双方对于受托资产的权利重新分配的方式，双方均受到合同法等相关法律法规的严格限制。因此，在托管实践中，双方必须签订托管合约，约定双方的责任和权利义务，以及必要的争端解决机制和办法，以降低未来的不确定性对双方的影响。

对于中小规模的用户侧配电资产、民营企业投资的用户侧配电资产，在企业用电规模有限的情况下，可以采用资产托管的方式。

8.2.5 资金来源

对于不同的资金来源，投资方将面临资金成本和资金特点。主要资金来源的比较见表8-4。

表 8-4　主要资金来源的比较

序号	资金来源	资金成本	资金特点
1	自有资金	较高	占用生产流动资金
2	引进投资方	较低	摊薄公司股份
3	上市公司定增	低	摊薄上市公司股份
4	发行配网债券	低	短期债券压力较大
5	融资租赁	高	融资方式灵活
6	基金投资	高	投资回报要求严格
7	银行贷款	低	手续复杂，银行不专业

8.3　商业逻辑

城市配电资产盘活与改制工作的商业逻辑由核心逻辑、业务逻辑、空间逻辑、技术逻辑、估值逻辑和退出逻辑组成。商业逻辑贯穿于各利益相关方之间的互动，呈现为业务流、资金流、数据流、价值流的流动，构成了城市配电资产盘活与改制工作的商业模式。

8.3.1　核心逻辑

开展城市用户侧配电资产盘活与改制的核心逻辑是：将其由传统供电系统重构成为一个新型能源价值生态系统，满足用户多样化、方便、低成本、可靠用能的同时，实现各个生态成员的价值诉求与整个生态系统的协同发展。传统供电系统与新型能源价值生态系统的比较见表 8-5。

表 8-5　传统供电系统与新型能源价值生态系统的比较

	传统供电系统	新型能源价值生态系统
核心理念	以确保用户安全可靠用电为核心	以用户企业为中心，开展价值服务
存在形态	配电网及其相关	电、热、气、冷能源综合协调发展，分布式能源充分利用，形成以用户为中心的能源生态网络
利益相关方	电网企业为主导（决定技术、管理标准，决定投资规模，决定运营管理方式等），用户企业参与	以用户企业为中心，能源开发商、电网企业、金融机构、咨询服务机构及其他服务商协同发展

（续）

	传统供电系统	新型能源价值生态系统
价值创造模式	点对点的供电服务购买模式	价值网络模式。整合资金、土地、廊道、缴（收）费权、资产等资源，在实现用户需求过程中，实现各利益相关方合作共赢和整个生态系统协同发展
盈利方式	向用户企业收取配电费和售电服务费（差价分享等）的单向盈利模式	服务提供方、服务使用方、费用支付方可分离的多向盈利模式

8.3.2　业务逻辑

当前，用户侧配电资产仅仅承担供电功能，不产生业务流和资金流。未来，公司将兼顾管制类业务与竞争类业务：管制类的配电业务保底；积极开展政府业务、用户工程、能源金融、分布式能源、数据业务等竞争类业务。

竞争类业务主要包括工程投资类业务、用能服务业务、能源托管业务、能源金融、能源大数据及政府业务等多元业务服务。竞争类业务的细分内容与盈利模式见表8-6。

表8-6　竞争类业务的细分内容与盈利模式

业务类型	细 分 内 容	盈 利 模 式
工程建设	用户工程（含电、气、热综合管廊的代建、新建、收购）	售后回租收入 租金或服务费收入
	分布式发电业务。优选第三方投资建设运营分布式光伏、分散式发电等项目，并提供电量和电价保底。负责项目管理	形成购售电价差，与用户分享价差收入
	热、气、冷综合能源业务。开发地热能、江水源热泵，保障对城镇的用能需求；开展工业园区等余热余气综合利用业务	收取热费及服务费
	充电设施投资相关业务 情形1：作为业主投资。依托电动汽车、新能源业务优势，开展充电桩等基础设施投资、运营管理 情形2：土地租赁式。将园区的闲置土地规划设计为充换电设施用地，市场化手段优选投资商	情形1：充电服务费、电费收入 情形2：收取土地租赁费以及充换电服务费分成

（续）

业务类型	细分内容	盈利模式
用能服务	购售电服务。代理园区企业参加电力市场化购售电服务	节约电费分成
	需求侧响应及辅助服务市场业务。根据城市配电负荷汇聚、优化所产生的灵活性运行潜力，参加电力市场相关交易或活动	获得需求侧响应补偿或辅助服务收入
	节能与能效服务。针对电、冷、热、气等综合用能，通过完善供用能系统、优化用能监测控制系统，为客户开展节能提效服务	节能工程咨询、设计、施工服务费；EMC 节能效益分享等
能源托管	资产托管与设备状态监测服务。为客户持有的配电资产设备开展运维服务，对重点设备、关键环节开展电气特性及健康状态监测服务，避免资产设备发生事故或影响生产生活	向客户收取运维费、服务费
能源金融	结合客户需求，开展电费支付、清结算、对账及其他金融增值服务等	向客户收取借款利息、交易手续费和解决方案服务费
大数据及其增值业务	定位于战略性业务。建立城市配电资产数据化运营管理平台，对内，重点解决生产运行、服务能力、清洁能源消纳和公司绩效四方面问题；对外，重点解决综合能源服务、能源电力交易和新兴业务发展相关问题	咨询费或服务费
政府业务	针对政府建筑物、公共建筑等开展用能管理、能效节能服务等	针对政府预算内用能费，采取合同能源承包 EMC 模式或收费承诺退坡等收费方式

8.3.3　空间逻辑

用户侧配电资产，无论是以园区配电资产、商业综合体还是以产业聚集区等形式存在，都是以特定区域、特定空间的用户为服务对象。同时，用户侧配电资产可以一直延伸至用户用电设施处，其生产调度方式与用电设施或用户生产特点紧密相关。实现供电、生产之间的紧密协同，实现高效互动、成本可控、清洁可靠，将是两类系统之间的共同目标。因此，用户侧配电系统与用户具有更强的依存性、更强的黏性和利益一致性。

8.3.4　技术逻辑

当前，无论是电网侧配电网，还是用户侧配电网，采用的均是以能够满足向用户安全可靠供电为核心要求的传统技术逻辑。随着大带宽、多接入、低时延的 5G 网络技术的广泛应用，用户侧配电网的运行、资产管理将与用户的用能方式和习惯深度协同，呈现出供电技术智能化，供电终端与用户终端连接泛在化，数据资产利用的业务化与场景化，配电网生产运行与资产管理及用户服务的平台化。因此，城市配电资产盘活与改制的技术逻辑将是：以 5G 为基础，以智能供电技术、智能运维为保障；深度挖掘变电站、廊道和土地资源价值，采取合适的商业模式，建设数据中心站、充换电站、储能站、5G 基站、北斗基站、光伏站等，支撑从智能电网向能源物联网转型，再向智慧园区（城市）延伸扩展，进一步提升用户侧配电资产的供电保障能力、用能用电服务能力和价值创造能力。

8.3.5 估值逻辑

当前，用户侧配电资产属于沉淀资产，其估值多采用以财务净值为基础的资产估值方法，或是采用资产重置法估值。未来，用户侧配电资产将发挥经营性资产作用，承担多个业务流，产生多个资金流，再加上基于 5G 的智能化、数字化、平台化技术的效益倍增作用，上述资产的估值将采用以各业务营收为基础的价值估值方法。价值估值可以产生巨大的溢价作用，这也是最吸引资本进入的原因之一。

8.3.6 退出逻辑

当前，用户侧配电资产属于沉淀资产，尚无正常的成本回收渠道。未来，用户侧配电资产通过清产核资、资产剥离后形成可独立处置资产包，经过增值打磨后，可采取资产上市、电力央企收购、资产证券化 ABS、资产经营、股东或用户回购方式实现退出。

8.3.7 投资策略

以贷款业务（包含配电资产的用户代建、新建和收购）切入，利用存量配电资产当前无法通过抵押在银行获得贷款的机会，通过要求客户质押存量配电资产、新建成配电资产或其他高价值资产，同时，要求客户将综合能源业务及其他派生业务的开发权利委托给投资公司，包括但不限于 5G 业务运用、采暖制冷业务、电力电费金融业务、充电桩业务等。

投资公司不开展具体业务的运营，只负责投资管理、融资管理和项目管理，重点是制定标准和考核管理。投资公司通过市场化方式优选具体业务的实施主体，并在相应商务协议中明确关键指标和投资公司收益。投资公司股东拥有同等条件下的优先权。原则上，外委的与配电资产代建直接相关的业务，如建筑施工等建设业务等，需保障平台公司的资本金收益率不低于 10%。

8.3.8　经营策略

合资公司是城市配电资产运营管理及相关服务的实施主体。

（1）合理业务布局

1）第 1~2 年：以政府业务为主。

① 政府业务。为当地政府管理的楼宇、公共设施开展清洁供暖（选择性业务）、节能、能效服务，以政府预算内的能源费为收入来源，采用 EMC 模式或收费承诺退坡等模式收费。

② 竞争类业务。开展配电资产包内的用户侧配电资产运营管理，提供能源电力、资产管理、电力市场及金融服务等多元业务服务。

2）第 3~4 年：政府业务+竞争类业务。

① 政府业务。继续做好政府业务，通过综合智慧能源、能源线上线下代维、城市公共用能综合管理等措施，实现政府用能财政支出的降低。

② 竞争类业务。一方面，继续做好配电资产包内的用户侧配电资产的运营管理和多元业务服务；另一方面，通过采用收购、租赁、托管等方式，深度介入资产包以外的用户侧配电资产的运营，为相关企业提供多元业务服务。

经过 3 年左右的发展，合资公司的业务布局基本成型，公司营收占比随着资产规模的扩大与业务内容的增长而不断增加。政府业务收入保持稳定，在公司总营收占比不断下降。

（2）拓宽用户渠道

在起步阶段，以各地政府及政府企业为主要客户，涉及的标的资产主要包括政府建筑、公用建筑、政府投资运营管理的转供电园区，即，城市配电资产分类及其投资价值预估表中投资价值为"高"的资产标的。

在发展阶段，通过并购、租赁和托管等方式做大市场份额，服务的客户进一步扩展到优质民营企业为主的园区、入住率较高且稳定的商业综合体、写字楼宇、商超等。此时，涉及的资产标的扩展到城市配电资产分类及其投资价值预估表中投资价值为"较高"的资产标的。

（3）夯实合作关系

项目不同发展阶段的资源需求有所差异，最重要的是在起始阶段建立好合资公司的股权架构，建立起规范、合理、公平的话语权与利益分配机制，营造合作伙伴愿意分享资源、愿意共担风险的共进退的氛围，做实伙伴之间的合作关系。

（4）掌握用户收费权

配电资产上承载的现金流是资产证券化的基础，是资产价值的核心指标，也是企业运营情况的关键指标。只有掌握了用户的用电收费权，才能客观地了解用户的运营情况、企业信用和还款能力。掌握用户的收费权和向电网公司的缴费权，是开展电力金融、配电资产盘活业务的关键。

8.3.9 重视风险

打造新型能源价值生态系统的过程是一个价值发现、价值增值、价值传递与价值变现的过程，也是一个风险发现、风险管理、风险分散与规避的过程。开展用户侧配电资产盘活与改制业务需要重视以下几个方面的风险问题。

（1）法务风险

1）项目核准（备案）情况、环保审批及施工许可、项目用地（房屋产权证书、建设用地手续等）。

2）资产所属企业的担保及融资情况。

3）资产所属企业的重大诉讼、仲裁与行政措施情况。

4）资产所属企业股东的信用情况。

（2）业务风险

1）企业产品竞争力、市占率。

2）企业管理水平、未来发展能力。

3）企业所属行业情况（是否属于淘汰落后行业、国家支持的行业）。

4）行业周期情况。

（3）技术风险

1）年最大负荷、最小负荷、年用电量。

2）运行维护方式、年故障次数。

3）与公网连接变电站情况（电压等级、变压器配置、年供电量、投资方等）、与公网的连接线路情况（投资方、运营方式、长度、电压等级、是否移交等）。

4）电源情况。

（4）财务风险

1）资产状况。

2）电价构成（基本电价、度电电价）、与电网公司的结算关系。

3）配电资产的运维成本情况。

4）资产投资方股东情况。

（5）风险管理

1）对资产价值判断不清时，可先采取托管模式，打折贷款给用户一年，用户付利息，一定要取得用户的用电收费权，掌握其一年的电费情况，用于判断资产价值的高低。对于高价值资产（比如，3~4 年可回本）的情况，直接债转股，不用企业还贷款本金，否则，要及时收回贷款本金。

2）加强内部骨干团队与外部专业权威机构的合作，重视项目策划、规划、设计和模拟推演，重点围绕政策利用与创新、技术路线和盈利模式等问题，发现风险点，提出应对措施。

3）充分发挥大数据等先进 ICT 的作用，重视了解交易对手、供应商、潜在合作方和用户等情况，重视原材料和服务外包的市场价格，发现降低项目成本的潜力。

4）尽量采用各类合同协议的形式，将潜在风险转化为可量化、可检验的条款内容，固化在甲乙双方的权利与义务条款中。

5）加强项目实施中的项目管理、投融资管理，重视技术标准、操作规范等标准文件的编制与实施，加强对关键岗位与项目关键节点的督导与检查、惩罚，提高人员风险意识和责任意识。

8.4 运用 REITs 盘活配电资产

8.4.1 REITs 简介

REITs 起源于 20 世纪 60 年代的美国，是一种不动产证券化产品，通常采用股票或者受益凭证的形式募集资金，并将所募集的资金委托专业人士集中化管理，资金回报主要通过项目的租金、运营收入及资产增值等来获得。截至 2019 年底，REITs 在全球近 40 个国家和地区得到快速发展，公募 REITs 的总市值超过 2.09 万亿美元。

近年来，REITs 的投资领域从传统的不动产项目发展覆盖到基础设施领域（主要包括交通运输、机场、港口、桥梁、通信、水利及城市供排水供气和供电设施等），并得到广泛应用。

我国的"十四五"规划明确指出，要"深化投融资体制改革，发挥政府投资撬动作用，激发民间投资活力，形成市场主导的投资内生增长机制。健全项目谋划、储备、推进机制，加大资金、用地等要素保障力度，加快投资项目落地见效。规范有序推进政府和社会资本合作（PPP），推动基础设施领域不动产投资信托基金（REITs）健康发展，有效盘活存量资产，形成存量资产和新增投资的良性循环"。

8.4.2 REITs 对发起人的意义

（1）盘活存量资产、改善流动性

通过发行 REITs 产品，企业将以处置资产的形式获得大笔货币资金作为交易对价，与银行贷款、债券等融资途径不同，该资金并非债务融资获得，因此使用范围较为广泛、用途灵活，可有效增强资产流动性。

（2）改善财务报表结构

不论选择是否资产出表，发行 REITs 产品在财务效果上均可以有效降低企业的负债，优化财务报表结构；若选择资产出表，则可以进一步确认利润，优化公司财务指标。

（3）构建完整的不动产业务链条

企业持有的不动产在培育提升成熟度和收益水平后，可通过 REITs 平台进行退出，打造持续、清晰、可复制的重资产开发—持有—退出的发展模式，使运营成熟的持有型物业重获市场估值的同时，实现了公司利润和资金退出需求。

（4）可以适度保留资产增值收益及控制权

通过持有 REITs 份额和提供资产管理服务等方式，发起人在将持有型资产置入 REITs 后，依然可以实现对资产保留部分的控制，从而在回收投资、保持控制力和分享未来资产增值收益之间寻求到最佳平衡。

8.4.3 REITs 对配电资产盘活的适用性

根据中国证监会与国家发展改革委于 2020 年 4 月 24 日联合印发的《关于推进基础设施领域不动产投资信托基金（REITs）试点相关工作的通知》（证监发〔2020〕40 号），REITs 试点聚焦在几个重点行业，其中包括"城镇供水、供电、供气、供热项目"和"智慧能源、智慧城市项目"。

该通知对试点提出的基本条件如下所述：

1）基础设施项目权属清晰、资产范围明确，发起人（原始权益人）依法合规拥有项目所有权、特许经营权或运营收费权，相关股东已协商一致同意转让。

2）项目运营时间原则上不低于 3 年。

3）现金流持续稳定且来源合理分散，投资回报良好，近 3 年内总体保持盈利或经营性净现金流为正。预计未来 3 年净现金流分派率（预计年度可分配现金流/目标不动产评估净值）原则上不低于4%。

4）基础设施运营管理机构具备丰富的同类项目运营管理经验，配备充足的运营管理人员，公司治理与财务状况良好，具有持续经营能力。

5）发起人（原始权益人）、基金管理人、基础设施运营管理机构近3年在投资建设、生产运营、金融监管、工商、税务等方面无重大违法违规记录，项目运营期间未出现安全、质量、环保等方面的重大问题。

通过针对性地筹划和推进，城市配电资产管理公司可以在相对较短的时间内满足上述基本条件。

8.4.4　对城市配电资产管理公司发行 REITs 的建议

（1）交易结构

发行 REITs 交易结构如图8-1所示。

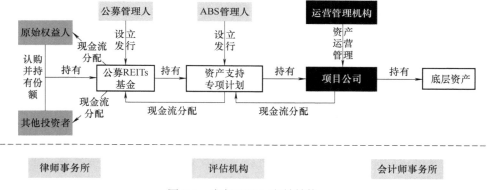

图 8-1　发行 REITs 交易结构

（2）发行要素

REITs 发行要素见表8-7。

表 8-7　REITs 发行要素

发行金额	按评估值最终确定
期限	永续或 X 年（参考 ABS 期限适当设置），无开放期
评级	无需评级
收益分配率	按年分配不低于90%可分配净利润，按年偿还私募基金股东借款
增信措施	无增信措施

（续）

发行金额	按评估值最终确定
票面利率商议机制	无
分红条款	按年分配不低于90%可分配净利润
信息披露频率	按季披露
投资者结构	发行人战略配售比例不低于20%，持有不少于60个月；可以有除原始权益人之外的参与战略配售的机构投资者，持有期不少于12个月；扣除前述两项战略配售后，网下发售比例不低于70%

（3）产品方案要点

1）80%以上基金资产持有单一基础设施资产支持证券全部份额，基础设施资产支持证券持有基础设施项目公司。

2）基金通过资产支持证券和项目公司等载体（"特殊目的载体"）穿透取得基础设施项目完全所有权或特许经营权（ABS证券端不进行分层，为平层设计）。

3）基金采取封闭式运作，符合条件的可向证券交易所申请上市交易。

4）基金收益分配比例不低于基金年度可供分配利润的90%。

5）经参加大会的基金份额持有人所持表决权的2/3以上表决通过后，基金可以购入或出售基础设施项目，也可以进行基金扩募或延长基金合同期限。

6）基金直接或间接对外借款，应当遵循基金份额持有人利益优先原则，借款总额不得超过基金资产的20%，借款用途限于基础设施项目维修、改造等。

7）基础设施项目原始权益人应当参与基础设施基金份额战略配售，战略配售比例不得低于本次基金份额发售数量的20%，且锁定期不低于5年。

（4）主要操作流程

1）前期沟通：与省级发展改革委进行项目的前期沟通。在省级发展改革委出具专项意见的基础上，国家发展改革委将符合条件的项目推荐至中国证监会，由中国证监会、沪深证券交易所依法依规，并遵循市场化原则，独立履行注册、审查程序，自主决策。

2）尽职调查与材料制作：资产支持证券管理人、基金管理人、保荐机构及其他各参与主体同步进行相关工作，包括但不限于尽职调查与材料制作。

3）申请ABS无异议函：资产支持证券管理人向沪深证券交易所申请对资产支持专项计划的挂牌无异议函。

4）申请基金注册：基金管理人向中国证监会提交相关材料，申请注册基础设施基金。

5）产品发行：基础设施基金成立后，基金管理人应当将 80% 以上基金资产投资于与其存在实际控制关系或受同一控制人控制的管理人设立发行的单一基础设施资产支持证券全部份额，并通过特殊目的载体获得基础设施项目全部所有权或特许经营权，拥有基础设施项目完全的控制权和处置权。

8.5　推动地方配电资产盘活的建议

8.5.1　工作原则

（1）坚持政府引导

此项工作应在本市相关部门的组织和指导下，由有实力、懂电力、创新意识强的国有企业牵头实施。

（2）确保国资安全

严格按照国家和地方法律政策要求，开展相关工作，保证国有资产的保值增值。

（3）保障电价水平

建立城市配电资产管理公司的最终目的是降低当地企业的获得电力成本，其中最重要的指标就是确保用户终端电价不能超过国家规定的目录电价。

（4）保护原有就业

城市配电资产管理公司的业务发展应该充分考虑资产原运营方的原有就业情况，尽可能优先安排原有就业人员，服务当地就业。

（5）促进各方共赢

科学设计相关国有用户侧配电资产管理公司的股权架构、安排公司治理架构、风险规避机制和利益分配机制。

（6）资本安全退出

通过合理商务安排与交易架构设计，为各类风险喜好不同、收益预期不同的投资方提供适合的退出渠道。

8.5.2　工作步骤

以地方国有投资的用户侧配电资产为基础，积极吸纳优质社会资本以及在资金、电力服务和电源等方面具有优势的潜在合作伙伴参加，建立城市配电资产管理公司，并由其对全市用户侧配电资产开展盘活与运营管理，开展多元业务服务。

（1）步骤1：策划准备

在地方政府或相关部门指导下，组织相关企业进行合资公司谈判，明确公司治理结构和公司章程，制定投资计划和业务发展计划，完成合资公司组建。合资公司负责项目的落地实施。

（2）步骤2：资产评估与装入

对国有用户侧配电资产进行清产核资，开展尽调（包括法律、技术、财务尽调等），提出投资价值评估报告。待确认评估价值后形成资产包。资产包的装入方式有两种。一是间接方式，将待评估的资产划拨给一家政府企业，具体落实资产价值评估，并由其将评估后形成的资产包装入合资公司。二是直接方式，待评估资产暂由一家当地国有企业托管，待评估确认价值后再直接将资产包装入合资公司。

（3）步骤3：运营与发展

提高公司发展质量和效益。在量上，采取并购、托管等方式，扩大公司资产规模、电量规模和用户规模。在质上，依托先进"云大物移智"技术和高效商业模式，积极提升资产运营管理水平，同时拓展多元化业务，满足用户多样化、个性化需求。

（4）步骤4：转制与IPO

及时开展对收购、管理的配电网资产的电力业务许可证（供电类）的办理工作，适时启动IPO申报工作。

（5）步骤5：资本多渠道退出

用户侧配电资产通过清产核资、资产剥离后形成可独立处置资产包。在资产不断升值的过程中，通过股权稀释引入新投资方，精心设计商务安排与交易架构，为原投资方提供多种退出渠道。渠道1：最好通过实现资产包的整体上市后，原投资方退出。渠道2：在资产优化与增值后，将其出售给有实力的能源电力央企。渠道3：通过企业资产证券化ABS，将资产包向证券资产转换，实现原始资本方退出。渠道4：通过一定年限的资产培育和增值打磨，可采用股东或用户回购方式实现退出。渠道5：当资产包业务流、资金流均可持续且盈利前景较好时，可考虑对其开展资产经营，如发行REITs等。

8.5.3　工作目标

（1）第1~2年目标

用1年时间，优选用户侧配电资产标的，完成资产价值评估、资产划拨；完成招商引资与合资公司组建；彻底解决转供电的电价加价问题；明确减少政府用能费用财政支出的市场化措施并开始实施。

用 2 年时间，完成当地国有用户侧配电资产的盘活，取得电力业务许可证，开展配电业务及其他增值业务服务，GDP 贡献显现，有效带动当地就业。

（2）第 3~4 年目标

用 3 年左右时间，合资公司运营管理水平与经济效益全国领先。

用 4 年左右时间，利用用户侧配电资产及相关业务实现合资公司在国内主板或港交所的 IPO。在此过程中，原始投资方可以选择继续持有公司股份，也可以实现获利退出。

8.6　配电资产盘活的其他相关问题

8.6.1　政策问题

新生的城市配电资产管理公司将有大量的商业模式、能源管理体制以及能源金融方面的创新和探索。虽然盘活用户侧配电资产可以给政府带来巨额利益，但是同样需要在国有资产管理及交易政策、配电网独立电价核算政策、城市配电资产管理公司的监管政策等方面进行积极的探索和有益的尝试[4]。开展该项工作需要熟悉国家和地方相关政策，把握好工作的政策边界，建立合理预期，做好顶层设计。

8.6.2　市场问题

并非所有的用户侧配电资产都是优质资产。目前处于破碎化并未得到整合的用户侧配电资产甚至有可能是垃圾资产。如何通过行之有效的商业模式和交易机制挖掘这类资产的价值？同时，通过市场手段既要保证电价不能超过国家规定的限价，又要保证现有从业人员就业不成为社会问题，这将是投资用户侧配电资产面临的市场挑战。投资用户侧配电资产的社会资本对此项工作的认同程度和参加意愿，是工作成败的关键[4,5]。因此，开展此项工作也需要把握好市场边界，建立好风险分担机制、利益分享机制和资源协同机制。

8.6.3　与电网公司的关系问题

对于用户侧配电资产，电网企业并非不动心。但是由于长期形成的惯性，电网企业管理用户侧配电资产的前提是要求用户将这类资产无偿移交。在增量配电网改革之前，大量用户已经以捐赠的方式无偿向电网移交了配电资产，而移交的资产确实也纳入了电力管理体系之中[4,5]。而现在社会资本如果通过有偿的方式盘活、改制和经营用户侧配电资产，很可能与电网企业形成局部竞争关系。解决这个问题的途径就是欢迎电网以有偿的方式参与用户侧配电资产管理改革，以保证社会资本和社会资源的充分利用。

参考文献

［1］ 尹明. 创新驱动用户侧配电资产高质量发展［EB/OL］.［2022-02-09］. https://zhuanlan. zhihu. com/p/61720239.

［2］ 转供电成本调研组. 新旧问题交织　转供电机制如何捋顺?［EB/OL］.［2022-02-09］. https://shupeidian. bjx. com. cn/html/20190819/1000901. shtml.

［3］ 彭立斌，韩文德，杨迪，等. 转供电机制规范化改革思路［J］. 中国电力企业管理，2019（19）：5.

［4］ 彭立斌. 用户侧配电资产投资机会及挑战［J］. 能源，2019（06）：5.

［5］ 尹明. 如何挖掘用户侧存量配电资产价值　开展市场化业务.［EB/OL］.［2022-02-09］. https://zhuanlan. zhihu. com/p/138412055.

发展虚拟电厂推动
配售电重构

2021 年是"十四五"的开局之年，关于煤炭和煤电应如何考虑成为关注的焦点。在新型冠状病毒肺炎疫情之后，多个煤电建设开闸放水的消息见诸报端，更有人主张"十四五"期间要新建高达 2 亿千瓦煤电项目。同时，也有一股强大呼声，呼吁控制发展煤电的惯性冲动，主张通过充分发展可再生能源和挖掘需求侧资源来满足电力负荷增量，大力发展虚拟电厂，替代煤电调峰，并进一步推动能源革命。

那么，究竟什么是虚拟电厂？其资源状况、未来发展空间如何？如何理解虚拟电厂在能源革命和现代能源体系建设中的意义和作用？如何通过合理组合虚拟电厂和调度在配售电环节实现经济效益最大化？当前在我国推进虚拟电厂新业态还存在哪些突出问题？如何有效克服这些问题？在这里简要梳理如下。

9.1　什么是虚拟电厂

从现有的研究和实践来看，虚拟电厂可以理解为：是将不同空间的可调节（可中断）负荷、储能、微电网、电动汽车、分布式电源等一种或多种资源聚合起来，实现自主协调优化控制，参与电力系统运行和电力市场交易的智慧能源系统。它既可作为"正电厂"向系统供电调峰，又可作为"负电厂"加大负荷消纳配合系统填谷；既可快速响应指令配合保障系统稳定并获得经济补偿，也可等同于电厂参与容量、电量、辅助服务等各类电力市场获得经济收益。

虚拟电厂自 21 世纪初在德国、英国、西班牙、法国、丹麦等欧洲国家开始兴起，同期北美推进相同内涵的"电力需求响应"。我国同时采用这两个概念，一般认为虚拟电厂的概念包含需求响应。目前虚拟电厂理论和实践在发达国家已成熟，各国各有侧重，其中美国以可控负荷为主，规模已超 3 千万千瓦，占尖峰负荷的 4% 以上；以德国为代表的欧洲国家则以分布式电源为主；日本以用户侧储能和分布式电源为主，计划到 2030 年超过 2500 万千瓦；澳大利亚以用户侧储能为主，特斯拉公司在南澳建成了号称世界上最大的以电池组为支撑的虚拟电厂。"十三五"期间，我国江苏、上海、河北、广东等地也相继开展了电力需求响应和虚拟电厂的试点。如江苏省于 2016 年开展了全球单次规模最大的需求响应。国网冀北电力有限公司高标准建设需求响应支撑平台，优化创新虚拟电厂运营模式，高质量服务绿色冬奥，并参与了多个虚拟电厂国际标准制定。

9.2　虚拟电厂的三类资源

虚拟电厂赖以发展起来是以三类资源的发展为前提的。一是可调（可中断）负荷，二是分布式电源，三是储能。这是三类基础资源，在现实中，这三类资源往往会糅合在一起，特别是可调负荷中间越来越多地包含自用型分布式能源和储能，或者再往上发展出微网、局域能源互联网等形态，同样可以作为虚拟电厂下的一个控制单元。

相应地，虚拟电厂按照主体资源的不同，可以分为需求侧资源型、供给侧资源型和混合资源型三种。需求侧资源型虚拟电厂以可调负荷以及用户侧储能、自用型分布式电源等资源为主。供给侧资源型虚拟电厂以公用型分布式发电、电网侧和发电侧储能等资源为主。混合资源型虚拟电厂由分布式发电、储能和可调负荷等资源共同组成，通过能量管理系统的优化控制，实现能源利用的最大化和供用电整体效益的最大化。

下面站在虚拟电厂的角度，对如何理解上述三类资源，以及我国几个重点的试点地区在这三类资源的资源量状况做一个简要梳理。

9.2.1　可调（可中断）负荷

可调负荷资源的重点领域主要包括工业、建筑和交通等。其中工业分为连续性工业和非连续性工业；建筑包括公共、商业和居民等，建筑领域中空调负荷最为重要；交通有岸电、公共交通和私家电动车等。可调负荷资源在质和量两个方面都存在较大的差别。在质的方面，可以从调节意愿、调节能力和调节及聚合成本性价比几个维度来评判。总的来说，非连续工业是意愿、能力、可聚合性"三高"的首选优质资源，其次是电动交通和建筑空调。在量的方面，调节、聚合技术的发展和成本的下降都在不断提升可调负荷资源量。从国家电网等企业和江苏、上海等省市的调查情况看，当前我国可调负荷资源经济可开发量保守估计在 5000 万千瓦以上。

9.2.2　分布式电源

分布式电源（分布式发电）指的是在用户现场或靠近用电现场配置较小的

发电机组，包括小型燃机、小型光伏和小型风电、水电、生物质能、燃料电池等或者这些发电的组合。当前我国对分布式电源的界定和统计还处在不够严谨的状态。截至 2020 年年底，全国分布式光伏装机 7831 万千瓦，占光伏总装机比重 30.9%，高于全球均值近 10 个百分点，且此项占比将继续上升；分散式风电（分散式、分布式、智能微网）新增装机容量达 1GW，同比增长 233.7%，累计装机容量为 1.94GW（来自 CWEA 统计数据）；一些符合条件的小水电未被纳入，小型背压式热电也因争议大暂未被作为分布式发电。而站在虚拟电厂的角度，对分布式发电资源的界定在于调度关系，凡是调度关系不在现有公用系统的，或者可以从公用系统脱离的发电资源，都可以纳入虚拟发电资源。从这个意义上说，所有自备电厂都是虚拟电厂潜在的资源。

9.2.3 储能

储能是电力能源行业中最具革命性的要素。储能技术经济性的快速提升，使电能突破了不可大规模经济储存的限制，也改变了行业控制优化机制。按照存储形式的区别，储能设备大致可分四类：一是机械储能，如抽水蓄能、飞轮储能等；二是化学储能，如铅酸电池、钠硫电池等；三是电磁储能，如超级电容、超导储能等；四是相变储能。据中关村储能产业技术联盟不完全统计，截至 2020 年 12 月，全球已投运电化学储能累计装机为 1403 万千瓦，我国为 327 万千瓦，初步形成电源侧、电网侧、用户侧"三足鼎立"新格局。

9.3 虚拟电厂发展的三个阶段

虚拟电厂的三类基础资源都在快速发展，所以虚拟电厂自身的发展空间也在快速拓宽。但并不是有了资源虚拟电厂就自然发展出来了，而是要有系列必要的体制机制条件为前提。依据外围条件的不同，可以把虚拟电厂的发展分为三个阶段。第一个阶段称之为邀约型阶段。这是在没有电力市场的情况下，由政府部门或调度机构牵头组织，各个聚合商参与，共同完成邀约、响应和激励流程。第二个阶段是市场型阶段。这是在电能量现货市场、辅助服务市场和容量市场建成后，虚拟电厂聚合商以类似于实体电厂的模式，分别参与这些市场获得收益。在第二个阶段，也会同时存在邀约型模式，其邀约发出的主体是系统运行机构。第三个阶段是未来的虚拟电厂，称之为跨空间自主调度型虚拟电厂。随着虚拟电厂聚合的资源种类越来越多，数量越来越大，空间越来越广，实际上可称之为"虚拟电力系统"，其中既包含可调负荷、储能和分布式能源等基础资源，也包含由这些基础资源整合而成的微网、局域能源互联网。

9.3.1　第一阶段：邀约型虚拟电厂

在电力市场包括电能量现货市场、辅助服务市场和容量市场到位之前，即可通过政府部门或调度机构（系统运行机构）发出邀约信号，由虚拟电厂（聚合商）组织资源（以可调负荷为主）进行响应。当前我国各省试点的虚拟电厂以邀约型为主，其中江苏、上海、广东等省市开展得较好。

2015 年，江苏在全国率先出台了季节性尖峰电价政策，明确所有尖峰电价增收资金用于需求响应激励，构建了需求响应激励资金池，为江苏地区需求响应快速发展奠定了基础；同年，江苏省工业和信息化厅、物价局出台了《江苏省电力需求响应实施细则》，明确了需求响应申报、邀约、响应、评估、兑现等业务流程。根据历年来的实践经验和市场主体的意见，江苏省电力公司会同相关主管部门不断优化激励模式和价格机制，按照响应负荷容量、速率、时长明确差异化激励标准。首创"填谷"响应自主竞价机制，实现用电负荷双向调节，资源主体参照标杆价格向下竞价出清，有效促进资源优化配置，提升了清洁能源消纳水平。2016 年，江苏省开展了全球单次规模最大的需求响应，削减负荷 352 万千瓦。2019 年再次刷新纪录，削峰规模达到 402 万千瓦，削峰能力基本达到最高负荷的 3%～5%。为促进新能源消纳，2018 年以来在国庆、春节假期间的负荷低谷时段创新开展填谷需求响应，最大规模 257 万千瓦，共计促进新能源消纳 3.38 亿千瓦时。

近年来，江苏省需求响应参与覆盖面不断扩大。从 2015 年主要以工业企业参与需求响应开始，逐步引入楼宇空调负荷、居民家电负荷、储能、充电桩负荷等，不断汇聚各类可中断负荷资源。截至目前，已经累计汇聚 3309 幢楼宇空调负荷，最大可控超过 30 万千瓦，与海尔、美的等家电厂商合作，依托家电厂商云平台对居民空调、热水器等负荷进行实时调控。2020 年，首次开展 5 户客户侧储能负荷参与实时需求响应，与万邦合作，首次将江苏地区 1 万余台充电桩负荷纳入需求响应资源池。截至目前，江苏地区累计实施响应 18 次，累计响应负荷量达到 2369 万千瓦，实践规模、次数、品种等均位居国内前列。

9.3.2　第二阶段：市场型虚拟电厂

当前在我国，属于市场型虚拟电厂的只有冀北电力交易中心开展的虚拟电厂试点。

冀北虚拟电厂一期接入蓄热式电采暖、可调节工商业、智慧楼宇、智能家居、用户侧储能等 11 类可调资源，容量约 16 万千瓦，分布在张家口、秦皇岛、廊坊三个地市。初期参与试点运营报装总容量约 8.0 万千瓦，主要为蓄热式电采暖、可调节工商业和智慧楼宇。在服务"新基建"方面，率先在张家口试点采用 5G 技术，实现蓄热式电锅炉资源与虚拟电厂平台之间大并发量、低时延的信息快速双向安全传输。目前冀北虚拟电厂商业运营主要参与华北调峰辅助服务市场，根据系统调峰需求，实时聚合调节接入资源用电负荷，在新能源大发期间增加用电需求（填谷），减少火电厂不经济的深调状态，获得与调峰贡献相匹配的市场化收益。截至 2020 年 3 月底，虚拟电厂累计调节里程 757.86 万千瓦时，实际最大调节功率达到 3.93 万千瓦，投运以来虚拟电厂的总收益约为 157.46 万元，日最大收益为 87092.95 元。

9.3.3 第三阶段：跨空间自主调度型虚拟电厂

虚拟电厂发展的高级阶段将能实现跨空间自主调度。当前国际上有两个典型案例：一个是德国 Next Kraftwerke 公司。该公司早在 2009 年就启动了虚拟电厂商业模式，将热电联产、生物质能发电、小水电以及风电、光伏，一部分可控负荷的电力生产商、工业和商业电力消费者和储能装置进行联网。一方面对风电、光伏等可控性差的发电资源安装远程控制装置，通过虚拟电厂平台聚合参与电力市场交易，获取利润分成；另一方面，对水电、生物质能发电等调节性好的电源，通过平台聚合参与调频市场获取附加收益，目前该公司占全德国二次调频市场 10%的份额。截至 2021 年 6 月，该公司已有 11049 个聚合单元，9016MW 联网装机容量。2021 年 2 月 25 日，世界第一大石油公司壳牌发力欧洲分布式能源市场，宣布将收购 Next Kraftwerke 100%的股份，助于实现公司领先的清洁能源服务提供商的目标，推进脱碳能源系统的发展，满足未来电力需求的快速增长，带来更广泛的商业交易和贸易协同效应，产生更多的可再生能源贸易机会[1]。

案例二是日本正在进行的一个虚拟电厂试验项目，该项目由日本经济贸易产业省资助，关西电力公司、富士电机等 14 家公司联合实施，共同建立一个新的能量管理系统，通过物联网将散布在整个电网的终端用电设备整合起来，以调节可用容量，平衡电力供需，促进可再生能源的有效利用。该项目一旦实施成功，也是一个典型的跨空间自主调度型虚拟电厂。

9.4　理解虚拟电厂的五个视角

9.4.1　从需求侧管理到需求响应的角度

这是很自然的进化视角。目前开展需求响应和邀约型虚拟电厂，基本都是在原有需求侧管理的基础上进行，无论是管理部门、人员，还是技术支持系统，所遵循的管理制度都与需求侧管理工作一脉相承。

需求响应和需求侧管理有一定的相关和重叠。一般而言需求响应包括系统导向和市场导向两种形式。系统导向的需求响应由系统运营者、服务集成者或购电代理商向消费者发出需要削减或转移负荷的信号，通常基于系统可靠性程序，负荷削减或转移的补偿价格由系统运营者或市场确定。而市场导向的需求响应则是让消费者直接对市场价格信号做出反应，产生行为或系统的消费方式改变，价格是由批发市场和零售市场之间互动的市场机制形成。

其中，系统导向的需求响应和需求侧管理具有较大的相关性。一般将需求侧管理中影响消费行为的项目称为负荷管理项目，而把影响消费方式的项目称为能源效率项目。负荷管理项目可以看作市场改革之前的需求响应项目，这些项目在市场改革后发展为系统导向的需求响应。在传统电力工业结构下，负荷管理项目可作为电力公司削减峰荷容量投资和推迟网络升级投资的一种工具。这些项目包括直接的负荷控制和调整、高峰期电价、分时电价等。需要指出的是，在市场改革前作为负荷管理工具的高峰期电价和分时电价，虽然在市场改革后仍然是需求侧响应的重要工具，但前后存在着本质的区别：前者是作为电力公司的负荷管理手段，消费者只能被动接受而无选择权；后者则是消费者的一个电价选择，消费者可以自主决定是否参与。

简而言之，从需求侧管理到需求响应虽然有相关继承性，但其区别是本质性的，在需求侧管理中，用户是刚性的"无机体"，是管理和控制的对象，而在需求响应中，用户是弹性的"有机体"，是被激励有响应的对象。

9.4.2　从电力市场建设和电力市场运营稳定的角度

从美国加利福尼亚州电力危机之后，大家统一了一个理念，就是一定要把用户引入电力市场，这是从市场稳定的角度出发。关于市场稳定有一个判据，即市场中最大发电商的均衡市场份额不能大于其面对的需求侧弹性。所以，要维持电力市场的稳定，其途径有两条：一是控制最大发电商的市场份额，二是提高需求侧价格弹性，也就是增加需求侧响应的能力。很明显，将供应侧的集中度减少一半和将需求侧的价格弹性增加 1 倍，对价格即市场稳定性的影响是一样的，但后者可能更容易做到。

9.4.3 从综合资源规划的角度

2021 年是"十四五"的开局之年，围绕的核心焦点问题是关于煤电是不是开闸的问题，争论非常激烈。目前全国各地 3%~5% 的尖峰负荷分布基本都在 50h 之内，如果用供应侧投资，尤其是大量上化石能源电厂的话，光从投资量来讲，至少需要五千亿以上的规模去满足，而如果用需求侧资源，预计在 1/7~1/10 的投资，主要是智慧能源新基建的投资，起步可以用最基础的需求响应项目就可以实现。

9.4.4 从能源互联网的角度

从 2015 年电改以来，和改革同时兴起的是能源互联网新技术和新业态的推进。能源互联网和需求响应、虚拟电厂有非常高度的重叠。从局域能源互联网角度来看，其实就是需求响应进化的一种形式，需求响应首先更多的是狭义地讲可调负荷，但接下来分布式能源的纳入，使得整个需求侧资源内涵又发生质的提升，更多以微网、局域能源互联网的形式来做需求侧资源。再往下发展就是一种广域能源互联网的形式，形成跨空间的源网荷储的集成和协同。

9.4.5 从能源革命的角度

对能源革命的理解有两个维度，第一个维度是主力能源品种的更替，就像从化石到非化石，从高碳到低碳，这叫能源革命。第二个维度是整个能源系统的控制和优化方式，这是一种颠覆式变化，是更为深刻的能源革命。从电力工业诞生以来，整个电力行业一直是 top-down 的控制和优化方式。但是当需求侧资源不断引入之后，在能源互联网中以使用者为中心，将会得到越来越充分的体现，那时控制和优化的方式就是 bottom-up。

所以，在那种情形下，需求响应将是一种跨空间的、广域的源网荷储的聚合商。需求响应刚开始是少量的负荷聚合商，而后发展为综合资源聚合商，是源网荷储的聚合商。再往后发展，整个行业的主力，即在市场平台上唱主角的将是这些聚合商。届时，我国电力五级调度体系就会发生根本性的变化。

9.5　小结

首先，发展虚拟电厂的意义重大。一是可以提高电网安全保障水平。当前我国中东部地区受电比例上升、大规模新能源接入、电力电子装备增加，对电力系统平衡、调节和支撑能力形成巨大的压力。将需求侧分散资源聚沙成塔，发展虚拟电厂，与电网进行灵活、精准、智能化互动响应，有助于平抑电网峰谷差，提升电网安全保障水平。二是可以降低用户用能成本。从江苏等地试点看，参与虚拟电厂后用户用能效率大幅提升，在降低电费的同时，还可以获取需求响应收益。如江苏南京试点项目平均提升用户能效 20%；无锡试点项目提高园区整体综合能源利用率约 3 个百分点，降低用能成本 2%，年收益约 300 万元。三是可以促进新能源消纳。近年来，我国新能源装机快速增长，截至 2021 年 12 月底，全国新能源发电装机 68830 万千瓦，占全部发电装机的 29.0%，但部分地区、部分时段弃风弃光弃水现象仍比较严重。发展虚拟电厂，将大大提升系统调节能力，降低"三弃"电量。四是可以节约电厂和电网投资。我国电力峰谷差矛盾日益突出，各地年最高负荷 95% 以上峰值负荷累计不足 50h。据国家电网测算，若通过建设煤电机组满足其经营区 5% 的峰值负荷需求，电厂及配套电网投资约 4000 亿元；若建设虚拟电厂，建设、运维和激励的资金规模仅为 400~570 亿元。

其次，当前发展虚拟电厂还存在以下几个突出问题。一是认识不到位。目前，我国虚拟电厂处于起步阶段，其组织、实施和管理基本上还是沿袭需求侧管理的旧模式，没有树立起将需求侧资源和供给侧资源同等对待的理念，没有形成体系化、常态化工作机制，没有下定持续推进的决心。二是管理部门不明确。虚拟电厂属新业态，目前遵循的是国家发展改革委、工信部、财政部、住建部、国资委、国家能源局六部门于 2017 年发布的《电力需求侧管理办法（修订版）》，但牵头部门不明确，管理职能有交叉，协同发力不足。三是规范标准不统一。国家层面没有相关文件，潜力巨大的分布式发电无法进入，限制了虚拟电厂的发展空间。没有虚拟电厂的国家、行业标准，各类设备及负荷聚合商的通信协议不统一，数据交互壁垒高、不顺畅，增加了建设难度和成本。四是激励和市场化机制不到位。目前，仅有 8 省市出台了支持政策，但激励资金盘子小、来源不稳定，难以支撑虚拟电厂规模化发展。各地电力辅助服务市场和现货市场建设中，除华北地区开展小规模试点外，没有将虚拟电厂作为市场主体纳入。

综上，应从以下几个方面来推动虚拟电厂的发展：

1）尽快启动虚拟电厂顶层设计。建议由国务院层面出台《虚拟电厂建设指导意见》，明确虚拟电厂定义、范围；积极培育"聚合商"市场主体；建立虚拟电厂标准体系；明确能源主管部门牵头建设虚拟电厂。

2）加快实施虚拟电厂"新基建"。政府部门统筹规划，充分引入华为、腾讯、阿里等先进信通和互联网平台企业，搭建虚拟电厂基础平台。聚合商在基础平台上建设各类运营平台，为广大用能企业提供一揽子智慧能源服务。

3）加快完善激励政策和市场化交易机制。丰富虚拟电厂激励资金，来源可包括尖峰电价中的增收资金、超发电量结余资金、现货市场电力平衡资金等。加快完善虚拟电厂与现货市场、辅助服务市场、容量市场的衔接机制。

4）推进虚拟电厂高质量规模化发展。应考虑将发展虚拟电厂纳入各级"十四五"能源规划并进行考核。建议在全国范围复制推广虚拟电厂的"江苏模式"。"江苏模式"的主要特征有两点：一是政府主导平台建设和运营，提供公平、开放、免费服务；二是社会资本主导虚拟电厂建设和运营，培育了数目众多的市场化"聚合商"，实现了技术快速迭代、成本快速下降。同时支持江苏结合现货市场和辅助服务市场建设，进一步提升虚拟电厂发展水平[1]。

参考文献

[1] 李可舒，王冬容. 欧洲虚拟电厂发展对我国的启示 [J]. 中国电力企业管理，2020（25）：93-95.
[2] 王冬容. 我国虚拟电厂发展研究 [J]. 电力决策与舆情参考，2020（29，30）.

体制改革助力
配售电重构

10.1　能源民主集中和"双碳"目标的推进

　　杰里米·里夫金在《第三次工业革命》中提出,伴随着分布式新能源逐渐应用广泛的第三次能源革命趋势,能源民主将是未来全球能源体制的必然发展方向。《第三次工业革命》提出的能源民主,是将互联网技术运用到传统的能源系统中,从而形成规模的能源互联网络,适应能源分散化的生产趋势,最终引领社会能源结构系统的根本性重塑和能源经济生活的突破性变革。

　　而这里提出的能源民主集中的概念,是立足于当前我国能源领域仍然广泛存在的垄断问题,针对能源市场化的发展目标要求提出的。能源民主集中,不是对能源民主进行否定,而是以能源民主作为我国能源领域未来的发展目标导向,扎根于碳达峰、碳中和战略目标的紧迫现实需求,积极应对无导向市场行为的浪费问题和盲目性问题,要求以"集中"形成国家战略高度的政策性规划和指导,达到精确定位发展目标、降低能源市场化体制转型成本、更快更好地实现能源民主的目的。

10.1.1　能源民主集中的内涵

　　能源民主集中的内涵包括以下两个方面[1]:

　　1)能源民主要求市场竞争层面的民主。参与主体在能源市场领域各个方面的地位平等。例如,从市场准入方面来说,民主体现在要保障、鼓励各类主体进入市场;从市场交易方面来说,则体现在要为不同的市场参与主体营造平等的法律地位、竞争规则、审核方法以及投资环境。

　　2)能源集中则要求的是发展目标导向与规则制定监管层面的集中。即在国家战略和政策引导层面对全国能源发展目标有着清晰的布局,引导市场良性发展。并在投资开发、监管审核、市场规则设计、价格形成机制以及综合特许经营等方面发挥管理部门的作用。能源集中管理的重点,在于突破传统垄断局面下的行政管理模式,转而对能源发展做出纲领性规划,并做好能源市场的公共服务、政策引导、资源管理等工作。能源管理部门的工作不再是通过行政干预手段直接控制能源交易行为,而是对能源领域的当前情况和未来需求做出理性判断,并对日后的发展做出导向性设计,以解决市场在能源体制转型过程中的盲目性问题；通过合理的能源市场法律法规的制定引导能源市场形成，把握市场竞争的底线问题以保障能源安全。

　　总的来说，能源民主集中的实现价值，在于不仅能够充分发挥"民主"市场中参与主体的积极性，以竞争的手段实现对资源配置的合理调控；而且能够减少对市场的直接行政干预，将"集中"的职能转向对能源市场发展方向引领，实现对能源市场规则和底线的制定以及保障性监管。能源民主集中，是立足于我国能源发展现状之上，快速精准实现能源民主的铺垫。

10.1.2　能源民主的回归

10.1.2.1　能源市场初始阶段

　　各类能源在被投入生产生活使用的初期，尚未形成完善的产业结构。因此处于能源自由交易的发展初始阶段，能源产品和服务在市场中可以直接进行交易。以电能的发展历程为例，世界各国电力工业在尚处于民间自由探索、自主建设的时候，电力的生产一般是以孤立电源的形式存在，通过小范围的输电线路进行供电。电能此时表现出完全的商品属性，电能商品和一般商品在市场中的差别并不是非常明显。由于输配电网尚未形成规模，其生产和运行也较为简单，电能的生产交易的过程是遵循商品市场一般规律的，即能源价格通过供需关系来反映。由于这种初级市场在时间和空间层次上都缺乏严格的管理和组织，因此是相对无组织无规则的自由市场。此时能源电力市场处于发展初始阶段，对能源结构体系及经济社会发展的影响较为有限。

10.1.2.2　能源走向垄断的必然

　　随着能源行业形成一定的社会规模，能源企业要达成自身利润最大化的目标，同时能源供给又要满足实现社会福利的目标。此时的能源开始同时具有商品和公共产品两种属性，这使得能源产业在初步建立完成后，对市场竞争的需求被削弱。从长期历史上来看，多国都先后让能源这一关系到国家安全和社会公共利益的特殊产业豁免于反垄断法规，以追求实现社会效益和维护公共安全。

　　从能源生产的角度，全球化石能源储量分布不均衡，从很大程度上导致了能源的垄断行为。而消费总量以及人均水平的地域差异，意味着化石能源的需求量和实际化石能源储备量之间的错位更加明显。为了保障国家能源安全和能源供给，各国倾向于通过从储量、生产、消费以及贸易等多角度制定能源发展政策，进行国家干预和战略性垄断。

　　从能源输送过程的角度，网络型能源的特点造就了能源输送环节的垄断。包括电力、煤气、自来水在内的多数能源都属于网络型能源产业，都是需要建设大规模传输网络来进行输送服务的基础设施产业，因此前期建设沉没成本巨大。这些能源产业往往需要通过垄断来保障高昂的基础设施投资回收，完成基础输送网络的建设。随着生产输送技术革新，其成本和市场价格的降低会改变人们的消费组合模式，并进一步改变供求关系。因此市场发展层次提高，网络型能源产业的自然垄断性质或将逐渐减弱。

从能源市场体制理论的角度，在 1929 ~ 1933 年间发生的有史以来最严重的世界经济大危机是能源垄断思维形成的重要原因。这次经济危机历时五年之久，对全球经济发展造成了严重破坏。到 1932 年世界工业生产总量比 1920 年下降了 1/3 以上。更严重的是，在之前小范围、短时间的经济危机中常用的市场调控政策无法发挥作用。世界主要资本主义国家开始对纯粹依靠市场自我调节完善的新古典经济理论产生了质疑。而主张重点通过扩增政府支出来创造市场需求、通过政策干预刺激国民经济增长的凯恩斯主义则提出了缓解经济危机的可行方案。因此，经济大危机和凯恩斯主义的盛行，从思想理论上"引导"了世界范围内对能源行业的垄断和管控。

10.1.2.3　能源回归民主的必然

在世界范围内，日渐兴起了以资源分布广泛、利用方式分散的可再生能源为主体的第三次能源革命。随着可再生能源的发展、微电网的建立和储能技术的应用，这种对分布式能源的利用和生产模式将使得新兴能源行业难以按照传统垂直垄断的方式进行管理。因此，分布式能源促使衍生出扁平式的能源管理机制，进一步强调对分散独立、合作竞争的经济活动组织模式的需求，为能源体制改革走向能源民主创造了条件。

两次世界性的石油危机，使得新自由主义经济理论重新适应了主流资本主义国家的经济发展需要。而对于发展中国家来说，自从 20 世纪 70 ~ 80 年代通过计划经济和国有化垄断来实行快速工业化的模式，在实现了经济高速发展的同时，也遇到了各种各样的问题和矛盾。而拉美和东南亚国家的经济发展案例，也使得自由主义的经济思想影响到了发展中国家。同时由于苏联解体和东欧剧变及经济全球化的推进，新自由主义经济理论在全世界范围内得到了进一步认可，为能源民主的回归提供了机会。

10.1.3　能源民主集中的必要性

10.1.3.1　能源民主集中是实现碳达峰、碳中和，加速能源转型的必然选择

我国提出了要力争在 2030 年前实现碳达峰，2060 年前实现碳中和的目标，"十四五"将会是实现这一目标的重要时期。为此，我国单位国内生产总值能耗

需要降低 13.5%，而二氧化碳排放则要降低 18%。而统计显示 2020 年煤炭消费量占能源消费总量的 56.8%，保持着煤炭能源消费仍占较大比重的产业结构模式。

为了不打折扣地实现"双碳"目标，有必要推动低碳清洁能源对煤炭、石油等高碳燃料的替代，加速风电和光伏等可再生能源的建设，充分发挥新能源和分布式能源的潜力，提升清洁分布式能源在总能源消费和电力消费中的比重。而分布式能源所适应的分散式经济活动组织模式，也相应地对能源体制改革提出了回归能源民主的要求。虽然市场在配置资源过程中的作用已经初步得到了验证，但在确定和实现经济社会发展目标上，市场难以快速、精准地取得理想效果。在要求较快地完成碳达峰、碳中和目标的大背景下，需要强调政府的统筹协调、监督管理的作用。通过发挥社会主义制度优势，"集中力量办大事"，在对市场交易数据结果进行统计、分析的基础上，对契合于"双碳"目标等经济社会发展需求的市场行为予以政策引导，使得市场的"力量"能够真正地用在能源转型和社会需求的"刀刃"上。

10.1.3.2 能源民主集中是缓解市场盲目竞争，实现资源最大化的必然选择

纯粹要靠市场自我调控机制的运行必然会导致过度竞争，过度竞争又会引发基于策略安排的费用支出和重复性建设投资浪费，从而会导致自然资源和社会资源的不充分利用。缺少管控的纯粹市场竞争所主导的社会发展趋势，往往会存在严重的盲目性，甚至造成波及范围广泛的经济危机和社会动荡。因此，有必要在市场竞争的环境中保证监管，并发挥能源集中管理统筹兼顾的作用。以能源民主集中的形式践行节约利用能源资源的发展理念，对社会资源进行最大化利用，减少市场盲目浪费的现象。

10.1.3.3 能源民主集中是保障国家能源战略安全，健全能源体系的必然选择

近些年受地缘政治的影响，能源问题对国家战略安全的重要性上升到了前所未有的高度，例如世界石油市场就存在随时剧烈波动变化的可能，因此能源供应保障对国家经济发展、政治形势稳定都有着重要影响。2014 年，中央召开的财经领导小组第六次会议上，习近平总书记强调："能源安全是关系国家经济社会发展的全局性、战略性问题。面对能源供需格局新变化，必须推动能源生产和消费革命。"针对能源体制改革，则重点提到了要转变政府对能源的监管方式，建立健全能源法治体系。当前，能源安全的重要性已提升至与粮食安全和金融安全相并列。因此，面对瞬息万变的能源国际市场局势，出于国家能源安全的要求，能源体制改革具有重要的战略地位。形成完善的适应市场发展的监管方式方法，构建能源民主集中新局面，对国家能源战略安全有重要作用。

10.1.4 能源民主集中的实例

10.1.4.1 两个一体化

2021 年 2 月，国家发展改革委、国家能源局发布了《关于推进电力源网荷储一体化和多能互补发展的指导意见》（两个一体化），提到了要更好地发挥政府作用，破除市场壁垒。因此，能源民主集中也是推动我国能源市场完善、能源转型的重要探索尝试。

从能源民主角度，两个一体化充分引导源网荷储四侧积极成为市场的参与主体。在市场准入规则上，对于发电、售电、配电以及负荷侧和独立储能平等对待；在市场交易规则上，优化运行，自由竞争。而从能源集中角度，两个一体化为电力工业的未来发展提供了方向和指引。通过将电源、电网、负荷、储能作为整体运营，可以实现对负荷和储能设备情况的精准把握、集中调控。提高了电力系统对故障的应对能力，缩短了应急处理时间，更为分布式电源的上网和消纳创造了可能。通过能源监管部门的引导协调，鼓励各投资主体积极响应市场需求和经济社会发展需要，共同推进项目进度，推动了工程实施目标和经济社会建设目标一体化。

10.1.4.2 整县开发

2021 年 6 月，国家能源局综合司下发了《关于报送整县（市、区）屋顶分布式光伏开发试点方案的通知》，之后多省转发能源局文件，在各省内开展了整县开发的分布式光伏试点业务。例如，福建省在文件中要求明确各有关市发展改革委根据本地光照资源条件和户用光伏建设条件，优先支持光照资源好的地区开展试点。山东则在 2021 年 6 月召开了整县分布式光伏规模化开发试点工作座谈会，进行完善能源市场的重要尝试。广东省能源局要求具备较大规模开发利用屋顶资源，且电网接入和消纳条件良好的地市申报试点方案。截至 2021 年 7 月，分布式屋顶光伏的整县开发试点推进工作已经扩展到 16 个省份。

整县开发实现了在小范围内构建能源民主集中模式的尝试。政府、企业、电网三方面各负其责，保障市场竞争不垄断的局面，又充分发挥政府引导和电网保障的积极作用。通过对户用光伏用户和企业提供尝试和引导，鼓励各市场参与主体积极参与市场竞争。而通过改网改制，简化并网难度和流程，保障市场主体参与的公平性。国家能源局官网就"对分布式光伏电站整县推进政策的疑问"进行答复，提出了竞争不垄断和到位不越位的要求。该答复明确了试点工作应坚持市场主导和充分竞争的原则。所有符合条件的企业均可参与市场开发建设，而地方政府的工作重点主要是协调落实屋顶资源，扩展屋顶光伏市场机遇；电网企业则要做好分布式光伏的电网接入和电力消纳工作，加强配电网升级改造和接网服务；具体的开发建设工作则由产权企业自主建设开发。因此整县开发既充分保障了市场的民主，又能发挥政府和电网企业集中的统筹兼顾作用，是能源民主集中实现的重要案例参考。

10.1.5 小结

我国的能源体制经历了数次革新，从能源领域自发形成的初级市场，到在特殊历史条件下，以发展能源经济为目的而形成的能源垄断集中的局面，再到如今呼吁能源回归商品属性，推进能源体制改革，初步建立起了能源市场，我国的能源体制适应于经济体制以及经济社会发展需要。而在第三次能源革命到来的今天，我国提出了力争在 2030 年前实现碳达峰，2060 年前实现碳中和的战略性目标。能源民主集中制，针对新时代能源发展趋势，面向分布式能源和分散式市场参与主体，要求充分发挥市场竞争的作用，在保障竞争主体地位平等、市场民主的同时，更加注重能源监管部门的集中组织领导作用，以利于构建合理的市场规则和价格体系。坚持在实践中完善能源民主集中制，应成为未来十年能源行业发展的基本原则。

10.2 从电力行政许可到综合能源特许经营

在碳达峰、碳中和目标和构建以新能源为主体的新型电力系统背景下，新能源和新型负荷迅速发展，电网结构日趋复杂，电力系统可能出现调峰能力不足、难以适应新能源大规模并网消纳的问题。单一的能源系统已不能满足用能要求，综合能源系统应运而生。综合能源系统与分布式能源技术、储能技术等深度融合，打破电、热、冷、气、水等能源独立运行的既有模式，推动不同能源类型之间的协调互补，增强能源生产、传输、存储、消费等各环节的灵活性，实现能源生态圈的低碳化和柔性化。在综合能源系统的构建中，电力是最核心的环节，但也是最"刚性"的环节，电力行业生产关系特别是政企关系和央地关系的调整，对构建以新能源为主体的新型电力系统和以电为核心的综合能源系统至关重要。

从新中国成立到改革开放再到进入新世纪以来，电力行业的政企关系和央地关系经历了从政企合一、纵向一体，到集资办电、发电放开，到政企分开、厂网分家、引入行政许可，再到"管住中间、放开两头"，推进增量配电网、探索特许经营等多轮调整。但到目前，电力行业还是以中央政府和中央企业"一竿子插到底"的"一体化垄断"模式为主,与终端用户和地方政府紧密结合的供电环节,还很难融入地方,很难与供热、供水、供气等其他能源公用事业协同整合,未能真正构建出综合能源体系,无论是多规合一还是多能互补,都往往止步于此[2]。

10.2.1 市政公用事业特许经营的发展

由于外部性、自然垄断性等会导致市场失灵的因素,市政公用事业往往需要政府介入并监管,来避免从业者获得超额利润,同时提高公用事业运营效率。市政公用事业生产公共物品、设施或者资产国有或部分国有是实行特许经营的前提,在政府不可能包揽一切社会事务的情况下,特许经营能扩大财政来源,形成一定的竞争局面,提高公用事业运营效率,促进公用事业的发展[3]。

我国市政公用事业的发展大致经历了招商引资—扩大民营—公私合作三个阶段。总的来说,可以概括为逐步从国有企业垄断经营向民营企业特许经营的发展方式转变[4]。在一系列改革和发展的政策指导下,市政公用事业特许经营实行了多层面、多方位的改革实践。2002 年 12 月《关于加快市政公用事业市场化进程的意见》中提出建立市政公用事业特许经营制度;2013 年 11 月 15 日,《中共中央关于全面深化改革若干重大问题的决定》将特许经营作为改革国有资本继续控股经营的自然垄断行业的内容之一;2015 年 4 月,国家发改委、财政部等六部委联合印发《基础设施和公用事业特许经营管理办法》,提出要以特许经营方式为主,鼓励和引导社会资本参与基础设施和公用事业建设运营,并且在适用领域中明确提到能源行业。近年来,各省市县进一步开放市政公用事业,采用特许经营方式,吸引社会资本投资,例如雄安新区环境问题一体化综合系统治理项目、生态公园、农村供暖改造小区、"气代煤"管道燃气、智慧灯杆建设等都运用了特许经营。在空间上特许经营覆盖了我国东部、中部、西部的绝大多数城市;在行业范围上覆盖了供水、排水、燃气、公交、采暖、园林、绿化、环卫、市政道路等大多数公用事业项目,成效上使得全国城市市政公用事业有了迅速发展,对打破地方市场垄断、形成多元投资主体、降低经营成本、提高服务质量和服务水平等方面起到了显著作用[4]。总体而言,在"十四五"规划和 2035 年远景目标的指引下,我国在公用事业特许经营的制度、价格调控机制、市场竞争机制、政府监管模式等方面不断完善。然而电力输配服务作为最典型的公共物品,包括非排他性、非竞争性、消费效用的不可分性、公益性,同时在国外供电也是最典型的公用事业,在构建综合能源系统时,供电作为最核心的环节,始终没能像其他公用事业一样由地方政府实行特许经营,而是由政府实行行政许可。

10.2.2　电力行业从政企合一到政企分开、行政许可

我国电力行业在 1997 年之前为政企合一阶段。其中在 1985 年之前电力供应严重短缺，1985~1997 年，发电市场部分开放，形成了多元化的投资主体。电力行业初步实现政企分开则是在 1997 年成立国家电力公司，1998 年电力部正式撤销。2002 年 3 月，国务院发布了《关于印发电力体制改革方案的通知》，电力行业实行"厂网分离"，在国家电力公司的基础上分拆重组，成立两家电网公司、五家发电集团公司。由于发电厂和电网企业成为独立的市场主体，而供电营业许可证只对供电业务实施监管，故 2005 年国家电力监管委员会为规范电力业务许可行为，根据《中华人民共和国行政许可法》《电力监管条例》和有关法律、行政法规的规定制定了《电力业务许可证管理规定》，该规定的颁布和实施为电力业务行政许可提供了理论依据，满足了发电、输电、供电业务的监管需要。

10.2.3　配电领域从行政许可到特许经营的可行性

我国增量配电领域从行政许可到特许经营的可行性，改为：配电领域从行政许可到特许经营的可行性。

"中发 9 号文"中明确指出要有序向社会资本开放配售电业务。由于我国电力行业治理的分割状态，对具有自然垄断属性的输配电网环节监管薄弱，急需按照"放开两头、管住中间"的体制架构，建立"市场配置资源"和"政府有效监管"的体制格局[5]。2016 年 10 月 8 日，国家发展改革委、国家能源局发布《有序放开配电网务管理办法》（发改经体〔2016〕2120 号）。该办法特别明确了增量配电网"增量"的内涵，不再简单按电压等级来区分"配电网"。随后增量配电业务改革试点陆续启动。

特许经营是开展增量配电业务试点的更优选择。传统电网企业独家经营模式具有经营权授权主体不明确、经营无期限限制、无违约处理及退出机制等特征，而特许经营模式的激励与约束性，更能体现出配电网公共产品的属性[6]。建立配电网特许经营机制，对同一区域时间上的准入竞争和退出压力能消除准入垄断；对多个区域配电业务的绩效对比，能促进服务质量的提升[7]。

增量配电业务试点是配电网特许经营的初步实践，现在仍然存在两方面的问题。

一方面是央地关系。中国国家治理的一个深刻矛盾是权威体制和有效治理

之间的矛盾，集中表现在中央管辖权与地方治理权之间的紧张和不兼容[8]。一统体制是以中央为核心，有效治理则要求地方政府有较强的解决问题的能力。中国电力企业管理也是如此，中央行政许可由于权力、资源的集中，往往会导致地方政府解决电力改革出现的实际问题的能力减弱，也正是由于电网企业的行政色彩，使得电力改革困难重重，依附于电网产生的巨大利益也难以管理。具体而言，由于中央层面的主要能源监管职能分散在国家发展改革委、国家能源局、财政部、国家市场监管总局等多个国家部委，而且各部委的能源监管职责不明确，容易造成监管职责交叉重叠和缺位、越位问题[9]。同时，条块分割的政府结构必然使得各级政府部门优先考虑部门利益，以不同的态度和行为去对待同一项决策或施政对象，影响了政策的决策和执行效果[10]。国家能源局派出机构与地方能源管理部门之间的职能冲突与职能界面不清的问题也很突出，导致地方层面的能源监管难以落实[11]。实际上，现代能源监管体制是中国能源体制的核心内容[12]。故在简政放权的大背景下，考虑到电力体制改革的需要，从解决中央和地方政府的分工问题，形成中央和地方权责清晰、统一管理的局面，以及有利于自然垄断环节监管的角度出发，可以由地方政府管理配电环节，中央政府管理输电环节。

另一方面是政企关系。现阶段电网所有权和经营权没有实现清晰界定，政府作为电网的所有者没能真正控制电网，电网企业作为经营者却成为事实上的所有者。如果能将电网的所有权归属于相应层级的地方政府，建立完善的特许经营机制，明确特许经营的退出机制，电网企业经政府电力管理部门授予特许经营后经营电网资产，才有机会实现政府对电网的有效监管。政企关系的走向决定是否可以建成特许经营的输配电监管体系，形成多元化供配电市场格局。我国一直以来注重社会性监管即对环境、安全等监管，而忽视了经济性监管如准入、退出、投资、价格等。新型电力系统要求我们改变传统监管方式，建立激励性监管新体系。在有效监管的前提下，形成基于特许经营的增量配电网"准入、退出、规划、投资、运行和价格"的闭环监管机制，以及令用户、投资者和政府多方满意的局面[7]。

通过配电网特许经营制度的实施，引入有效的监管，真正管住中间，才能实现放开两头，即发售电环节竞争，降低用电成本的目的。除此之外，发电、输电、供电分别行政许可虽然是电力改革的一大进步，但对于现阶段建立源网荷储一体化而言，发电、供电分别许可造成了一定的阻碍，供电也无法与供热、燃气等公用事业统一管理，实行特许经营。如此看来，从政企合一，到政企分开、行政许可，再到特许经营，政府和企业、政府和市场的关系越来越清晰[13]。

在能源领域建立完善的特许经营制度是实现能源行业市场化改革的重要途径之一。通过确立严格的市场准入和退出程序、价格机制等内容，明确经营者和用户的权利与义务，有利于保障经营者和社会公众双方的合法利益；通过建立完善的监管体制，有利于政府监督和解决争议、维护社会公平与公正、保障社会的最大利益。特许经营权制度的建立与完善有利于加快我国能源转型和能源变革，促进能源行业健康发展。

10.2.4　综合能源特许经营是未来趋势

特许经营制度对我国公用事业的发展起到了积极的促进作用，尤其促进了城市燃气和供热等终端能源行业的快速发展。但传统的能源行业各自为战，特许经营也是单独进行，对于集供气、供冷、供热、供电等于一体的终端能源服务，应在原有的特许经营制度基础上探讨建立一种综合性的特许经营机制，提高运营和监管效率，降低成本，实现政府、企业和用户多方共赢，并将研究成果应用到各地公司开展实际业务中去，推动项目开发抢占市场先机。北京地区组建北京市城市管理委员会，首次将煤、电、油、气、热的日常运行管理纳入管辖，有综合特许经营的苗头，改变了过去的"九龙治水"模式。湖南发展改革委印发的《清理规范城镇供水供电供气供暖行业收费促进行业高质量发展的实施方案》也明确提出供电连同供热供气等一体化管理。

在碳达峰、碳中和目标和构建以新能源为主体的新型电力系统背景下，能源生产和消费界限不再清晰，功能角色间可相互替代兼容，各种能源业务领域的界限在逐渐弱化，综合能源供应成为趋势，传统的单一能源供应模式逐渐转向跨领域多种能源协同供应模式，提高综合用能效率。

实现多种能源互补互济、协调优化的综合特许经营，需要政府和企业共同发力。

政策扶持综合特许经营，完善综合特许经营市场准入规则和机制。政府要充分发挥社会主义市场经济机制宏观调控和配置资源的作用，鼓励综合能源项目的建设与开发，扩大特许经营领域范围，鼓励财政补贴和税收优惠政策倾斜，简化用地、项目核准等手续，稳定市场预期。对综合能源服务而言，既要在生产、供应和消费环节建立包括供求、竞争、价格机制和进入、退出机制，以及风险管控在内的市场运行机制[14]，又要积极推行 BOT、TOT、BOOT 等特许经营模式，鼓励社会资本参与特许经营，实现综合能源特许经营向多元化、综合化发展。

由乡村试点到整县推进，加强综合特许经营示范项目引领。从热、电、冷、水、气等单一能源供应特许经营权逐步向综合特许经营迈进。号召企业从村镇出发设计综合能源"一揽子"工程，由村镇推及城市，因地制宜试点综合特许经营，借助综合智慧能源、多能互补等综合能源服务产业优化电力、燃气、热力、供冷、供水管廊等基础设施，打造综合特许经营示范项目，在为用户提供能源和相关增值服务的基础上，通过需求侧管理实现能源绿色低碳、提高能源综合利用效率。

政府应加强监督管理，确保综合特许经营活动有序进行。在综合特许经营项目实施过程中，政府相关部门对特许经营者履行特许经营协议的情况进行监督检查时要职责明确，有序组织开展特许经营者选择、项目执行监管、绩效评价和项目移交等工作，对不履责行为加强整改，直至吊销许可，收回特许经营权。

10.3　推动中国电力行业治理能力现代化

2015年以来的新一轮电力体制改革，明显呈现出重"放开两头"，轻"管住中间"，"现货市场"建设热，"输配电网"监管冷的特点，仍未能从现代产业组织理论的角度统筹电力行业治理体系的改革和建设。电力行业治理的工程型和计划性痕迹依然很重，还停留在关注和维护行业内部权益的认识层面，缺乏从国民经济的全局重新思考电力行业的定位和发展。整个行业服务用电侧的意识和创新明显不足，缺乏体制改革乃至体制革命的内生动力，制约了电力行业市场开放、创新转型和高质量发展，离真正实现能源体制革命的目标还很远。

推动中国电力行业治理，应明确电网的产权关系和构建用电侧权益，着眼于服务国民经济和电力行业健康持续发展，把电网环节的垄断力关进笼子里，以实现开放用电侧投资和服务市场，推动用电侧创新转型和高质量发展；应牢牢把握市场在配置资源中起决定性作用和更好发挥政府作用的精神，基于现代产业组织理论建立起"市场配置资源，政府有效监管"的电力行业治理体系，不断探索和丰富新时代中国特色社会主义市场经济体系中能源体制革命的内涵[15]。

10.3.1　传统电网企业的多元角色

从计划经济到市场经济，从电管局（电力局、供电局）到电网公司，电网企业在不同时期被赋予了不同的角色，一些职能在历史中沉淀。总体来讲，电网企业有以下五大职能[16]：

1）落实国家能源战略。

2）执行国家产业政策。

3）按照相关规定通过市场化或非市场化手段组织、协调、协同产业运行，实现资源优化配置。

4）开放电网，无歧视允许各类用户（电源、负荷、分布式能源、微电网、综合能源系统等）准入并提供普遍和保底服务。

5）通过科学合理规划、投资、建设和稳定运行，支持、支撑地区经济社会发展。

梳理下来，从生产流程、环节来看，目前电网企业仍然履行着 20 多项任务，体现出基本功能、公益属性、商业属性、政治属性和代管功能五方面属性。电网企业的功能属性见表 10-1。

表 10-1　电网企业的功能属性

序号	项目和任务	功能属性
1	输配电网规划草拟	基本功能
2	输配电网建设	
3	电力输送、配送	
4	电网公平开放（转运）	
5	电源接入	
6	用户接入	
7	电价执行（体现产业政策）	公益属性
8	电力普遍服务	
9	售电保底服务	
10	增量配电业务的托底服务	
11	基金代收代缴/可再生代付	
12	承载交叉补贴（东西帮扶）	
13	科学研究	
14	售电服务	商业属性
15	增值服务	
16	金融投资	
17	装备制造，设计施工	
18	海外电网投资	
19	国有企业保值增值的其他行为	

序号	项目和任务	功能属性
20	输配电价打折	政治属性
21	电费减免	
22	支持地方经济发展的其他举措	
23	电力系统运行调度指挥	代管功能
24	计划用电、需求侧管理	
25	用电检查	
26	电力交易组织协调	

10.3.2　电网投资的监管

当前的输配电价改革为"管住中间"迈出了建设性的一步，但决定输配电价水平最重要一环——电网投资监管始终未引起重视。电网投资通过输配电价回收，投资规模的大小、投资成本的高低，以及投资的效率都直接影响输配电价水平。表面上看，电网企业是一个负责电力统购统销，通过购销价差或输配电价营利的企业，实际上是一个通过输配电价回收不断的电网投资而获得可持续性收益的工程性投资型公司。

电网具有自然垄断属性，电网投资与输配电价密切相关，因此电网投资不是纯粹的企业自主行为，必须受到政府的有效监管。对垄断环节的监管分为社会性监管和经济性监管两部分，前者主要涉及环境、健康和安全等，后者的主要内容包括：准入、退出、投资、服务质量和价格监管等。我国现行的投资核准制主要针对企业的市场化投资行为，侧重于社会性监管，对经济性监管偏弱，更谈不上对自然垄断属性的电网投资成本和效率的有效监管，不能适应电网投资监管的需要。也正是基于这样的监管政策，再加上电网企业很强的专业壁垒，多年来对电网投资的监管形式大于实质。

我国长期以来对电网价格采用基于成本加成的经济性监管方式，难以克服电网企业过度投资的 A-J 效应。电网环节已形成了规模庞大、产业链条完备且封闭的行业内部垄断，定额等设计规范均由行业内部制订，电网投资涉及的设备、材料等招标也由电网企业内部主导。电网企业虽然一定程度上规范了与下属集体企业资产、人员、管理等关系，但大量的事实关联交易依然存在。更为值得重视的是，虽然电网投资决定的输配电价直接关系到所在地方的经济和社会利益，但电网投资涉及的招投标等环节却并没有纳入地方政府监管的范畴，而是电网企业内部监管，这是明显的责权不对等。

当前我国对电网投资、运营监管和价格监管分属不同部门，没有形成监管闭环。对电网投资规模及其合理性的监管，并没有同输配电价成本高低的责任挂钩，电网的服务质量、无歧视开放程度等也没有与其准许收益水平挂钩。造成的结果往往是，一边按照超前的电力需求增速做电网规划，并确定投资规模，另一边却按照保守的电力需求增速测算输配电价。电网投资成本偏高和效率偏低必然抬高输配电价水平，最终转嫁由消费者承担，这个矛盾在省级输配电价核定的博弈过程中表现得淋漓尽致。遗憾的是，等到输配电价水平矛盾爆发的时候，电网投资已经成为无法逆转的现实。

理论和实践经验告诉我们，在信息不对称和监管俘获等诸多困扰下，基于成本加成理论形成的电网投资监管和价格监管模式存在诸多弊端，在电网合理投资和政府有效监管之间难以找到有效的平衡点。激励性规制理论的发展为我们提供了诸多克服困难的方法。在投资合理性方面，可以把电网投资和输配电价所需的电力需求预测水平固定在同一个锚上，把电网投资的利用效率和输配电价的成本摊销固定在同一个锚上，把电网服务质量和电网收益也固定在同一个锚上等。从输配电网的外部信息入手，通过建立多个输配电业务样本服务质量和绩效指标的比较，揭示有限但满足监管所必要的信息，减少和克服监管面临的信息不对称的困扰；透过多个输配电业务的绩效比较建立标尺竞争，促进被监管对象服务质量和绩效的不断提高。改善输配电网企业的会计制度，建立和规范被监管对象信息披露和申报规则；将输配电网投资和运行的成本和效率，服务质量与输配电价格监管真正关联起来。在有效监管的前提下，明晰输配电网投资回报预期，给予电网企业更多自主权，放松规划和投资监管，最终形成"投资、运营和价格"的闭环监管机制，实现用户享有服务、投资者合理收益和政府有效监管多方满意的共赢格局。电网企业投资、运营、价格相互关系图如图10-1所示。

10.3.3　电网的产权关系

为什么"中发9号文"中"放开两头、管住中间"的体制架构至今未能形成？为什么引入社会资本投资增量配电业务、调整电网企业运营模式等各项改革措施在实施过程中遇到那么多困难和阻力？为什么工商企业获得电力和使用电力过程中出现这样那样的问题？归根结底，我们的电力行业从政企合一到政企分开，再到继续进行市场化改革的过程中，并没有基于现代产业组织理论建立起清晰完备的产权关系，尤其是厂网分开后始终没有着手解决电网的产权关系，因此无法形成有效的监管体系，把电网环节的垄断力关进笼子里。

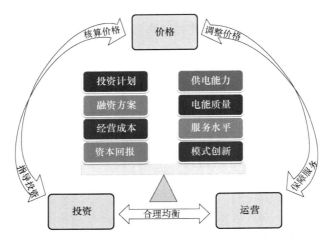

图 10-1　电网企业投资、运营、价格相互关系图

　　输配电网具有自然垄断属性，电力输配服务具有很明显的公共产品特点，因此只能垄断运营，并由政府监管。在一个产权清晰、监管制度体系完备的市场环境下，电网企业并不具有电网资产的所有权，通常是由政府授权的特许运营权，提供电力输配服务和履行普遍服务责任，并通过输配电价获得收益。这个授权在我国电力体制改革过程中从来没有被明确过，更没能在制度上建立起相应的法律程序。国家电网公司是由国务院授权，作为原国家电力公司管理的电网资产出资人代表。地方省级电网由国家电网作为出资人代表。"中发9号文"明确"电网企业主要从事电网投资运行、电力传输配送，负责电网系统安全，保障电网公平无歧视开放，按国家规定履行电力普遍服务义务"，但并未明确电网实施特许运营权。由于我国没有明确输配电网的所有权和运营权分离，没有建立起电网特许运营制度，尤其是没有明确特许运营内涵里重要的准入和退出机制，再加上监管职能分散在财政、国资、发展改革委、能源局等不同的部门，有效监管无从谈起。

　　讨论输配电网产权的另一个维度，就是不同等级的电网资产究竟由谁来代表所有权，并行使特许运营的授权和对应的监管，这实际上是中央政府和省级地方政府的责权划分问题。从当前电力体制改革的需要，责权对等并有利于垄断环节监管的角度出发，可以将配电环节的事权明确给地方政府，中央政府层面行使输电环节的事权。发输配售的垂直一体化已不复存在，如何选择电网未来的产业组织模式，是继续厂网分开后的输配一体，或区域性的输配一体，拟或输配也分开，进而配电更加多元化等，随着对电网所有权和经营权关系及其监管的深入探讨也会迎刃而解。

　　在明确电网产权关系的基础上，建立清晰的电网产业组织结构是建立完备的监管体系必要的前提。遗憾的是，当前的"管住中间"改革始终没有面对这个前提，直接后果就是改革政策和电网监管缺乏基础和共识。电网的产权关系不清晰和产业组织结构不明确，是造成电网环节监管薄弱的根本原因。这两个关键因素不解决，电力行业发展机制及其所决定的利益分配机制就不会变，既有格局下的任何调整终究是有限且短暂的。

10.3.4　用电侧的权益

　　电力体制改革的最终目的是降低国民经济发展中获得电力和使用电力的综合成本。我国电力行业发展有一个显著的特点，即始终处于封闭而不是开放的状态，围绕行业自身发展需要出发，站在电力行业自身权益角度，不断强调电力获得者和使用者可以做什么或不能做什么，否则政策上或经济上就予以制约或惩罚，而不是立足于对方需要什么，能为之做什么。不论是在电网投资、安全运行的生产建设层面，还是在政策法规和发展理念层面，不论是在厂网一体的时期，还是在厂网分开的阶段，用电侧获得电力和使用电力的权益始终得不到根本保障。

　　即使在以国家电力公司成立为标志的政企分开已逾二十年后的今天，电网企业依然有形或无形地承载着相当的行业管理职能或者行政色彩。电力建设质检、用户接电许可等都还是由电网企业履行，所有电力用户获得电力和使用电力必须也只能面对电网企业，电力行业诸多政策的解释事实上也是通过电网企业面向用户。面对电力行业专业技术壁垒和电网企业的垄断力，电力获得者和使用者几乎没有发言权，更谈不上选择权。再加上电力行业监管的滞后或缺位，用电侧的电力获得者和使用者权益并不明确，也很难维护。

　　这种权益的丧失不只是对电力的直接使用者，对于推动经济发展的地方政府而言也是如此。如前所述，地方政府为了发展经济获得电力，大量的配电网投资尤其是工业园区投资实际上是地方政府或其平台公司在承担，有的建成后还要无偿移交给电网企业，或出资委托电网企业维护，运维过程中出现故障或损失最终也是用户来买单。当前改革过程中不断出现仍未彻底改善的增量配电业务得不到施工电源，建成后接入上级大电网困难重重，地方电网总是因为这样那样的理由难以扩大与大电网并网和下电规模，电网的公平无歧视开放等问题，企业在公用电网范围内选择自备电厂的权益受到制约，工商企业面对变相或隐晦的"三指定"，民营电力安装企业进入市场的玻璃门等，都充分体现了各类电力获得者和使用者权益得不到保障。这些问题的背后都反映了电力行业治理亟待变革，如何实现"管住中间"，把电网企业的垄断力关进笼子里，还原获得电力和使用电力应有的权益，是当前体制改革亟待解决的重点和难点。

垄断力的存在就意味着垄断收益，也就是垄断租金，确保用电侧权益就要把电网企业的垄断力关进笼子里。一方面需要构筑规范周密的监管体系；另一方面需要区分电网环节的竞争性业务和非竞争性业务，也就是区分共用电网和专用电网。对于专用电网完全向市场开放，通过市场的力量来制衡垄断力。从某种意义上来说，这也是重新定位电网企业功能和服务范围，适度压缩垄断企业投资和服务范围未必不是好事，垄断约束一小步，市场就发展一大步。面对垄断的电网企业，电价政策的设计和执行也应该从有利于维护用电侧权益的角度来设置。然而现实是电价政策非常复杂，复杂到连政府监管部门也很少有人能够说得清讲得明。广大工商企业更是不具备了解和掌握电价政策、合理降低电力成本的能力，就更谈不上主张用电侧权益的能力。工商企业作为电力获得者和使用者，电力行业服务的对象，也不应该被期望或要求熟悉电价政策。电网企业处于垄断运营地位，处于电价政策和用电专业知识的绝对优势地位，工商企业则处于各种弱势地位，因为不了解电价政策等相关原因，一旦产生高额电费别无选择只能无条件认缴，非常不合理，这也是电力获得者权益缺失的具体体现。

监管政策要防止电网企业有意或无意地通过复杂的电价政策获得不合理利益。电网企业应履行电价政策告知义务，并承担提示工商企业可能产生不合理电费的责任，不论工商企业因何种原因产生不合理的高额费用，电网企业不能坐视不顾，照单收费。如果电网企业没有证据证明履行了告知义务和服务责任，参照法院关于电信行业的同类判例，可视为无效合同，工商企业有权拒绝付费，已产生的不合理用电费用，电网企业必须退回。比如基本电费，是选择按变压器容量缴纳，按照最大需量缴纳，还是按照实际需量缴纳，或者其他测算基本电费的方式。考虑到工商企业专业能力的弱势，政策可设计为按最低值缴纳而无须事前选择，由此带来的对电网企业准许收入的影响，则在省级输配电价平衡账户中统筹。还可以给予新开户申请用电企业一定时段的豁免期，不收取基本电费和进行功率因素考核，对于出现的功率因素不合格现象，电网企业有义务加强指导优化等。

10.3.5　完善电力行业治理

新中国成立以来，我国电力行业治理体系历经多次调整，总体上是从"政企合一"到"政企分开",并朝着"市场化"方向演进。然而时至今日,我国电力行业治理始终处于条块分割的状态,停滞在"重投资、弱监管,价格疏导成本"的计划模式,工程型管理特点明显,亟待走出"政府以抓项目投资来调控能源供给总量,电网环节的垄断力制约行业转型创新与用电投资和服务市场开放"的状态。竞争性的电源投资等环节,虽然已经形成了有效竞争的格局,但依然固守投资计划管理和行政审批,没有把投资决策权还给市场,始终走不出"过剩—短缺"的周期性困境。垄断属性的输配电网环节,依然停留在基于成本的定价模式,投资监管薄弱,无法约束垄断企业的过度投资和低效投资,没有把垄断力关进笼子里。我国电力行业治理亟待按照"放开两头、管住中间"的体制架构,建立"市场配置资源"和"政府有效监管"的体制格局。

电力体制改革的实践过程,实质上就是监管者与被监管者博弈和行业监管格局重构的过程。截至目前,这个过程折射出浓烈的工程思维特点,尚未站到改革行业治理体系的高度。各方聚焦于具体业务技术层面的问题,掩盖了背后的行业管理如监管体系建设问题,也就不涉及电网产权关系和电网产业组织结构,更谈不上从体制上推动改革。如果不能在根源问题上做出方向性选择和顶层设计,技术层面问题处理得再好,也是缘木求鱼。在改革推进的过程中还反映出来一个特点,出于对电力系统安全运行和电力可靠保障的担忧,我们改革的步履小心翼翼,颇似投鼠忌器。一方面借此实现要素成本降低、释放改革红利等多重效应;另一方面稍有压力就徘徊观望或蛰伏不前,甚至偃旗息鼓。改革者与被改革对象在操作层面无法形成均衡的博弈,这是改革推进四年来仍处于胶着状态,尚无明显起色的现实原因。此外,整个电改还存在着战略层面正确性和确定性与实践层面弱操作性和不确定性的矛盾。

完善电力行业治理的内涵是处理好市场和政府的关系,科学和艺术地运用市场和行政手段,引导电力行业通过价格信号引导合理投资,提高运营效率和服务质量,降低获得电力和使用电力的成本。电力行业治理的核心主要有投资、运营和价格三大监管环节。投资监管关乎有效供给,运营监管关乎效率、质量和公平,价格监管关乎投资回报和电力成本。在市场环节,通过价格信号引导投资,即市场配置资源。在垄断环节,形成"投资、运营、价格"闭环监管的治理体系。充分认识电力行业竞争性环节和自然垄断环节的本质和差异,推动电力行业的垄断环节从基础设施定位向公用事业定位转变。理清电网的产权关系,区分所有权和运营权,实施电网的特许运营制度,并引入激励性监管。改变电网企业投资监管,不再将其错位按照企业市场投资行为监管,不再将电网简单地作为拉动投资的手段。只有确实监管好垄断环节,做到"管住中间",才能为"放开两头"创造好的基础条件。否则，竞争性环节降低的成本，很容易就被垄断环节增加的成本抵消，甚至反噬。

牢牢把握市场在配置资源中起决定性作用和更好发挥政府作用的精神，不断探索和丰富新时代中国特色社会主义市场经济体系中能源体制革命的内涵。基于现代产业组织理论构建新型电力行业治理体系，按照"投资、运营和价格"闭环监管的理念，将电力规划、投资和价格监管，运营和市场监管，行业管理等多项工作优化重组。监管好输配环节垄断力和健全市场规范，切实有效开放并推动用电侧投资和服务市场发展，通过市场机制，全面、可持续地降低工商企业电力成本。调整好中央和地方政府的分工，形成中央和地方界面清晰、协同管理的体制和机制，有效避免多头管理的信息壁垒和政策掣肘，实现市场配置资源和政府有效监管的良好格局。涉及地方的电力生产和消费，并在地方通过价格获得回报的环节，直接关系到地方经济社会利益，应该按照责权对应原则纳入属地管理，由省级地方政府履行投资管理和监管职能，核定价格。中央层面行使跨区跨省输送环节的投资、监管和价格事权，指导和监督地方政府按照能源体制革命要求，以市场发展方式推动电力行业发展和履行各项职能，加强能耗、能效、资源约束、环保等产业政策监管，而不再继续计划方式的投资规模控制。

参考文献

［1］ 王鹏，王冬容，朱玥荣. 论能源民主集中和"双碳"目标的推进［J］. 中国电力企业管理，2021（22）：28-31.

［2］ 王鹏，张浩，王冬容，等. 从电力行政许可到综合能源特许经营的设想［J］. 中国电力企业管理，2021（25）：36-39.

［3］ 徐宗威. 公权市场［M］. 北京：机械工业出版社，2009.

［4］ 张一楠. 中国城市公用事业 PPP 模式研究［D］. 长春：吉林大学，2020.

［5］ 杨世兴. 从四年电改思考和探索看中国电力行业治理［J］. 财经智库，2019，23（05）：127-141，146.

［6］ 观茶君. 对增量配电试点实践中几个关键问题的认识［J］. 中国电力企业管理，2018（07）：38-40.

［7］ 杨世兴. 做好增量配电业务改革试点的若干认识［J］. 中国电力企业管理，2018（01）：50-53.

［8］ 周雪光. 权威体制与有效治理：当代中国国家治理的制度逻辑［J］. 开放时代，2011（10）：67-85.

［9］王浩. 行政组织法视野下能源监管体制改革研究［J］. 西南石油大学学报（社会科学版），2019，21（01）：1-7.

［10］LIEBERTHAL K，OKSENBERG M. Policy Making in China：Leaders，Structures，and Processes［M］. Princeton，NJ：Princeton University Press，1988.

［11］王俊豪. 中国现代能源监管体系与监管政策研究［M］. 北京：中国社会科学出版社，2018.

［12］王俊豪，金暄暄. 中国能源监管体制深化改革研究［J］. 经济学家，2020（09）：95-103.

［13］王冬容. 增量配电改革的三个站位［J］. 中国电力企业管理，2019，583（34）：20-22.

［14］吕淼. 综合能源服务业是否该采用特许经营方式［J］. 能源，2019，124（04）：85-89.

［15］王鹏，张朋宇，解力也. 中国现代电力市场体系研究［J］. 财经智库，2019，4（06）：119-139，144.

［16］赵启新，皇甫奋宇，谢夏妮，等. 新时期电网企业发展定位分析［J］. 中国电力企业管理，2020（31）：54-57.